『青鞜』と世界の「新しい女」たち

日本女子大学叢書 6

「新しい女」研究会 編

翰林書房

平塚らいてう

『青鞜』創刊の頃（1911年）
〈『平塚らいてう著作集』第1巻、大月書店、1983年6月〉

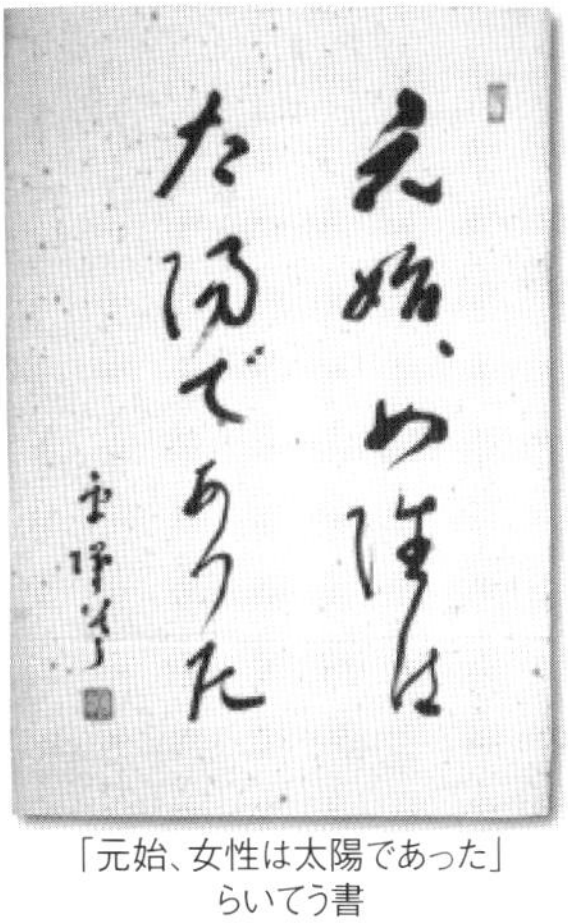

「元始、女性は太陽であった」
らいてう書

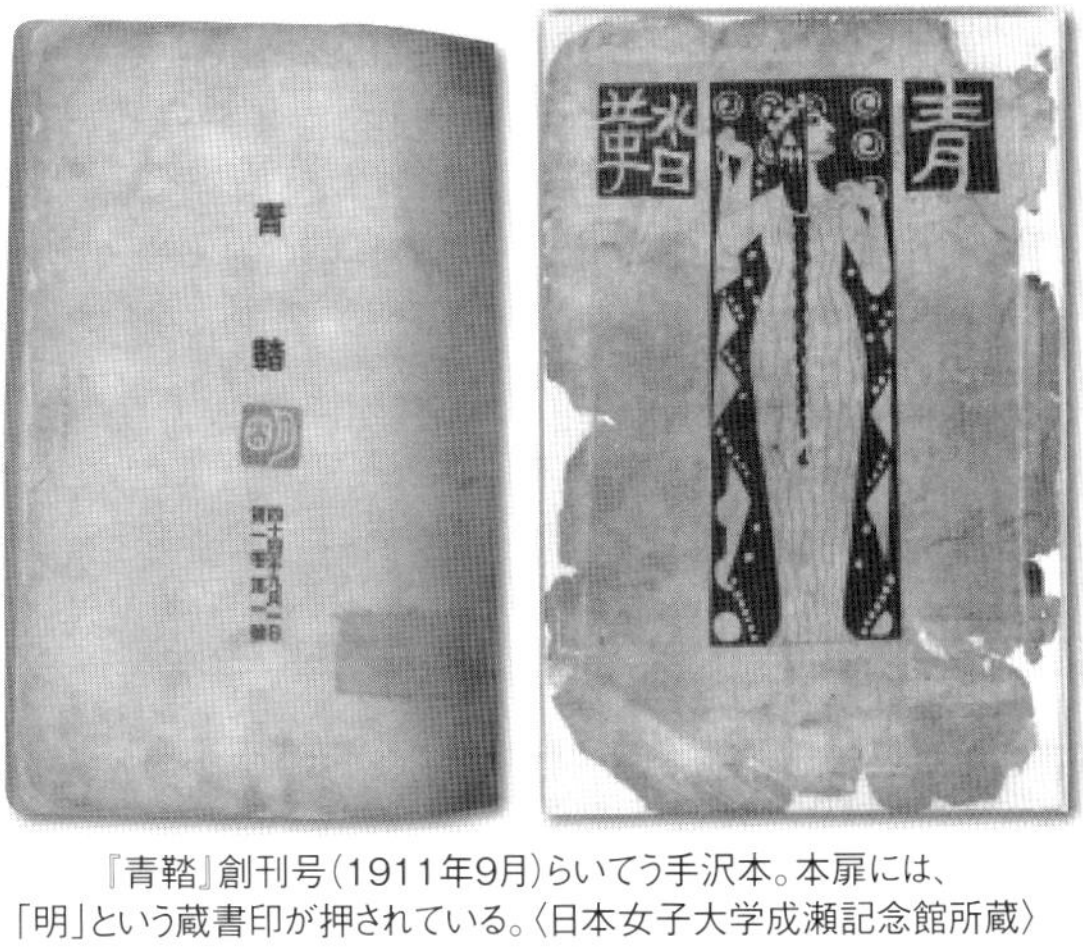

『青鞜』創刊号（1911年9月）らいてう手沢本。本扉には、
「明」という蔵書印が押されている。〈日本女子大学成瀬記念館所蔵〉

日本女子大学校

創立者
初代校長　成瀬仁蔵

らいてう入学当時（1903年）の女子大正門

成瀬仁蔵著
『女子教育』
1896（明治29）年刊
女子を「人として、婦人として、国民として教育すること」を説く。
高等女学校時代の平塚明の心をつかんだ、全く新しい女子教育論であった。

大学部校舎

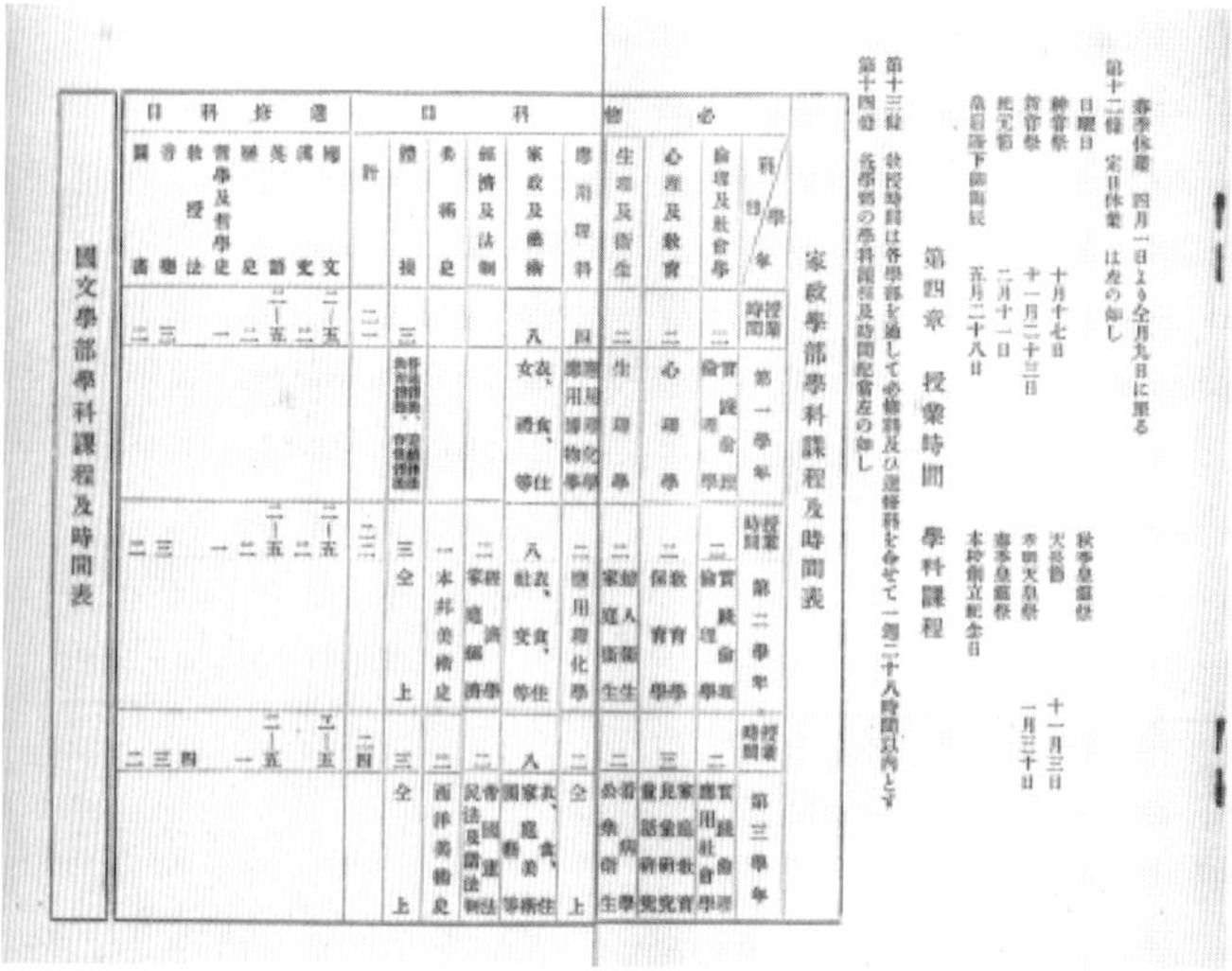

春季休業　四月一日より全月九日に至る

第十二條　定日休業は左の如し

日曜日			
神嘗祭	十月十七日	秋季皇靈祭	
新嘗祭	十一月二十三日	天長節	十一月三日
紀元節	二月十一日	孝明天皇祭	一月三十日
皇后陛下御誕辰	五月二十八日	春季皇靈祭	
		本校創立紀念日	

第四章　授業時間　學科課程

第十三條　毎授業時間は各學部を通して必修科及び選修科を合せて一週二十八時間以内とす

第十四條　各學部の學科課程及時間配當左の如し

家政學部學科課程及時間表

學科	第一學年 授業時間	第一學年	第二學年 授業時間	第二學年	第三學年 授業時間	第三學年
必修科目 倫理及社會學	二	實踐倫理 社會學	二	實踐倫理 倫理學	二	實踐倫理 應用社會學
心理及教育	二	心理學	二	教育學 保育學	三	家庭教育 兒童研究 [illegible]
生理及衛生	二	生理學	二	婦人衛生 家庭衛生	二	看病學 公衆衛生
應用理科	四	[illegible]	二	應用理化學	二	全上
家政及藝術	八	衣食住、女禮等	八	衣食住、社交等	八	衣食住、家庭美術等
經濟及法制			二	經濟學 家庭經濟	二	國法 民法及商法 [illegible]
美術史			一	日本美術史	二	西洋美術史
體操	三	[illegible]	三	全上	三	全上
計	二二		二三		二四	
選修科目 國文	二—五		二—五		二—五	
漢文	二		二			
英語	二—五		二—五		二—五	
歴史	二		二		一	
哲學及哲學史	一		一			
教授法					四	
音樂	三		三		三	
圖畫	二		二		二	

國文學部學科課程及時間表

三回生（家政学部）
学科課程

日本女子大学校　第三回運動会　1903(明治36)年

〈日本女子大学成瀬記念館所蔵〉

花神の舞

成瀬仁蔵考案による日本式バスケットボール

虹霓光の舞

タンボリン体操

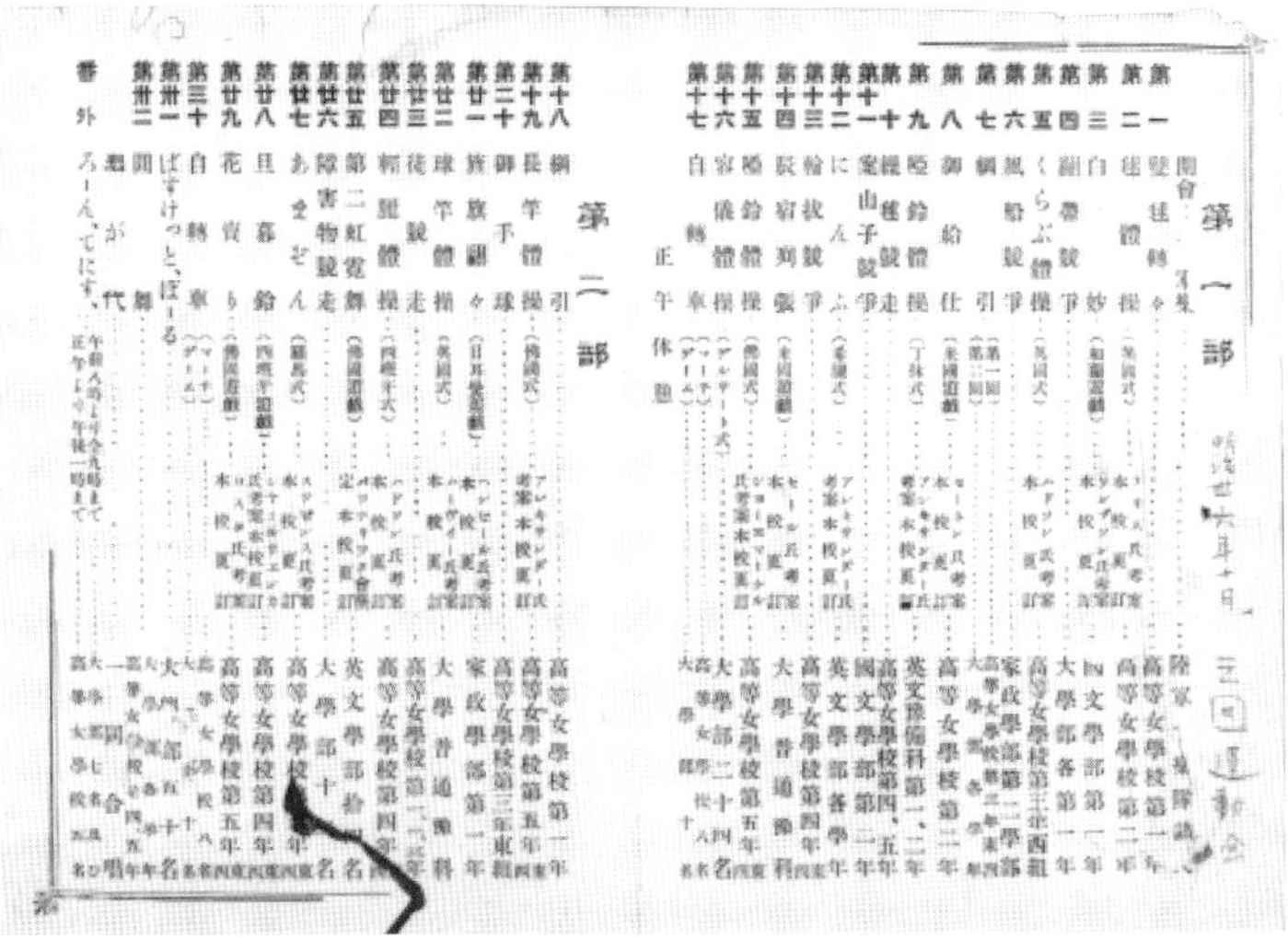

第一部

開会（奏楽）……陸軍[illegible]隊
第一 壁毬轉々……高等女學校第一年
第二 徒歩體操（英國式）……[illegible]……高等女學校第二年
第三 白妙（[illegible]）……[illegible]……文學部第一年
第四 調帯競争……大學部各第一年
第五 くらぶ體操（英國式）……[illegible]……高等女學校第三年西組
第六 風船競争……家政學部第二學部
第七 綱引（第一回 第二回）……[illegible]
第八 御給仕（米國遊戯）……[illegible]……高等女學校第二年
第九 啞鈴體操（丁抹式）……[illegible]……英文豫備科第一、二年
第十 [illegible]競走……高等女學校第四、五年
第十一 [illegible]山子競争……國文學部第二年
第十二 にんぶ（[illegible]）……[illegible]……英文學部各學年
第十三 輪抜競争……高等女學校第四年
第十四 [illegible]……[illegible]……大學普通豫科
第十五 啞鈴體操（[illegible]）……[illegible]……高等女學校第五年
第十六 容儀體操（アルザート式）……[illegible]……大學部二十四名
第十七 自轉車（[illegible]）……[illegible]
正午休憩

第二部

第十八 綱引……高等女學校第一年
第十九 長竿體操（[illegible]）……[illegible]……高等女學校第五年
第二十 御手球……高等女學校第三年東組
第廿一 旗旗翻々（[illegible]）……[illegible]……家政學部第一年
第廿二 球竿體操（[illegible]）……[illegible]……大學普通豫科
第廿三 徒競走……高等女學校第一、二年
第廿四 輪環體操（[illegible]）……[illegible]……高等女學校第四年
第廿五 第二虹霓舞（[illegible]）……[illegible]……英文學部拾名
第廿六 障害物競走……大學部十名
第廿七 あきぞん（[illegible]）……[illegible]……高等女學校第三年
第廿八 且暮鈴（[illegible]）……[illegible]……高等女學校第四年
第廿九 花賣り（[illegible]）……[illegible]……高等女學校第五年
第三十 自轉車（[illegible]）……[illegible]
第卅一 ばすけっと、ぼーる……[illegible]
第卅二 閉舞……[illegible]
君が代……合唱
番外 ろーん、てにす、（[illegible]）……[illegible]

第三回運動会
プログラム

平塚らいてうと日本女子大学校

学寮
らいてうが一時入寮していた第七寮、保持研が寄宿していた楓寮等がある。楓寮の騰写版を使って『青鞜』の趣意書、規約草案が刷られた。

らいてうの卒業間際に落成した図書館・講堂

三回生(家政学部・国文学部・英文学部)卒業記念写真　1906年

『青鞜』と日本女子大学校同窓生

保持　研

国文学部四回生
（1904年入―1906年退学）
文学部八回生
（1910年復学―1911年卒）
『青鞜』発起人。創刊当初から、広告とり、出版社との交渉など実務的な面を一手にひきうけた。『青鞜』には白雨の名で多くの俳句や短歌を寄稿している。

木内　錠

国文学部四回生
（1904年入―1907年卒）
『青鞜』発起人。在学中に幸田露伴に師事。卒業後、東京毎日新聞社に入社。その後『婦人世界』の記者となり、訪問記や小説などを書く。東京朝日新聞に「当世婦人記者」の一人として紹介されている。『青鞜』二巻九号まで作品を発表。

中野　初

国文学部四回生
（1904年入―1907年卒）
『青鞜』発起人。在学中は木内錠と共に幸田露伴に師事。卒業後、二六新聞に入社。この時の経験により『青鞜』の編集に当たった。『青鞜』一巻二号に小説「棚」を発表するとの予告があるが、遂に発表されることはなかった。

長沼智恵

家政学部四回生
（1904年入―1907年卒）
『青鞜』社員。のちの高村光太郎夫人。『青鞜』創刊号の表紙絵を描いた。

大村かよ

国文学部一回生
（1901年入―1904年卒）
『青鞜』社員

山本　龍

国文学部三回生
（1903年入―1906年卒）
『青鞜』社員

茅野　雅

国文学部四回生
（1904年入―1907年卒）
『青鞜』社員

木村　政

家政学部三回生
（1903年入―1906年卒）
『青鞜』補助団員。学寮時代に知り合ったらいてうの親友。らいてうを禅の道に導く。らいてうは塩原事件の際に、その決行を政にのみ打ち明け、日記等の焼却を依頼している。

神崎　恒

文学部八回生
（1908年入―1911年卒）
『青鞜』社員

上代たの

英文学部七回生
（1907年入―1910年卒）
『青鞜』賛助員
後、日本女子大学第六代学長。

鈴村不二

英文学部七回生
（1907年入―1910年卒）
『青鞜』賛助員

『青鞜』

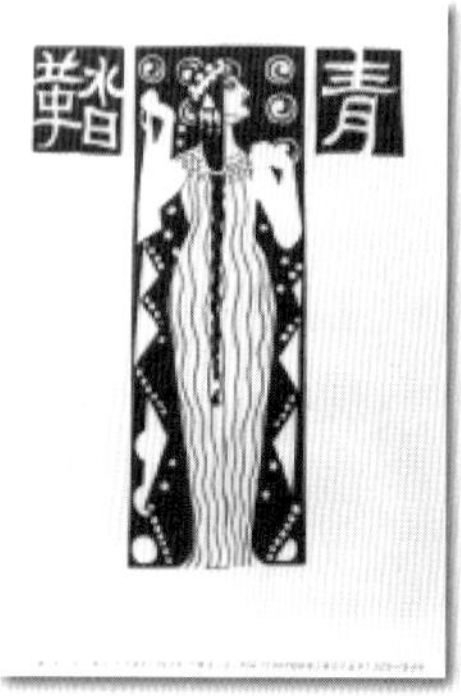

長沼智恵による『青鞜』表紙絵
（第1巻第1号　1911年9月）

長沼智恵による『青鞜』表紙絵
（第2巻第2号　1912年1月）

『家庭週報』創刊号（1904年6月）
日本女子大学校同窓会・桜楓会の機関紙。『青鞜』の先駆けと指摘されている。

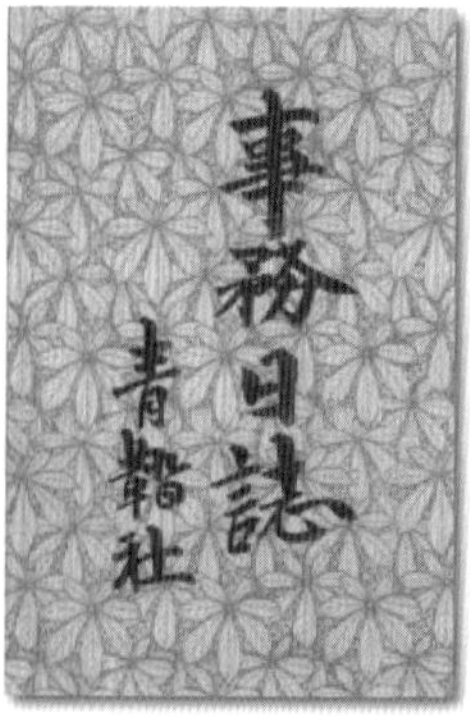

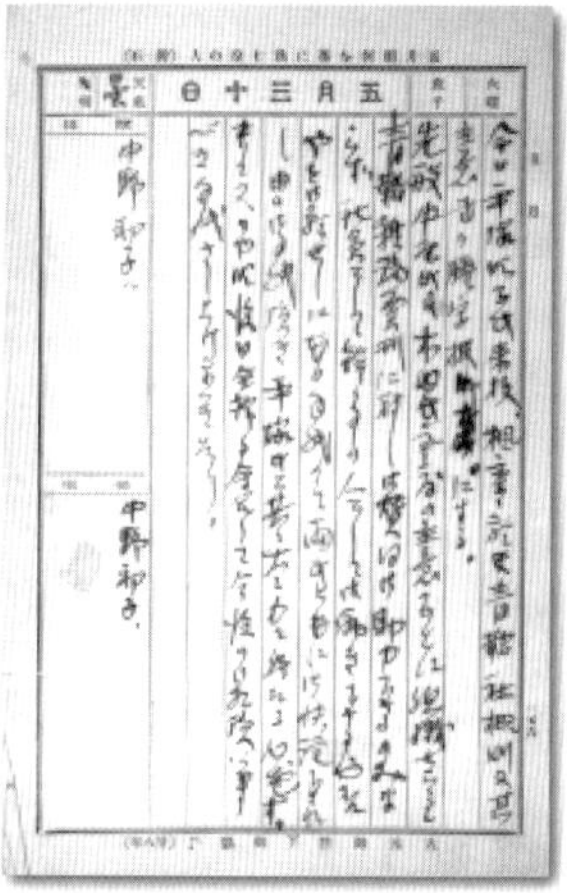

左：（1911年5月30日付事務日誌）
女子大楓寮にて趣意書、規約草案を刷ったと記述されている。
下：（1911年8月23日付事務日誌）

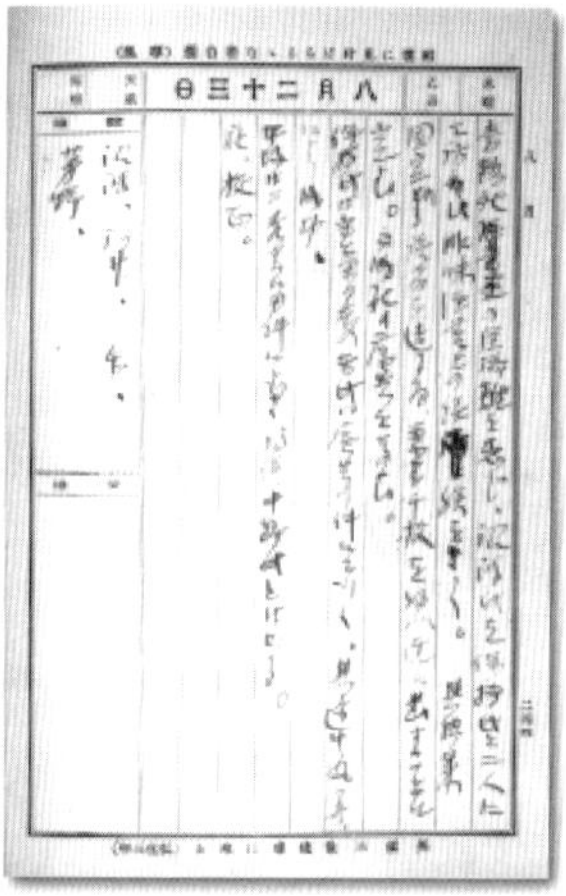

茅ヶ崎にて（1912年）
前列左から生田長江、らいてう、尾竹紅吉、後列左から荒木郁子、保持研、木村政、生田長江夫人

万年山の青鞜社にて（1912年）
前列左から田辺操、物集和子、清瀬、小林哥津子、後列左から木内錠、らいてう、中野初、石井光子、小磯とし子

〈『平塚らいてう著作集』補巻、大月書店、1984年11月〉

日本女子大学寄託　阿部次郎宛　平塚らいてう書簡

〈小幡明子氏所蔵〉

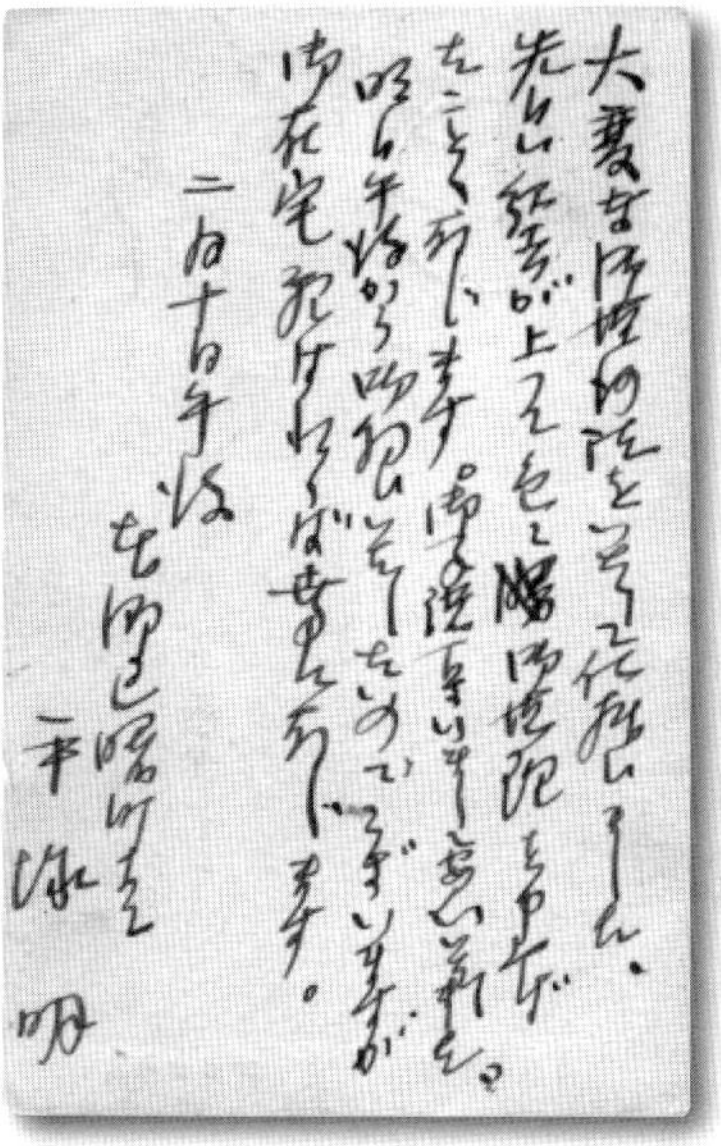

大正2年2月10日（消印も）
府下大井町字森　酒井別宅内　阿部次郎様
本郷区曙町十三　平塚明
はがき　ペン

大変な御無沙汰をいたして仕舞ひました。

先日は紅吉（1）が上って色々御無理を申上げたこと（2）、存じます。御承諾下さいまして安心いたしました。

明日午後から御伺ひいたしたいのでございますが御在宅願はれゝば幸に存じます。

二月十日午後

本郷区曙町十三

平塚明

（1）尾竹一枝　随筆家。明治四十五年初め青鞜社に入社し、紅吉と号した。表紙絵を描き詩文を発表するなど活躍するが、いわゆる「吉原登楼」事件の責を負って、同年十月退社した。
（2）「青鞜社第一回公開講演回」（大正二年二月十五日開催）のことか、「青鞜社文芸研究会」の講師依頼のことと推測される。

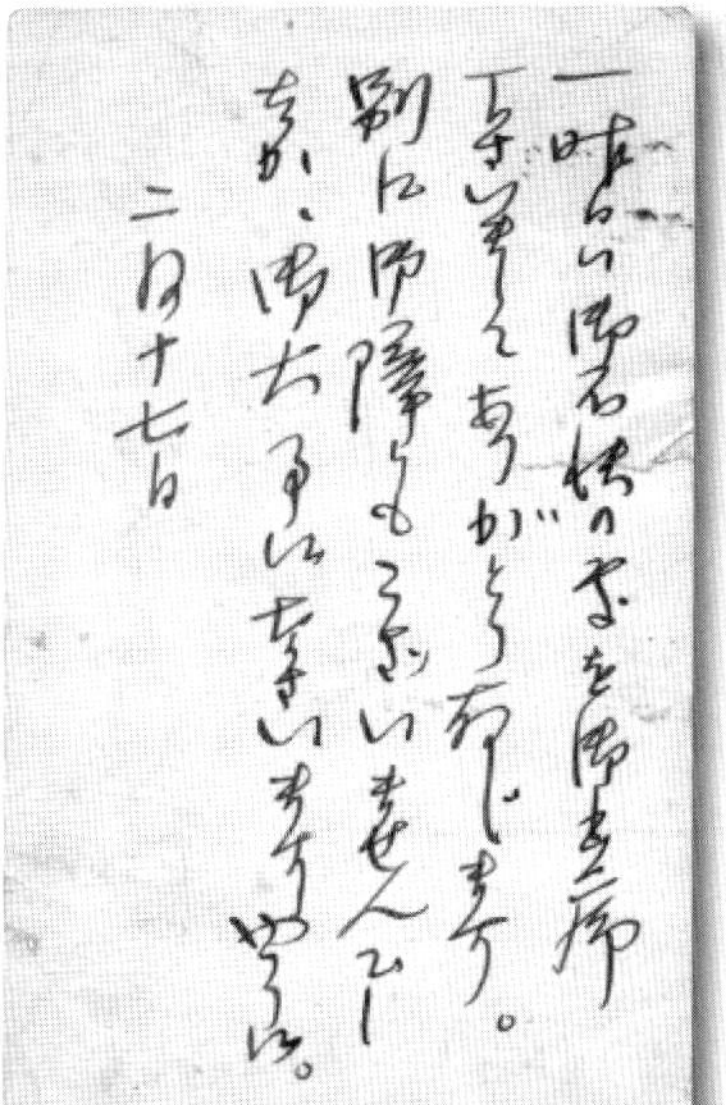

大正2年2月17日（消印も）
府下大井町森、五四四五　阿部次郎様
本郷区曙町十三　平塚明
はがき　ペン

一昨日は御不快の所を御出席（1）下さいましてありがとう存じます。

別に御障りもございませんでしたか、御大事になさいますやうに。


二月十七日。

（1）二月十五日に行われた「青鞜社第一回公開講演会」への出席。阿部次郎は風邪のため、講演を控え出席のみ果たした。

日本女子大学寄託　阿部次郎宛　平塚らいてう書簡

〈小幡明子氏所蔵〉

大正2年3月23日（消印）／府下大井村字森　酒井氏方　阿部次郎様
[1]青鞜社／往復はがき　ペン

前略御免下さいまし。その後は久しう御無沙汰致しまして誠に申し訳けも御座いません、そのうち御伺ひ致す筈になつて居りましたが何分例の研究会[2]の事と編輯と重なりまして大変忙しう御座いましたので失礼いたして居ります。その研究会もやつとどうにか準備は出来ましたが実はまだ時間割がきまつて居りませんのでまごついて居ります　先生は何曜日が御都合がよろしう御座いませう　大凡そお分りになりますなら何卒御知らせ下さいまし、それから昼夜隔日交代となつて居りますので夜は六時から八時半まで昼は九時から十一時迄と云ふ事になつて居ります[3]からどちらかをおきめ下さいまし会場は芝の櫻田本郷町の議員倶楽部の内でございます。

［編注　以下末尾に細字で記入「七日に御出席が願へませうか。」］

（1）筆跡かららいてうが書いたものと確定できる。　（2）「青鞜社文芸研究会」のこと。　（3）阿部次郎は「哲学史、文明史、美術史」を担当することになっていたが実現しなかった。

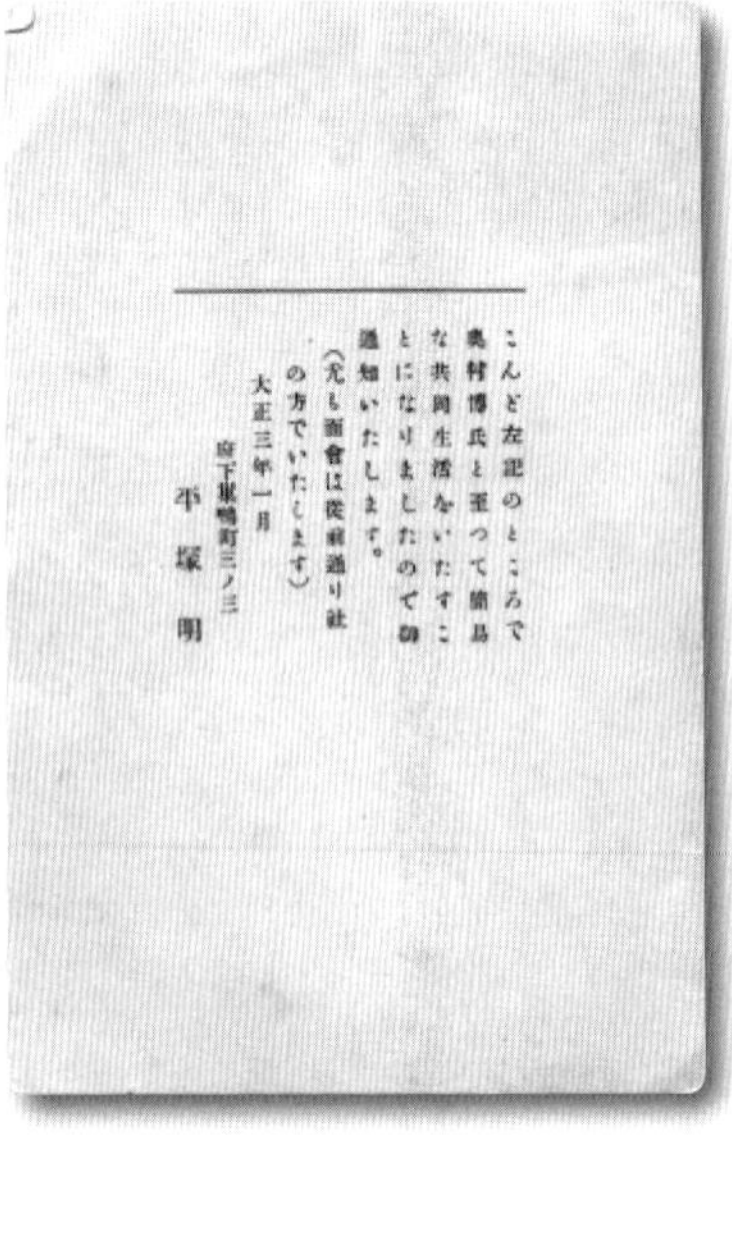

こんど左記のところで
奥村博氏と至つて簡易
な共同生活をいたすこ
とになりましたので御
通知いたします。
（尤も面會は從前通り社
の方でいたします）
大正三年一月
府下巣鴨町三ノ三
平塚明

大正3年1月
下谷区谷中天王寺町三四　阿部次郎様
府下巣鴨町三ノ三　平塚明／はがき　印刷

（注）らいてうは一月十三日奥村博と入籍をしない結婚生活に入った。その際、両親宛に渡された手紙は「独立するに就いて両親に」と題され、『青鞜』第四巻第二号に掲載された。

らいてう書簡の翻刻・注　溝部優実子
〈青木生子・厚田夏子・岩淵宏子編『阿部次郎をめぐる手紙―平塚らいてう／茅野雅子・蕭々／網野菊／田村俊子・鈴木悦／たち―』（翰林書房、二〇一〇・九）より転載〉

出典・所蔵を記載していない写真はすべて、日本女子大学成瀬記念館編『無限生成―らいてう・博史―』（一九九七・一〇）より転載した。

はじめに

二〇一一年は、『青鞜』創刊一〇〇周年に当たる。この記念すべき年に、くしくも本書を上梓できる僥倖をかみしめている。

私ども「新しい女」研究会は、二〇〇二年四月から二〇〇五年三月まで、日本女子大学総合研究所の研究課題「日本と世界の「新しい女」たち――日本女子大学校と『青鞜』の時代」に参加した研究員たちによって成り立っている。このプロジェクトでは、『青鞜』運動の意義や特質などについて、大きく二つの観点から取り組んだ。一つは、草創期の日本女子大学校の教育が、本学同窓生である『青鞜』社員や『青鞜』運動にどのような影響を与えたのか、従来必ずしも分明ではなかった問題に大きく鍬を入れることをめざした。いま一つは、世界の「新しい女」たちの動向や特性が、日本の「新しい女」たちにどのような影響を与えたのか、世界の女性解放運動との相関性についても究明することを目標とした。本書は、この三年間の研究成果を踏まえたものである。

本書は、大きく三部構成になっている。

I部の「日本の「新しい女」たち」は、『青鞜』に参加した女性たちの中核をなした日本女子大学校同窓生の背後にある日本女子大学校の教育や教育的磁場、すなわち創立者成瀬仁蔵の教育理念・キリスト教的側面・リベラル・アーツとしての家政学・体育／スポーツ・演劇・平和思想、さらには学寮や同窓会桜楓会の機関紙『家庭週報』など多様な切り口から、『青鞜』との関わりを論じている。また、『青鞜』とブルー・ストッキングとの差異、『青鞜』以外の「新しい女」たちの人脈の掘り起こし、「新しい女」の服装についても明らかにした。

これらの言及は、草創期の日本女子大学校の教育が、独立心にめざめた新しい女性を育成すると同時に、自由と解放を他に先駆けて実感させ、自らの天職を問い続ける規範にとらわれない女性の輩出を促したことを検証している。『青鞜』が日本女子大学校を主たる舞台として出発したこと、多くの同窓生が参加したことは偶然のなせる業ではなく、きわめて必然的な道程であったといえよう。

II部の「世界の「新しい女」たち」は、一九世紀から二〇世紀の欧米（イギリス・フランス・アメリカ）の「新しい女」誕生の経緯に視野を広げている。女性の高等教育・経済的自立・職業・服飾などからの論及は、それらの問題系が相互に密接な関連性をもって女性解放運動を実現させていった道筋を、自ずと浮き彫りにしている。

I部とII部を併せると、従来、日本の「新しい女」と世界の「新しい女」との相関性について言及されることは少なかったが、女性の新しい仕事である女優の存在を筆頭に、高等教育の実現や職業をもつことによる経済的自立、自由な服装が女性の解放に大きな役割を果たしていることなど、その動向はきわめて類似していることが解明されている。これらの点に注目すると、世界の「新しい女」たちの動向は、日本の「新しい女」たちに、リアルタイムに近い形で影響を与えたことが窺われよう。

III部には、I部とII部で取り上げている問題点が前景化されることを期して、『青鞜』と欧米の「新しい女」たちに関する年表を作成した。

『青鞜』創刊一〇〇周年を迎えた現在、『青鞜』研究は、日本だけでなく海外の研究者によっても進められるようになった。こうした状況下で本書が、研究のいっそうの進展に寄与できることを念じるものである。

なお、本書の刊行に際し、日本女子大学総合研究所から刊行助成を受けたことを申し添えたい。また、出版の労をお取り下さった翰林書房の今井肇・静江ご両氏には、心より御礼申し上げる。

二〇一一年一月

「新しい女」研究会　岩淵宏子

『青鞜』と世界の「新しい女」たち◎目次

I　日本の「新しい女」たち

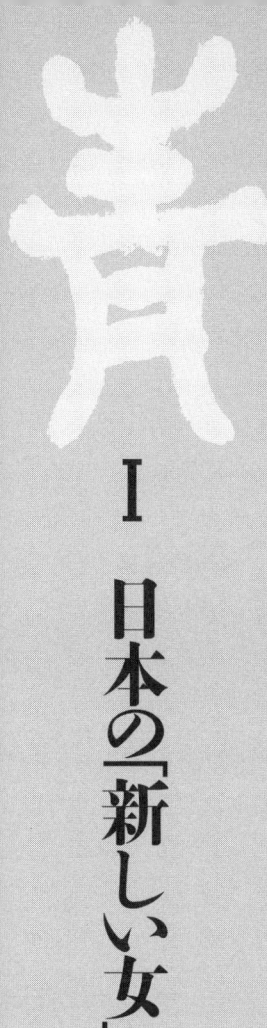

『青鞜』と日本女子大学校——平塚らいてうと成瀬仁蔵

岩淵宏子

はじめに

二〇一一年は、『青鞜』（一九一一・九〜一九一六・二）創刊一〇〇周年にあたる。日本女子大学校同窓生平塚らいてう（本名明・家政学部三回生）が主唱して発刊した初の女だけの手による女のための文芸雑誌であるが、単なる文芸運動ではなく、日本の女性解放史上、比類のない役割を果たしたことはいうまでもないだろう。

女性文学者総結集の場の観を呈し、全国津々浦々から延べ一六〇人の女性が参加したといわれる『青鞜』は、女を抑圧し拘束する家父長的家制度や伝統的な結婚制度に反逆し、自由と解放を求める女たちの苦渋に満ちた生の様相がさまざまに表現されている。世間からは「新しい女」と揶揄されたが、らいてうが先頭に立ち、逆に「新しい女」とは何かと切り返すなかで、貞操論争・堕胎論争・公娼制度廃止論争を展開し、妻を無能力者と規定した明治民法や良妻賢母思想、姦通罪や公娼制度などを見据え、さらには、自由恋愛や自由結婚で結ばれ愛の対象であったはずの男さえもが、いつの間にか自分の支配者もしくは抑圧者になっていくというジェンダー構造にまで目を向け、性別役割に対する反発や否定を表明している。このように今日にまで続く女の問題の本質、すなわちジェンダーの呪縛を、法律や制度、倫理やモラルのなかから剔抉した『青鞜』は、以降の女性解放運動の原点となり、これを主導したらいてうは不滅の光芒を放つ存在となった。

この記念すべき年に際して、本稿では、まず、『青鞜』に参加した初期の「新しい女」イコール日本女子大学校同窓生といっても過言ではないこと、『青鞜』は、平塚らいてうという優れた個性なくしては存在しえなかったが、同時に、出発時の裾野をなす学友たちの力の結集なくしては運動体としての『青鞜』の前進はありえなかったことを改めて確認したい。次いで、こうした状況は日本女子大学校の教育の力によってもたらされた側面の大きいことを、同窓生を代表して平塚らいてうを取り上げ、創立者成瀬仁蔵から受けた影響の真髄を究明したいと思う。

一　『青鞜』と日本女子大学校同窓生

『青鞜』と日本女子大学校同窓生との関わりについては、堀場清子『青鞜の時代——平塚らいてうと新しい女たち』[1]が、初めて本格的な鍬を入れ、「平塚姉妹が女子大へ進まなければ、『青鞜』は存在しなかった」こと、初期『青鞜』が、女子大の「俊秀を糾合」した「圧倒的勢力」であったことなどを闡明し、詳細な参加者名簿を作成されたことは、『青鞜』研究にとってはむろんのこと、日本女子大学校の教育の軌跡を知る上でもきわめて意義深い。

それまでの『青鞜』研究は、社員組織を取り、らいてうが実際上の責任者であった創刊号から第四巻第一一号（一九一四・一二）までの前期と、社員組織を解体し、伊藤野枝の個人編集となった第五巻第一号（一九一五・一）から終刊号（一九一六・二）までの後期に分けて論じられてきたが、堀場は、前期をさらに二期に分けている。「女流文学の発達」をめざした第三巻第九号（一九一三・九）までが第一期、綱領を「女子の覚醒を促」すという女性解放の旗幟鮮明なものに改め、改組を断行した第三巻第一〇号（一九一三・一〇）から第四巻第一一号までが第二期、以降が第三期である。堀場清子の調査により、社員組織をとった第一期・二期の社員は八七名まで確認されているが、そのうちの二八名が日本女子大学校出身者であり、全体の三割強を占めている。さらに、第一期の、例えば創刊号では、六割を占めるという一大勢力であったことが明らかになった。

しかし、それは同窓を契機としつつも仲間意識に支えられてのものではむしろない。らいてうは当時、森田草平との「煤煙」事件(2)により母校の同窓会である桜楓会から除名(3)されたいわば札付きの不良であり、女子大のなかでも、らいてうを危険視する風潮は強かったからである。そうしたなかでの参加は、「婦人もいつまでも惰眠を貪っている時ではない。早く目覚めて、天が婦人にも与えてある才能を十分伸ばさねばならない。今自分たちは婦人ばかりで、婦人のための思想、文芸、修養の機関として青鞜社を起こし、雑誌『青鞜』を無名の同志婦人に開放する。自分たちは他日ここから優れた女流天才の生まれ出るであろうことを望み、かつ信ずる。」(『元始、女性は太陽であった——平塚らいてう自伝(上巻)(4)』。以下、自伝と記す)という趣意書への深い共鳴に他ならず、堀場は「やはり教育の力」という本質を突いた指摘をされている。『青鞜』は、らいてうという領袖なくしては存在しえなかったが、出発時の裾野をなした学友たちの力の結集があってこそ、運動体としての『青鞜』が出帆しえたことを見落としてはなるまい。

それは人数だけの問題ではなく、『青鞜』にふさわしい実質をも担っていたことを、創刊前後にしぼって検証してみよう。まず、先の趣意書だが、女子大構内の楓寮の謄写板を借りて刷られたことは、らいてうの自伝『わたくしの歩いた道(5)』によって早くから知られていた。しかし、はたして楓寮が構内に実在したのか否かが不分明であったが、齊藤令子「『青鞜』誕生の場所　日本女子大学校楓寮(6)」によって、卒業生のための外寮としてあった楓寮が、一九一一(明治四四)年に校内に移転されたことが確認され、日本女子大学校が『青鞜』誕生に立ち会った地であることが裏づけられた。

その時、らいてうと同道したのが、『青鞜』の発起人のひとり保持研(号は白雨)である。保持はらいてうより一年遅れて国文学部（四回生）へ入学した姉孝の親友で、らいてうは後年、「あの時もしわたくしの身辺に、白雨というひとりの女性がいなかったら、そして『あなたがやるなら、どんな手伝いでもする、おやりなさい、やりましょう。』と非常な熱意をもって、わたくしを突き出してくれなかったら、多分わたくしは起っていなかったでしょう」[7]と回想している。『青鞜』発刊後も事実上の事務局長で、人集めをはじめ金銭面や実務面での縁の下の力持ちぶりは、池川玲子「青鞜の月（前編）――保持白雨覚え書」「青鞜の月（後編）――保持白雨覚え書」[8]に詳しい。

発起人は、らいてうと保持研のほかに、物部和、中野初、木内錠の五人だが、中野初と木内錠も国文学部（四回生）卒で、両者は女子大在学中から幸田露伴に師事した作家志望者であった。中野初は、女子大卒業後、雑誌『小学生』の編集に携わり、その後二六新報社に入社、婦人家庭欄の担当記者として三年間勤務し、その経験をかわれて、『青鞜』の第一期・二期の編集発行人として同誌を陰から支え、発禁処分を受けるたびに黙々と警察へ足を運んだといわれている。木内錠も卒業後、東京毎日新聞社へ入社するが、しばらくして退社後、『婦人世界』記者として活躍した。しかし、発起人でありながら第二巻第九号（一九一二・九）をもって早々姿を消した要因は、一葉を「旧い女」として厳しく批判したらいてうとの一葉をめぐる評価の対立が要因ではないかと推測されているが[9]、頼りない夫をもつ酒屋のおかみの男遊びを描くことで良妻賢母思想を無化してみせた「夕化粧」（第一巻第三号、一九一一・一一）などには、「新しい女」の面目が躍如しており、『青鞜』推進の確かな担い手であったことを窺わせる。

では、創刊号の目次を確認してみよう（＊は同窓生）。

そぞろごと（詩）　与謝野晶子
死の家（小説）　森しげ女
百日紅（俳句）　＊　白雨

生血（小説）　＊田村とし子
元始女性は太陽であつた（感想）　＊らいてう
猫の蚤（小品）　國木田治子
影（散文詩、翻訳）　＊ポオ（筆者注―翻訳・らいてう）
陽神の戯れ（戯曲）　荒木郁子
磯のひる（短歌）　＊淑《よし》子（筆者注―保持研《よし》）
七夕の夜（小説）　物集和子
ヘッダガブラ論（翻訳）　＊メレジコウスキー（筆者注―翻訳・らいてう）

表紙絵　＊長沼智恵子

表紙絵を入れると執筆者一二名中、同窓生が七名である。まず表紙からみると、絵は家政学部（四回生）卒の長沼智恵子によって描かれた。のちの高村智恵子である。顎をやや上向きかげんにしてはるか彼方を昂然とみつめている西洋の女の立像だが、よくみると、女をとり囲んでいるのは日本の着物であり、旧い因習に取り囲まれていた日本の女たちの、西洋の女のように自由に生きたいという熱い想いを鮮やかに表現した構図であろう。

内容においても、国文学部（一回生）を中退した田村とし（俊）子の「生血」は、恋人と初めて肉体関係をもち汚れの意識に責め苛まれる未婚の女性が、処女性が問題なのではなく男女の支配関係が問題なのだと気づくまでの心の推移を感覚的に表現した小説である。処女膜という観念は、文明開化のセクソロジーによってもたらされた[10]とされ、キリスト教や女子教育、家制度の普及などの重層的要因によって処女の純潔を尊ぶ価値観が浸透していった[11]といわれている。一九一〇年代には、女性がひとたび男性に接すれば血液に変化が生じ、他の男性と結婚しても生まれた子供に影響を及ぼすという遺伝学に名を借りた似非科学の純血主義が、女性を内面から呪縛していた。[12] 一方、男性は性体験の多いことが評価されていたことはいうまでもない。「生血」は、こうしたジェンダー社会の二重規範を批判的に描出しており、後の『青鞜』三論争の一つである貞操論争に繋がる問題をはらませている。なお、田村俊子は今日、フェミニズム文学の先駆者と評価されるようになった。

実務面での役割ばかり強調される保持研も、「百日紅」という題で俳句を九句と、「磯のひる」という題で短歌を八首載せている。短歌は情熱的な夏の恋を詠んだものだが、「赤らみし桃盗む子は憎みつゝ人妻をしも恋ふと云ふ人」、「夫あれど夫し思はず自からの作りし恋の幻を追ふ」という二首に注目したい。前歌は、人妻に限って恋をするという男を、後歌は、人妻でありながら夫を思わないで幻の恋を追い求める女を詠んでいる。一夫一婦制を礎にした家制度を踏み破るような『青鞜』ならではの詠出といえるだろう。

らいてうは、「元始女性は太陽であつた」という発刊の辞の他に、メレジコウスキーの「ヘッダガブラ論」とポオの散文詩「影」を翻訳しているが、自伝によると、前者は、英文学部（六回生）卒の社員・武市綾に眼を通してもらい、後者は、英文学部（七回生）卒の賛助員・上代たの（後、日本女子大学第六代学長）や同・鈴木不二などに手伝ってもらったという。水面下でのこうした学友の支えも見逃せない。また、これらは翻訳とはいえ、イプセンの「ヘッダ・ガーブラー」（一八九〇）が、自由と意思を限りなく追求し、一人の男の運命を動かす力を願った女の物語であり、狂気の内面を語るエドガー・アラン・ポオの文学は、女性文学が必然的に抱え持つ狂気に通ずることから、後年、フェミニズム批評において着目されたことを想起すると、いかにも『青鞜』にふさわしい内実を備えていることがわかる。

創刊号は従来、後述するらいてうの『青鞜』発刊の辞「元始女性は太陽であつた」が、「山の動く日来る」というフレーズで有名な与謝野晶子の長詩「そぞろごと」と相呼応して、この雑誌の歴史的役割を予見した女権宣言であったと指摘されてきた。しかし、見てきたように、それだけに留まらず、表紙をはじめ小説や短歌、翻訳に至るまで、女性解放に画期的役割を果たした『青鞜』運動の真髄に一直線に繋がっており、それらを担ったのが主として、らいてうや学友たちであったことは、世に先駆けた日本女子大学校の女子教育理念との関わりが重視されよう。

このほかに創刊時から参加した同窓生(13)には、後に日本女子大学校教授となった歌人茅野雅子や、劇作家として確固たる地位を築いた大村かよ子、ジャーナリズムの世界で女性評論家として活躍した神崎恒をはじめ、『大阪毎日新聞』懸賞小説に「黒牡丹」で一等当選(『大阪毎日新聞』一九〇八・四・二二〜六・三〇)を果たした上田君、『少女世界』誌友として活躍していた大竹雅、「新しい女」を誹謗中傷した『新しき女の裏面』(一九一三)に名前を挙げられた佐久間時、『青鞜』に短歌・小説・日記等を発表している田原祐がおり、他には阿久根俊、山本龍が名を連ねている。その後参加した同窓生には、『青鞜』中唯一の反戦小説「戦禍」(第五巻第一〇号、一九一五・一一)を書いた斎賀琴、日本映画の草創期を支える知性派女優として活躍した林千歳、らいてうを禅に導いた終生の友である木村政、台湾で婦人会活動をした龍野ともえ、少年少女を読者対象にして翻訳『愛のはなびら』(一九六八)『愛のはなびら第二集』(一九七二)を出版した松村とし、神戸の女学校で英語教師となった竹井たかの、らいてうの翻訳に助力し後に母校図書館のために尽力、成瀬仁蔵を葬送する「告別の歌」「埋葬の歌」を作詞した鈴木不二、武者小路実篤の最初の妻となった宮城房子、井上民、鈴木かほる、平松華等が続いている。

二　平塚らいてうと成瀬仁蔵

日本女子大学校同窓生が『青鞜』創刊時の一大勢力となった背景を明らかにするために、平塚らいてうを例に、初代校長成瀬仁蔵からどのような影響を受けたのかを探ってみよう。この問題に関しては近年、中嶌邦、高良留美子、青木生子、米田佐代子らによってさまざまな角度から言及されてきている。各論の際立つ特色のみを抽出してみると、中嶌邦[14]は、草創期の日本女子大学校の教育方針・教授陣からの影響に言及、高良留美子[15]は、成瀬からの思想的影響関係を初めて本格的に分析、青木生子[16]は、日本女子大学校卒業生の団体桜楓会の機関誌『家庭週報』が『青鞜』の先駆けであると初めて指摘した。米田佐代子[17]は、国家体制のジェンダー秩序と草創期の女子大の抱えた矛盾に着目し、らいてうが女子大生活に満たされなかった要因を照らし出している。

まず多くの論者が指摘し、らいてう自身も自伝に書いている日本女子大学校を志望した直接の契機であるが、創立者であり校長であった成瀬仁蔵が一八九六（明治二九）年に刊行した『女子教育』[18]を読んだことからであったという。そのきっかけは思い出せないそうだが、「女子大の開校は明治三十四年ですが、当時、女子高等教育に対する烈しい反対論や、時期尚早論、無用論を押しての開校でしたから、当時のさわがしい世論に刺激されて、わたくしもこの本を読む気になったのかもしれません」と記し、お茶の水高等女学校の「官学的な押しつけ教育に息づまるような思いでいた」当時のらいてうの心をつかんだ「まったく新しい女子教育論」として、成瀬の女子教育に対する根本理念である次の三方針を挙げている。

一、女子を人として教育すること
二、女子を婦人として教育すること
三、女子を国民として教育すること

本書は、第一章が「女子教育の方針」で、女子教育不振の原因は方針が一定していない点にあるとし、第一に

「重きを普通教育に置くべし」、第二に「女子の天職を尽すに足るの資格を養はしむべし」、第三に「国民たる義務を完うするの資格を養ふべし」と述べ、先述の三方針を挙げている。後の各章は、智育・徳育・体育・実業教育について詳述しているが、全体として男女の知力に大差はないこと、女子に男子と同等の教育をうけさせることが如何に必要であるかを、欧米、とりわけアメリカの女子教育の成果から検証し、女子教育の実施が国家にとって急務であることを具体的かつ説得力をもって論じている。平塚明にインパクトを与えたのは、「人」と言えば男であった時代に、「女子を人として教育する」点にあったことは疑いないが、法律制度・風俗慣習に至るまで男尊女卑に塗り固められていた時代において、全体を通して開明的・革新的な女子教育論として受けとめたと推測できる。

女子大学校入学を反対する父を、英文学部志望から家政学部に変更することで何とか押し切り、入学に関する手続き一切を自分でやった若き平塚明は、一九〇三（明治三六）年四月、入学を果たす。入学後のらいてうにとって、成瀬仁蔵は如何なる存在であったかについては、後年、自伝で次のように回想している。

女子大に入学した当座は、すべて感激の連続でしたが、とくに成瀬先生の実践倫理[19]の時間は、若いわたくしたちの魂をゆり動かし、突きあげるような迫力に溢れたものでした。成瀬先生はいわゆる雄弁ではありませんが、抑揚をつけた熱烈な話し方で、二時間でも三時間でも、話すだけのことは話してしまわないと、おしまいになりませんから、終わったときは、もう真暗になっていることもしばしばでした。（略）すでに二十数年前から、女子の大学設置を宿願としてこられただけに、念願の女子大創立後まだ日の浅い、当時の成瀬先生の、理想に燃え立った講話は、言々火を吐くばかりのものでした。女子を人として教育すること、女子を婦人として教育すること、女子を国民として教育すること、――この三本の柱を前提とした、女子教育の理想と信念を、説きたり説きさるという成瀬先生の熱弁を聴いていると、いままでのお茶の水の教育に対する不満を、どう表現したらよいか分らずにいた自分のもどかしい気持が、すっかりとけてゆく思いでした。女性というものを大きな目で眺めてくれる成瀬先生を、わたくしは生まれてはじめて崇拝する人物として仰ぎ見たのでした。（略）先生の高潔な人格と思想、その焔のような生命力には徹頭徹尾感動し、共鳴したものでした。

また、前掲『わたくしの歩いた道』でも、次のように述べている。

（略）「平塚は変わり者で困るが、今に何とかなるだろう」と私の将来に多少の期待をもって、弁解もし、また私にはいつも目尻にやさしい皺をよせ、慈父の愛をもって接して下さいました。たとえ先生のものの考え方に異議はあっても、先生の女子教育への熱意と献身には深く首を垂れ、先生の人格を心から信頼し、私も先生の魂の子と自分では思いこんでいたのでした。

では、入学後のらいてうが成瀬から受けた具体的な影響とは、どのようなものであったのだろうか。『青鞜』創刊号掲載の「元始女性は太陽であった――青鞜発刊に際して――」にみられる成瀬の女子教育思想の影響について初めて詳細な分析を試みた高良留美子[20]は、「集注」「潜伏力」「天才」というキーワードに注目し、「発刊の辞のキー概念はほとんどすべて成瀬の思想を経由しているが、太陽の幻視《ヴィジョン》と月の比喩だけは完全にそこからはずれているのだ。／『青鞜』は成瀬仁蔵の思想と人格によって育まれ、そして成瀬を超えて歩き出したのである」と指摘している。正鵠を得た分析だと思うが、発刊の辞の論旨を辿ることで、他の側面にも注目してみたい。

冒頭は、「元始、女性は実に太陽であつた。真正の人であつた。／今、女性は月である。他に依つて生き、他の光によつて輝く、病人のやうな蒼白い顔の月である。」という人口に膾炙した女権宣言で始まる。創刊した『青鞜』

については、「私共は今日の女性として出来る丈のことをした。心の総てを尽してそして産み上げた子供がこの「青鞜」なのだ。よし、それは低能《（ママ）》児だらうが、奇形《（ママ）》児だらうが、早生児だらうが仕方がない、暫くこれで満足すべきだ」と謙虚に相対化しつつ、「熱誠！　熱誠！　私共は只これによるのだ」と「熱誠」を持って生まれたことを評価し、「熱誠とは祈禱力である。意志の力である。禅定力である。神道力である。云ひ換へれば精神集中力である。（略）／私は精神集注の只中に天才を求めやうと思ふ」と決意を表明する。

しかしながら、「過剰な精神力の自からに溢れた無法な行為の数々は遂に治しがたく、救ひがたき迄の疲労に陥れた」とあり、「人格の衰弱」や「死の恐怖」にみまわれ、「私は天才に見棄てられた、天翔る羽衣を奪はれた天女のやうに、陸に上げられた人魚のやうに。」と挫折の経験（おそらく煤煙事件）が語られる。だが、「私は常に主人であつた自己の権利を以て、我れを支配する自主自由の人なることを満足し、自滅に陥れる我れをも悔ゆることなく、如何なる事件が次ぎ次ぎと起り来る時でも我の我たる道を休みなく歩んで来た」と述べ、挫折経験も「自主自由の人」である自己の責任による選択であったことを自覚している。そして、「私共は隠されて仕舞つた我が太陽を今や取戻さねばならぬ」と改めて決意する。しかし、「ツア《（ママ）》ラトゥストラ」が女性の心情は「浅き水に泛ぶ軽佻浮躁の泡沫なり」と指摘したように、煩瑣な家事のために集注を妨げられる女性の現実を見つめる。

次は一転して、「潜める天才の発現」と「完全な催眠状態」すなわち「無念無想となりたる精神状態」が同一であると述べ、「顕れたる天才」であるロダンや、「全自我を解放した大自覚者」釈迦の「大悟」に及ぶ。彼らとは対照的な「弱い、そして疲れた、何ものとも正体の知れぬ、把束し難き恐怖と不安に絶えず戦慄する魂」の持ち主である自分だが、「一度自奮する時、潜める天才はまだ私を指導してくれる。まだ私を全く見棄はしない」と「自奮」により足元を固め、「自由解放」とは何かを問う。「所謂高等教育を授け、広く一般の職業に就かせ、参政権をも与へ、家庭と云ふ小天地から、親と云ひ、夫と云ふ保護者の手から離れて所謂独立の生活をさせたからとてそれが何で私共女性の自由解放であらう」と教育権・職業権・参政権の獲得と家制度からの解放は「真の自由解放」ではなく、それらは「方便」「手段」であり、「目的」「理想」ではないと位置づける。「然らば私の希ふ真の自由解放とは何」か、それは「潜める天才を、偉大なる潜在能力を十二分に発揮させることに外ならぬ」と結論づける。

そのためには、「私共は最早、天啓を待つものではない。我れ自からの努力によつて、我が内なる自然の秘密を暴露し、自から天啓たらむとするものだ。／私共は奇蹟を求め、遠き彼方の神秘に憧れるものではない、我れ自からの努力によつて我が内なる自然の秘密を暴露し、自ら奇蹟たり、神秘たらむとするものだ」と、繰り返し「我れ自からの努力」によって道は切り拓かれることを強調している。最後に、「青鞜社の社員は私と同じやうに若い社員は一人残らず各自の潜める天才を発現し、自己一人に限られたる特性を尊重し、他人の犯すことの出来ない各自の天職を全うせむ為に」「精神を集中する熱烈な、誠実な真面目な、純朴な、天真な、寧ろ幼稚な女性」であると結んでいる。

難解といわれる発刊の辞だが、論旨を要約すれば、女性の「真の自由解放」とは女性を取り巻く現実の社会的・政治問題解決に留まるのではなく、それらを手段として実現する「潜める天才、偉大なる潜在能力」の発揮にある、しかし、未だ未熟なため挫折もするが、「自主自由の人」である自分はすべて自己責任のもとに行動する、行き詰まった時の打開策は、「自奮」であり「我れ自からの努力」であって、最終的には「各自の天職を全う」することをめざす、とまとめられるだろう。ここから浮かび上がるのは、女性の解放にとって重要なのは、社会の改革より個々人の内面性の確立であり、自立的・主体的な生き方が、「天職を全う」するための潜在能力を開発するという主張である。

以上の内容から、高良留美子の指摘する「集中」「潜伏力」「天才」というキーワードはむろん枢要であるが、それらの思想を支える思考の核が「自主自由」「自奮」「我れ自からの努力」などの揚言に込められており、最終目標の「天職」の「全う」に帰着する点に注目したい。徹頭徹尾自己に基づく奮起や努力を力説しており、三従七去の「女大学」により女性の主体性を全否定していた明治の規範とは、真っ向から対立する提言である。この点にこそ、成瀬の教育から学び血肉化した中枢があるのではないか。

中嶌邦は「『青鞜』と日本女子大学校[21]」で、草創期の成瀬の教育観として、受動的な近代日本の教育政策を批判し、学生に対し、「自学・自修・自動・自奮・自治など様々な表現で、自立的な個性、自らの「インディビジュアルシステム」を持つことを奨め」、「自らの天職は何か」を問うていたと指摘している。発刊の辞の思考の特色が、この教育観の直接的影響下にあることを、成瀬の講話や論述から検証してみよう。

まず、自己および自立に関する講話として、らいてうが在学していた一九〇五(明治三八)年四月二一日の「新入生ノ入学式ニ於テ[22]」に次のような下りがある。

本校ノ規則ニ掲ゲテアリマス自修自奮ト云フ事、之ガ皆サンノ是迄オ慣レニナラヌ事、(略)自修自奮ト云フ事ハ自分ノ手ヲ以テ足ヲ以テ働クノデアル。本校ノ校風ヲ作ルト云フ事モ自ラ励ミ自ラ研究スルノデアリマス。(傍線部引用者　以下同じ)

また、同じく一九〇五(明治三八)年一二月の『家庭週報』第四四号掲載の「日本女子大学校の教育方針に就て[23]」には、以下のことが述べられている。

道徳教育にあつては品性の涵養を主とし、科学的教育にあつては自然界の観察研究によりて知識を啓発せしめ、経済的及び国家的教育にありては、国家社会に対する関係と地位とを認識せしめ、以て自発、自動、強固なる意志と、健全なる情操と、精覈なる知識とを養成し、統ぶるに自ら労し、自ら働くの習慣を作りて、身体の発育、健康を助長し、悉く有効適実なる人格を作るの大目的の中に包含せしむ。

このように成瀬は学生に、「自修自奮」「自ラ励ミ自ラ研究スル」「自発、自動」「自ら労し、自ら働く」など、受け身ではない自立的・主体的な勉学、学生生活、生き方を奨励し、そこに貫かれている精神が校風を形成していたといってよいのではないか。まさにこの精神が、発刊の辞を貫いているといえる。

では、「天職」とは何か。らいてうが入学した一九〇三（明治三六）年七月に創刊された日本女子大学校の機関誌『學報』第一号に、「時弊を論じて女生《ママ》諸子に告ぐ(24)」と題する一文が掲載されている。本論は、「嗚呼青年子女よ、今の時に当り、よく事実の真相を穿ち真理を看破し、国家百年の大計をなさんこと、実に余の切望に堪へざる所なり」という序が述べられ、その三章に「然らば其の天職とは何ぞや」がある。一部を引用したい。

諸子が一生涯中全心全力を注いで実現すべき本務天職とは、抑も何事ぞや。（略）大は国家社会より、小は学校家庭に至る迄、到る所より、諸子を招き諸子を呼びつゝあるなり。（略）然れども諸子は之を我二千萬人の同胞姉妹に比すれば、実に大海の一滴九牛の一毛なり。如何にしてかゝる少数の人を以て国家を救ひ得るやと懸念せらるゝならんも、真にモデルとなる人ならば我国同胞の感化救済は決して望なきにあらざるなり。（略）而して之がために諸子は或は学校に、或は家庭に、或は社会に入りて、或は教師として、或は寮監として、或は妻として、或は実業家として、凡ての方面に向ひ、各自適当の働をなさざるべからず。

このように、高等教育を受けた女性は各自適材適所にて「天職」を全うして、他の多くの女性のモデルになる生き方をすることを嘱望している。『青鞜』を通して世の女性たちの覚醒を呼びかけたらいてうの姿勢には、これに通じるものが感じられるのである。

最後に、「天才」と「本能」の関係をみておきたい。発刊の辞は挫折体験を記した後、「「隠れたる我が太陽を、潜める天才を発現せよ、」こは私共の内に向つての不断の叫声、押へがたく消しがたき渇望、一切の雑多な部分的本能の統一せられたる最終の全人格的の唯一本能である」と続くのだが、「天才」と「本能」との関係はどのように繋がっているのか。らいてう在学時の講話ではないが、後年、宮本百合子が受講した一九一六（大正五）年五月一七日の実践倫理講話[25]を参照したい。

（略）我々ハ天才ナリ。我々ハ無限ニ発展シ得ル処ノ不思議ナル傾向、適性ヲ持ツテ居ル者デアル。生レナガラニサウ云フ本質ヲ備ヘテ居ルモノデ、之レガ人間ノ人間タル所以デアル。之レガドーシテモ現実ニ満足シ能ハナイ所以デアル。之レガ我々ノ内ニアル遺伝的ニ来テ居ル処ノ大芸術家タラントスル傾キデアリマス。（略）／先ズ第一ノ企デ其ノ天才ニ光ヲ与ヘ、其ノ能力ニ一大刺激ヲ加ヘテ自発シ得ル様ニ此ニ其ノ刺激ヲ与ヘル。之レハ銘々ニ備ハツテ居ル処ノ本能デアリマス。其ノ本能ガ今圧迫セラレテ居ルカラ其ノ圧迫ヲ取リ去ツテ解放シヤウト云フノデアル。其ノ解放ト云フノハ生キルト云フ事デアル。自由ヲ得テ始メテ生キル事ガ出来、生キテ始メテ自分ノ力ヲ知リ、自分ノ価値ヲ認メル事ガ出来ルノデアリマス。

これによると成瀬は、「本能」とは、誰もがもっている「天才」や能力を発揮させるためのエネルギーのようなものと位置づけ、「本能」を抑圧しているものを排除し自由を得ることにより、「本能」は生き生きと活動することができると説いている。

では、成瀬の「天才」観とは、どのようなものであろうか。一九一一（明治四四）年一一月に出版された『進歩と教育』[26]の次の箇所に注目したい。

（略）人は各々皆一種の天才を有してをつて、その種類こそ異れ、大小の差こそあれ、何物か一つの潜伏力を有してをる。（略）斯く意志によつて精神集中をする時は、人各々の特性は発揮されて、此処に即ち天才が現はれる。換言すれば天才とは彼の西哲の言の如く努力の力強きものを言ふのである。

時代の一般的「天才」観は男子のうちの選ばれた存在を指し、生まれつき優れた才能を備えている者を意味していた。これに比し、成瀬の「天才」観は独特で、「一つの潜伏力」であり、「努力の力強きもの」と捉えている。つまり「天才」とは所与のものではなく、潜在能力であり、努力の成果であるというのである。らいてうの聞いた成瀬の「天才」観も、おそらく本質的に変わらない内容だったのではないか。なぜなら、らいてうは、「私共女性も亦一人残らず潜める天才」と説いているからである。そのように主張することで、法律・制度・慣習のあらゆる面からみて劣位の性と位置づけられていた女性の近代を、潜在能力と努力によって切り拓こうとしたといえよう。

難解と言われてきた『青鞜』発刊の辞だが、このように成瀬仁蔵の影響を背景に読み解くと、論旨は明快であることが判明する。とりわけ自己というものに強いアクセントを置く思考には成瀬の影響が著しいといってよい。この女性の人間としての個の発見こそ、成瀬から受けた影響の本質をなすものであると思う。これまで指摘されてきた以上に、成瀬との紐帯には深く強いものがみられ、らいてうはまさしく成瀬の「魂の子」であり、らいてうと『青鞜』の発刊こそ、成瀬の女子教育の真価を裏づけているといっても過言ではあるまい。

三　平塚らいてうと『青鞜』

成瀬の思想・思考の強い影響を受けてスタートした『青鞜』であることを確認したが、以降のらいてうの思想的展開を追ってみよう。

『青鞜』発刊の辞では先にみたように、「私共女性も亦一人残らず潜める天才」であり、「私の希う真の自由解放とは」、「いうまでもなく潜める天才を、偉大なる潜在能力を十二分に発揮させることに外ならぬ」と女性の能力全面開化を主張した。良妻賢母という規範に呪縛されて主体的な生き方を否定されていた多くの女性たちは、男性中心社会への不敵な挑戦に鼓舞され、自立への覚醒を促されたことであろう。

やがて、「五色の酒」「吉原登楼」事件などのゴシップにより、青鞜社の「新しい女」への非難攻撃が強まる。らいてうは、『中央公論』（一九一三・一）に執筆した「新しい女」において、不良の女を意味する「新しい女」という揶揄的表現を逆手に取り、性差別や男と闘うフェミニストの姿勢を鮮明にする。

自分は新しい女である。／少なくとも真に新しい女でありたいと日々に願い、日々に努めている。／（略）新しい女はただに男の利己心の上に築かれた旧道徳や法律を破壊するばかりでなく、日に日に新たな太陽の明徳をもって心霊の上に新宗教、新道徳、新法律の行われる新王国を創造しようとしている。／（略）新しい女は今、美を願わない。善を願わない。ただ、いまだ知られざる王国を造らんがために、自己の尊き天職のために力を、力をと叫んでいる。

さらに、『青鞜』（第三巻第四号、一九一三・四）に発表した「世の婦人たちへ」では、現行の結婚制度を批判する。なぜなら、それは「一生涯にわたる権力服従の関係」だからであり、「妻は未丁年者か、不具《（ママ）》者と同様に扱はれ」、「妻には財産の所有権もなければその子に対する法律上の権利も有つていない」と明治民法を批判し、「夫の姦通は罪なくして、妻の姦通は罪とせられてゐる」と刑法の姦通罪を批判し、女性を抑圧する法律・制度との対決にまで進み出る。また、女性が独立して生きるための「高等の文化教育」「職業教育」の必要性にも言及している。

　こうして戦うフェミニストに成長していったらいてうではあるが、この「世の婦人たちへ」では、成瀬の「此頃日本では新しい女が騒がれてゐるようだがあれはお転婆でいけない」という談話に対して、次のように猛然と激しく反発をしている。

　信用を置くにも足らぬ新聞の記事などを捕へて、しかも校長に親しく接する機会を久しく失つてゐた私が、只あれ丈の記事に対して、とかくのことをいふのは甚だ軽率の罵を免れない様にも考へますが、私は、私の尊敬する女子教育家の言葉として誠に遺憾に堪へませんでした。時流を抜いた熱誠な校長も最早老い込まれたのではないか。老いてはああまでも俗論に媚びねばならぬのかとも悲しみました。校長の所謂人格教育から見て職業教育は成程理想的なものではないでせう。けれど今日の我国のあの憐れむべき良妻賢母主義の女子教育を何となさいますか。殊に私共――世人は新しい女と呼んでゐる――に対して、私共の内に起つて来た新生命に対し、其のやみがたき要求に対して、何等の理解もなく、又理解しやうとする気もなく、無智な感情的な多数俗人の偏見と共に、新しく勃興せむとするものに何かとケチをつけたがる野次馬の卑しい言葉と共に「お転婆」だとか、女子の美徳を害するとかいつたやうな種類の無反省な言葉をもつて平気に評し去らうとするのは、日本における唯一の女子大学の校長としてはあまりに、不明な、あまりに無責任なことではないかとも思ひました。

高良留美子は、「らいてうが成瀬の人格教育の枠を破り、かれの女子教育思想の硬い外壁である国家の制度と法律にいどんだ画期的な文章」と評価している。[27] この号の『青鞜』は警察の注意を受け、この文章を収録したらいてう初の評論集『円窓より』(東雲堂出版、一九一三・六)は、家族制度破壊、風俗攪乱のかどで、発売と同時に発禁となる。しかしながら、この書を献呈された成瀬は自身への批判があるにも拘らず、蔵書として保存していたことが伝えられており、[28] そこには「魂の子」の成長を認める優れた教育者の姿勢を窺うことができよう。

このように次第に現実社会に根差した女性解放を主張するようになったらいてうは、奥村博(のち博史)との共同生活に踏み切る際も、「現行の結婚制度に不満足な以上、そんな制度に従ひ、そんな法律によつて是認して貰ふやうな結婚はしたくない」と婚姻制度を否定し、入籍しないことを「独立するに就いて両親に」(『青鞜』第四巻第二号、一九一四・二)において大胆に宣言した。

『青鞜』の掉尾を飾った貞操・堕胎論争[29]においても、性と生殖における自己決定権を果敢に主張するのである。生田花世「食べることと貞操と」(『反響』一九一四・九)に端を発した貞操論争は、女性の自活とは職場におけるセクシュアル・ハラスメントに耐えることで贖われている実態を告発したことに始まるが、論争は処女の価値を焦点化して展開された。らいてうは、「処女の真価」(『新公論』一九一五・三)と「差別的性道徳について」(『婦人公論』一九一六・一〇)において、性の二重規範を鋭く指摘し、自己の意思によらぬあらゆる処女喪失を否定している。すなわち、家や親、生活のための結婚や売春はいうまでもなく、「愛による結合においても」「自らの内なる欲求」なき処女喪失は「罪悪」と言い切り、「真の意味における処女破棄の最も適当なる時がすなわち真正の結婚である日」と述べ、性における自己決定権を主張した。ここにも、自己の意志を何より重視する姿勢が明確に貫かれている。

今日、こうしたらいてうの一連の言動を、処女の称揚による女性のセクシュアリティの物象化を招いた、また、恋愛幻想によって女性を家庭のなかに閉じ込める結果を招いた、という批判が優勢である。しかし、家中心の結婚をはじめとして、女性が自らの性を守ることなどできない蹂躙状態にあった日常のなかで、処女とは他ならぬ自分自身が所有するかけがえのないものであると主張することで、男性や家による性への侵犯や容喙を断ち切ろうとし、また、愛による男女の関係性樹立によって、結婚という形式による女性への収奪打破をめざしたのは歴史的必然であっただろう。

堕胎論争は、堕胎が可罰的犯罪であり、避妊の正当性さえ認められていなかったなかで、原田皐月が不敵にも堕胎を肯定した小説「獄中の女より男へ」を『青鞜』（第五巻第六号、一九一五・六）に発表したことから始まる。ほとんどの論者が貧困による堕胎の正当性を主張したのに対し、らいてうは「個人としての生活と「性」としての生活との間の争闘に就いて――野枝さんに（感想）」（『青鞜』第五巻第八号、一九一五・九）において、女性の社会進出や自己実現を堕胎理由の筆頭にあげ、堕胎や避妊を女性の性と生殖における自己決定権の問題として論じる必要性を主張した点が画期的であったといわれている。また、日本の法律は堕胎を犯罪とするならば、同時に母親と子どもを保護する法律をもつべきとも主張し、この観点が後の母性保護論争へと発展することになる。堕胎問題でも貞操論争同様、女性の個としての生き方を基軸に据えて論じていることは重要であり、先駆的まなざしとして注目しておきたい。

さらに、論争の過程で妊娠をしたらいてうは、「避妊の可否を論ず」（『日本評論』一九一七・九）で、避妊の正当性について論陣を張り、男性の性的放縦を危惧することから禁欲による避妊を提唱する。また、当時、欧米の最先端の思潮であった優生思想の影響を受け、結核患者や性病者、精神病者の結婚を法的に制限するよう提案した。これは、後の新婦人協会での活動における花柳病男子の結婚制限請願運動へとつながっていく。今日では、差別的な選民思想であり、国家の性の管理システムへと収束させるものとして批判されている。たしかに時代の流行思想に乗じた逸脱はあったが、性病の背後には国家管理の売春である公娼制度が主元凶として聳えていた時代であることを忘れてはならないだろう。大多数の女性の生きる方便であった結婚における悲劇を回避するために、女性にのみ貞操を求めるジェンダー規範を改変し、男性に女性並みの純潔を要求した主張であり、少なくともこの段階では国家への明らかな挑戦でさえあった。

以上のように、『青鞜』時代のらいてうは、抽象的な女性解放論から、法律・制度はむろんこと、性と生殖における政治学まで剔抉した論へと進み出る。この時代は、らいてうにとって思想の核を形成した時代であったが、その中核をなすのは、性と生殖における自己決定権の主張であるといってよいだろう。翻って、世界のフェミニズム運動の動向に目を向けると、一九六〇年代から七〇年代にかけて欧米を中心に展開された第二次フェミニズム運動の中心テーマは、リプロダクティブ・ヘルス／ライツ（性と生殖に関する健康／権利）であり、性と生殖における自己決定権の問題であった。らいてうの思想の先進性には驚くべきものがあるが、この発想の淵源は、女性の個というものをあらゆる問題の根底に据える姿勢に根ざしており、それは成瀬から受けた影響に大きく関わっていることは見てきた通りである。

おわりに

本稿では、『青鞜』が日本女子大学校を舞台に生み出されたといっても過言ではないこと、それは草創期の日本女子大学校の教育理念に深く関わる問題であることを検証するために、らいてうが成瀬仁蔵から受けた強い影響、すなわち個としての自立的・主体的な姿勢の確立を促す女子教育に光を当てて論じた。らいてうはこの後、日本では数少ない女性思想家と目され、戦前・戦後を通じて数々のフェミニズム運動のオピニオン・リーダーとして類ない足跡を残す。戦前には『青鞜』運動に続いて母性保護論争、新婦人協会の活動、消費組合運動等において大きな役割を果たし、戦後は平和運動のシンボルとして多大な影響を与えた。その出発点での成瀬との邂逅は、本質的で決定的なものであったといえよう。

　力を結集した学友たちの一人一人も、らいてうと同様、女子大学校時代の成瀬の教えに深い影響を受けたことが、らいてうの呼びかけに共感し、『青鞜』創刊への結集に繋がったに相違ない[30]。成瀬仁蔵は教え子たちに、人間としての個の発見を知らしめたことにより、日本の女子教育に多大な貢献をしたばかりでなく、結果として、日本の女性解放運動にも大きく寄与したと評価できるのではないだろうか。

注

（1）岩波新書、一九八八・三

（2）一九〇八年三月二一日、平塚明は森田草平と塩原温泉奥の尾頭峠に向かい、二四日朝、連れ戻される。心中未遂事件として、世間から非難・攻撃を受けることになる。これを小説化した森田草平「煤煙」（『朝日新聞』一九〇九・一・一〜五・一六）により、煤煙事件と称されるようになる。

（3）一九九二年、平塚明は八四年ぶりに桜楓会への復権が認められる。

（4）大月書店、一九七一・八

（5）新評論社、一九五五・四

（6）日本女子大学平塚らいてう研究会編『らいてうを学ぶなかで』（一九九七・三）所収

（7）平塚らいてう「青鞜時代の女たち（一）」（『塔』一九四九・五）

（8）『燧』一二号、一九九三・一〇／一三号、一九九五・二

（9）鳥井衡子「木内錠」（『らいてう研究会編『青鞜』の五〇人』一九九六・一二）参照。
（10）上野千鶴子『日本近代思想大系23　風俗　性』解説（岩波書店、一九九〇・九）参照。
（11）折井美耶子『資料　性と愛をめぐる論争』解題（ドメス出版、一九九一・一〇）ほかを参照。
（12）藤目ゆき『性の歴史学』（不二出版、一九九七・三）ほかを参照。
（13）『青鞜』に参加した日本女子大学校同窓生たちの履歴については、らいてう研究会編『『青鞜』人物事典―110人の群像―』（大修館書店、二〇〇一・五）、日本女子大学大学院　文学研究科日本文学専攻内　岩淵（倉田）研究室編『『青鞜』と日本女子大学校同窓生〔年譜〕』（二〇〇二・二）ほかを参照した。
（14）中嶌邦「成瀬仁蔵と平塚明――在学期を中心に」（日本女子大学成瀬記念館編『無限生成――らいてう・博史――』一九九七・一〇）／「日本女子大学校創設期の教育―平塚明を触発した人々―」（日本女子大学平塚らいてう研究会編『らいてうを学ぶなかで　2』二〇〇七・七）
（15）高良留美子「成瀬仁蔵の女子教育思想と平塚らいてう」（新・フェミニズム批評の会編『『青鞜』を読む』學藝書林、一九九八・一一）
（16）青木生子『いまを生きる成瀬仁蔵――女子教育のパイオニア』講談社、二〇〇一・一二
（17）米田佐代子『平塚らいてう―近代日本のデモクラシーとジェンダー』吉川弘文館、二〇〇二・二
（18）日本女子大学創立七十周年記念出版分科会　成瀬仁蔵著作集委員会編『成瀬仁蔵著作集』第一巻（一九七四・六）所収
（19）「実践倫理」について、らいてうは自伝の中で、「精神的教養の指導学科ともいうべきもので、その内容は、女子大の教育方針をはじめ、宗教、哲学、倫理など多岐多方面の話題にわたり、いわば成瀬先生ご自身の信念と、その世界観をぶちまけるような講義でした。」と記している。
（20）（15）に同じ。
（21）米田佐代子・池田恵美子編『『青鞜』を学ぶ人のために』（世界思想社、一九九九・一二）所収
（22）日本女子大学成瀬記念館編『日本女子大学校長成瀬仁蔵先生述　実践倫理講話筆記　明治三十七・三十八年度ノ部』（二〇〇九・九）所収
（23）日本女子大学創立七十周年記念出版分科会　成瀬仁蔵著作集委員会編『成瀬仁蔵著作集』第二巻（一九七六・四）所収
（24）（23）に同じ。
（25）日本女子大学成瀬記念館編『日本女子大学校長成瀬仁蔵先生述　実践倫理講話筆記　大正五・六年度ノ部』（二〇〇二・九）

所収

(26)(23)に同じ。

(27)(15)に同じ。同論で高良は、「世の婦人たちへ」をめぐる成瀬仁蔵とらいてうの間に交わされた応酬についても初めて詳述している。

(28)青木生子『近代史を招いた女性たち――日本女子大学に学んだ人たち』(講談社、一九九〇・六)参照。

(29)貞操・堕胎論争の詳しい経緯については、拙稿「セクシュアリティの政治学への挑戦――貞操・堕胎・廃娼論争」(新・フェミニズム批評の会編『『青鞜』を読む』學藝書林、一九九八・一一)を参照されたい。

(30)『青鞜』発行の趣意書への同窓生の反応について青木生子は、青木生子・岩淵宏子編『日本女子大学に学んだ文学者たち』(翰林書房、二〇〇四・一一)所収の「あとがきに代えて」で、「女性の潜める才能を発揮すべく自覚を促した、成瀬の教育理念に寸分違わぬ趣意書への、各自の共鳴に他ならないのである。(略)いわば建学の精神、校風に広く基づいている」と指摘されている。

付記

平塚らいてうの文章引用にあたり、『青鞜』掲載のものは、復刻版『青鞜』(不二出版、一九八三・六)に、その他は、『平塚らいてう著作集』第一巻・第二巻(大月書店、一九八三・六/一九八三・八)に拠った。ただし、後者は、旧仮名遣が現代仮名遣に改められている。

また、平塚らいてう・成瀬仁蔵の文章引用に際して、旧字体は新字体に改めた。

『青鞜』とブルー・ストッキング

渡部麻実

はじめに

『青鞜』は、「女流文学の発達を計り各自天賦の特性を発揮せしめ他日女流の天才を産まむ」ことを目的とし、一九一一（明治四四）年九月、平塚らいてうらによって創刊された。その誌名がブルー・ストッキングの訳語であることは、夙に知られるとおりである。

ブリュー・ストッキングという言葉の起りは、十八世紀の半ばごろ、ロンドンのモンターグ夫人のサロンに集まって、さかんに芸術や科学を論じた新しい婦人たちが、青い靴下をはいていたところから、一般に何か変ったことをする新しい婦人に対して嘲笑的な意味で使われていた言葉ですが、私たちの場合も、仕事をやり出せば、きっと何かいわれるにちがいないので、自分からブリュー・ストッキングを名乗って、先手を打っておこうというわけでした。明治二十年頃の日本では、このブリュー・ストッキングを紺足袋党と訳していたそうですが、私たちは生田先生（生田長江…引用者）との相談の末、これに「青鞜」という訳字を使うことにしました。(1)（傍線引用者、以下同じ）

近年、『青鞜』を再評価する試みが少なからず行われている。だが、従来の『青鞜』研究において、ブルー・ストッキングに対する理解の必要性が十分に意識されたことはほとんどなかった。[2] ゆえにブルー・ストッキングの活動は、しばしば、らいてうらの証言、あるいは『青鞜』に対する既存のイメージから逆照射する形で、理解ないし想像されてきた。こうした傾向が、十分な検証を俟たずに『青鞜』をブルー・ストッキングの日本版と捉えることを許容し、結果的に『青鞜』のオリジナリティの発見を妨げてきたことは想像に難くない。

このような研究状況をふまえて本稿では、ブルー・ストッキングの内実を改めて明確にし、あるいは『青鞜』創刊前後の日本におけるブルー・ストッキング受容の実態を探ることを通して、新たな視座から『青鞜』の再評価、再定義を試みたい。

一　イギリスにおけるブルー・ストッキング

さきの引用でらいてうも触れていたように、ブルー・ストッキングという語は、「新しい婦人」、因習に縛られず伝統に抗した女性、あるいは衒学的な女性たちを揶揄する言葉として広く用いられてきた。だがらいてう自身、のちに「それは、当時のイギリス一流の社交機関であり、既成の秩序となんら対立するもののないグループであって、その日本訳の名前を冠して発足した、青鞜社の辿った道とは、かなりかけはなれたものであったようです[3]」と述べたとおり、流通しているブルー・ストッキングのイメージとその実態の懸隔は大きい。

そもそもブルー・ストッキングとは、モンタギュー夫人（Elizabeth Montagu, 1720-1800）を中心にロンドンで開かれたサロン風の会合を指す呼称である。ここに集った総勢一五名ほどのいわゆるブルー・ストッキング・レディたたちの活躍は、おもに一八世紀半ばから一九世紀初頭にかけて認められる。ちなみにブルー・ストッキングの名は、そこに集まった前衛的な女性たちのファッションに由来すると思われがちだが、以下の引用からも確認できるとおり、実際にブルー・ストッキングを履いていたのは、会の花形的存在の男性、ストリングフリートであった。

ペニントンは『カーター夫人の思い出』のなかで、あの呼称（ブルー・ストッキング…引用者注）が、一七七一年に没したベンジャミン・ストリングフリートにちなんでモンタギュー夫人やヴィーシー夫人の集会に与えられたものであることを明らかにしている。すなわち一八世紀のイギリスにおけるこの語の使用は、いつもグレイブルーの靴下をはいてストリングフリートが集会に現れたため、海軍提督ボスカウェンがこの集会（彼の妻はその創立メンバーの一人でもあった）に、〝ブルー・ストッキング・ソサエティ〟というあだ名をつけたことに端を発するというのだが、それは大いにあり得るだろう。（引用者訳）[4]

会員の中の最も著名な一人はスティリンフリート氏であった。彼の衣装は目立つほどに荘重で、特に彼は青い靴下を履いていたと報じられている。彼の会話は非常に精彩があったので、彼が欠席すると一同は大いに落胆して「ブルーストッキングなしには我々は何もできない」と言い交わされるようになり、こうしていつの間にかこの呼び名が世に行われるに至ったという。[5]

さて、ブルー・ストッキングと渾名されたこの会合で、そこに集まった男女は、一体何をしていたのだろうか。

この呼称（ブルー・ストッキング・クラブ…引用者注）は頻繁に用いられてきたが、ブルー・ストッキング・〝クラブ〟があったことは一度もない。その名前は、モンタギュー夫人、ヴィーシー夫人、オード夫人、ボスカウェン夫人を主とする著名な婦人等が主宰し、カードゲームや政治問題は禁物で、気取らない文学談義が奨励されたあの会を示すために造り出されたものにすぎない。ボカージュ夫人（Madame du Bocage）が記しているように、（靴下をはいていたストリングフリートゆえに）正装での厳格な礼儀は撤廃され、気分転換は（もしするなら）、「コーヒー、ココア、ビスケット、クリーム、バター、トースト、上等な紅茶」に限られていた。（引用者訳）(6)

（ブルー・ストッキング・クラブを…引用者注）「クラブ」という語が用いられているからといって、規約やメンバーの選挙がある、大きなリテラリー・クラブのような公的に設立されたソサエティーだと思いこんではいけない。ブルースは、単に趣味的な交友を望んでまとまり、現れた仲間を取りこんで自由に拡大したグループである。

（略）このクラブの当初の目的は、社交生活の最大の楽しみとして文学談義を奨励するというものだった。（引用者訳）(7)

知的で洗練された交流を旨とする社交上の漠然とした一つのまとまりにほかならなかった(8)ブルー・ストッキングと、「女流の天才」を育成することを目的とし、社則を設け社員制度を取るなど、設立当初から明確な一つの組織として出発した『青鞜』との差異は明らかだ。無論両者の違いは、組織レベルに限った話ではない。

このサロン（ブルー・ストッキング…引用者注）は、力を持っていなかったわけではない。その力は強く、出版社や書店に影響力を持っており、作家たちが楽しく有益な交友関係を結ぶことを可能にした。しかしこれらすべてのことにも関わらず、ブルーストッキングは、（略）真の思想の普及者には決してならなかった。彼らは、新しく大胆な哲学や急激な変化の愛好者では断じてなかった。彼らはいつも法や秩序、保守的な伝統の側にいた。彼らは英文学のクラシシズムを支持したのである。(9)（引用者訳）

婦人運動を牽引した『青鞜』の女性たちが、日本における〈新しい女〉の象徴的存在であるがゆえに、『青鞜』の源流と見なされがちなブルー・ストッキング・クラブも、イギリスにおける〈新しい女〉の活動拠点として、女性解放に貢献したと考えられることが少なくない。しかし、ブルー・ストッキングは明らかに、伝統と美徳を同一視する封建的な旧制度の支持者であった。

モンタギュー夫人をはじめとする上流階級の女性たちで構成されたブルー・ストッキング・レディたちにとっては、旧時代の道徳が遵守されてこそ、地位と財力により芸術家を庇護することも可能だったのだろう。だが、彼女たち第一世代のブルースのみならず、中流階級出身の女性を少なからず含んだ第二世代、労働者の生活に心を砕き、奴隷制に激しい異議申し立てを行ったハナ・モアもまた、決して男尊女卑社会の改革者などではなかった。もちろん、多彩な著述活動を展開した彼女たちが、女性の表現史に残した功績は大きい。しかし女性解放運動という側面からブルー・ストッキングを見たとき、成果以上に限界が露呈してしまうことは否定できない。この点について、たとえばブリジェット・ヒルは、次のように指摘している。

彼女たちは、当時流行した寄宿学校の教育というものを手ひどく批判しただけで、その水準を高めるのになんら実質的な寄与はしなかったのである。彼女たちの中で社会における女性の役割を全面的に問題にした人はわずかに過ぎなかった。作家であり、著述家である人たちでさえ、自分たちが女性であるがゆえに与えられた、男性より劣った地位を喜んで受け入れていたようだ。彼女たちのほとんどは、限られた範囲で自分たちが認められていればそれで十分だったのである。(10)

文芸を愛好する女性たちが集結し、文学者の擁護と文芸の発展に尽力した点では、ブルー・ストッキングと『青鞜』に類似点を見出すことができる。だが、たとえ間接的に女子の啓蒙に益するところがあったにせよ、前者の実体は、古い価値観に則った上流夫人たちのサロン風の集いにほかならなかった。(11) こうしてブルー・ストッキングは、その保守性ゆえに時代から取り残され、主に、衒学的な女性に対する揶揄嘲笑の俗言として、かろうじて現代に命脈をつなぐこととなった。

二 日本におけるブルー・ストッキング―『青鞜』創刊前―

日本におけるブルー・ストッキングの紹介や流通の様相を明らかにする試みは、いまだほとんど成されていない。ゆえにここでは、『青鞜』創刊の時期を視野に入れつつ、この未詳の領域の鑿開を試行したい。

管見によれば、一八八〇（明治一三）年六月二九日、『郵便報知新聞』に「府下雑報」として掲載された以下の新聞記事は、いわゆるブルー・ストッキングに言及したもっとも早い例の一つである。

何故か仏国にては女博士を紺足袋《こんたび》と綽号し来たりしが、世の開進に伴れて近ごろ巴里府近傍は蟠山を見る如く此の紺足袋が次第に増加し、随がつて銘々男の様に鎌首を擡げ、那地に蛇蜒し此地に蟠屈して男女同権を主張する者多き（略）、日本にても近来女子の就学する者多き故、追々に此類を袴とでも称して仏国捕蝮者同様現出するかも知れません。

また以下に引用した「佳伝ハンナ、モア貧民を教育したる事」（『女学雑誌』一八八七・四）は、女子の啓蒙雑誌においてブルー・ストッキングのメンバーに光を当てた記事としては、最も古いものの一つに数えられよう。

大凡そ百年の昔に於て英国のブリストルにハンナモアと申す婦人ありけり（略）倫敦学者社会の面々は悉く皆なモア嬢を敬愛せるものとぞ為れり先づジョンソンを第一として（略）モンタグ夫人（略）ボスカウェン夫人ベッセー夫人など云へる青紺足袋《ブリユースタツキング》の面々に至るまでモア嬢の才に服さゞるはあらざりけり

英和辞典に、「Blūe'stŏcking, n. 文学アル女、女史（女ヲ云フ）」（『英和新国民大辞書』辻本堂書店、一八八八・一二）、あるいは「Blue-stocking, blu'-stock-ing, s. 文学アル女、文学会員」「Blue-stockingism, blu'-stock-ing-izm, s 女ノ倨傲ナル事」（戸田直秀『英和辞書』一八九〇・一二）というように、ブルー・ストッキングの語が掲載され始めたのもこれとほぼ同時期のことだ。

だがこの時期の日本では、ブルー・ストッキングの存在は、いまだ一部の知識人に認知されていたにすぎない。証左として、一九〇〇（明治三三）年三月から翌年三月にかけて『國民新聞』に連載された徳富健次郎（蘆花）の長編小説『思出の記』（民友社、一九〇一・五）に見出せる、以下の興味深い一節を提示してみたい。

「青鞜《ぶりうすとつきんぐ》が殖へて結構」と独語した。／「青鞜《ぶりうすとつきんぐ》て何？」／「鈴江君の様な女学士の事です」／「わたし其様に茶かすこと嫌ひ—女だつて学問してはならぬと云ふ仔細はないわ。フオセツト、マダム—」／「其様です共。僕も大賛成です共。日本中の女が皆エラクなつて、男が飯焚――」

蘆花も、さきの「青紺足袋」などと同様、足袋あるいは靴下を意味する「韈」の字をあて、ブルー・ストッキングと読ませている。なおここでは、ブルー・ストッキングを「女学士」と説明しているが、『思出の記』の連載、出版時期にあたる一九〇一（明治三三）年は、日本女子大学校が創設された年であり、この小説中にも東京に女子大学が出来たことに言及するシーンがある。ブルー・ストッキング＝「女学士」「学問のある女」という認識に立てば、日本女子大学校に学んだ、らいてうをはじめとする多くの『青鞜』参加者たちは、まさにブルー・ストッキングに他ならないのだ。さらに、「青韈《ぶりうすとつきんぐ》」と「茶か」された鈴江がそれを受けて「フオセツト、マダム」と、すぐに発言していることも見逃せない。「フオセツト、マダム」とは、もちろん、同時代のイギリスで婦人参政権運動家として活躍し、国内外に名を馳せたフォーセット夫人（Millicent Garrett Fawcett, 1847–1929）を指すのだろう。経済学関係の著作も持つ彼女は、間違いなく「学問のある女」である。この「学問のある女」が、婦人参政権協会全国同盟の創設者であったことを考えれば、ブルー・ストッキングに対して蘆花が抱いたイメージも、概ね明らかだ。

ところで、「青韈《ぶりうすとつきんぐ》て何?」と尋ねる鈴江の反応は、女学士の鈴江が、この時までブルー・ストッキングの存在を知らなかったことを物語っている。筆者の調査でも、当時日本で出版されていた百科辞典、イギリスの風俗文化案内、流行辞典の主だったものにブルー・ストッキングの記述は見出し得なかった。一九〇〇年前後のこの時期、ブルー・ストッキングの日本における認知度は、相当に低かったと考えるべきだろう。

三　日本におけるブルー・ストッキング――『青鞜』創刊後――

翻って、ブルー・ストッキングから名を得た『青鞜』が創刊され、衆目を集め始めると、ブルー・ストッキングの存在も世間の注目するところとなる。

此の世紀（一八世紀…引用者注）の初めごろから、イギリスにアヂソンやスチール等の文人が雑誌『テトラー』其の他で女子教育論をしはじめた。（略）此等が刺激となつて女子の学問修養といふ事がまた勃興して来た。其の結果が所謂イギリスの青鞜者流（ブルー、ストッキングズ）である。(12)

これは『青鞜』創刊の二年後にあたる、一九一三（大正二）年に書かれたものだが、このなかで「ブルー、ストッキングズ」を「青鞜者流」と表記していることには注目してよいだろう。それまで「紺足袋党」「青紺足袋党」などと訳語の一定しなかったブルー・ストッキングが、一般に〈青鞜〉と訳出され、「所謂イギリスの青鞜者流」というように周知の存在として語り出されるようになるのは、『青鞜』創刊以後のことなのだ。この頃には、青鞜あるいはブルー・ストッキングを見出し語として掲載する事・辞典類も出始める。ちなみに、らいてうにブルー・ストッキングの存在を教えた生田長江編纂の辞典では、青鞜・ブルー・ストッキングに以下の解説が与えられている。

青鞜　ブリユー・ストツキングの訳語。一七五〇年ロンドンの文学美術の会合に、人気ものゝ一人が青い靴下を穿いていた、それから此会員、殊に女流の文学者連を青鞜会員と綽名したのから、此語は出た。我邦にも最近青鞜社といふ、女流の文学者の会合が起された。（生田長江編著『文学新語小辞典』新潮社、一九一三・一〇）

青踏《ママ》〔Blue stocking〕　西暦千七百五十年英京ロンドンに開催せる文学者・美術家の会合に、或女流文学者の一人が青色の靴下を穿ちしより此会員の中殊に女流文学者連をブリユー・ストツキングと綽名せしより出づ。近時我国にも青踏《ママ》社と称する女流文学者の会合起れり。（生田長江・森田草平・加藤朝鳥編『新文学辞典』新潮社、一九一八・三）

右の引用からは、長江自身のブルー・ストッキングに対する理解と認識を窺い知ることができて興味深い。とりわけ、すでに『青鞜』の活動が文学から女性解放運動へと傾斜し始めていたにも関わらず、青鞜社を「女流文学者の会合」としか言及していない点は看過できない。ちなみに、後者『新文学辞典』は、前者の改訂版として新たに二人の著者を迎えて成った改訂版なのだが、ここでは初版になかった「新しい女」の項目が加わり、以下のとおり、丁寧な解説が行われている。

新しい女　『新しい女』に成るといふことは、女の有らゆる属性を擺脱して、男に成る。いや、男でも女でもない中性に成るのだと云ふ風に考へられたことも有つた。これは従来女の属性として考へられて居たものが、多くは女の本然から出発しないで、男に依つて強ひられたもの、強制的に馴致せられたもので有つたために、それに反抗して立つと云ふことが、即ち有らゆる女の属性を抛つ、振落すことに有ると考へられるやうに成つたので有らう。例へば、『女らしい女』の属性として、所謂男に都合の好い『自己犠牲』を女に迫つたとする。

そして、それを拒んだ時、其女は最早『女らしい女』ではないとして排斥するが如きは、明らかに誤れる思想で有る。が、左様いふもの以外に、なほ女性の本然から出た女の本分、『旧い女』が『新しい女』に成つても消滅する患いのない女の本分が有るべき筈で有る。(略)それは他から強ひられ、若しくは教へられたものでは不可ない当然女自ら考ふべきもので有る、発明すべきもので有る。『新しい女』に成ると云ふことは、女が男に成ると云ふことではない。矢張文字通りに『新しい女』に成ることで有る。それと共に、『旧い女』といふ類型を脱しながら、更に『新しい女』といふ類型に堕することでないことは言ふ迄も有るまい。そんな事は個性を有する『新しい女』の断じて耐え得ることではなかろう。事実として、既に『新しい女』『目醒めた女』『自覚した女』の類型は生じつゝ有るかの如くで有る。(森田草平)

だがここで、「新しい女」といえば直ちに想起されるはずの『青鞜』について一言もされていないことには注意が必要だ。加えて、さきに挙げたこの辞典の「青鞜」の項目では、初版とほぼ同様の簡単な辞典的説明が繰り返されているに過ぎず、しかも新版で唯一加筆された情報「或女流文学者の一人が青色の靴下を穿ちしより」は、誤った通説でさえある。

らいてうが後年、『青鞜』という誌名に関し、長江による命名であることに触れたうえで、「(ブルー・ストッキングは…引用者注)一般に何か変ったことをする新しい婦人に対して嘲笑的な意味で使われていた言葉ですが、私たちの場合も、仕事をやり出せば、きっと何かいわれるにちがいないので、自分からブリュー・ストッキングを名乗って、先手を打っておこうというわけでした」(平塚らいてう『わたくしの歩いた道』)と述べたために、あたかも長江自身がブルー・ストッキングという語に「何か変わったことをする新しい婦人」という意味が込められているという認識に立って、「変わったことをする新しい婦人」たちの雑誌という意味で『青鞜』と名付けたかのような印象が付与されてきた。しかし、ブルー・ストッキングについての長江の理解に照らせば、彼の命名は、文学趣味の女性たちの集まり、女性文学者による雑誌という以上の意味を含むものではなく、文芸の枠を越えた活動をそこに期待していたわけではなかったことは明らかだろう。長江が『青鞜』の将来に文学を越えた社会的な活動、女性解放運動へと発展する可能性を期待していなかったとすれば、『青鞜』の辿った道は、そこに集った女性たちの意識と願いと行動の結果に他ならないと考えるべきではないか。自身が編纂した辞典において、女性解放運動へと乗り出した『青鞜』の新側面を完全に切り捨てた長江が、この新たな展開を好意的に見ていなかったことは、少なくとも明らかなはずだ。

おわりに

前述のとおり、『青鞜』とブルー・ストッキングを比較対照した研究は、従来ほとんど行われていない。だが田中久子「青鞜とヨーロッパのブルー・ストッキングについて」[13]は、正しくそうした試みであり、なおかつ、きわだった成果をあげている。

前者（ブルー・ストッキング…引用者注）の意図したものは洗錬された社交であり、自由な社交的な雰囲気での精神的、知的交流に大半の意義が認められ、また、サロンそのものの性質として、文芸を愛好するのみでなく、進んでその育成擁護にも具体的に加担したのであつた。それにひきかえ青鞜社は出発当初から、社員組織をもつ結社であり、機関誌「青鞜」の出版が第一義的な事業であり、初期の「女流文学の発達」を目指した運動は、次第に婦人運動に中心をおくものとなつたのである。

（略）前者は（略）ときの政府と何等対立する理由も存在しない恵まれた一団であったのに反し、後者は明治末期のはげしい新旧思想の相剋の時代に誕生した存在であり、前者が一貫して、保守的で現状維持に傾いたのに反し、後者は、ありきたれる習俗に抗し、自我の尊厳に立脚したが、新しい生き方を主張することにより、一再ならず官憲の弾圧にあい、また無理解な一般社会からの非難攻撃の的にされる、という先駆者にはありがちないばらの道を歩んだのであった。

前者の（略）中枢人物は年令的にも中年の円熟に達した人びとであり、（略）後者は、当時の日本での女子の高等教育機関及至は、新しく興った高等女学校で育成された、年令的にも多くは二十代初期の若さにあふれた女性の集団であり、また、その思想的傾向はその時代としては尖端的、躍進的なものであり、前進してやまない、新時代の思想の芽を内包した溌剌とした一群の女性たちであった。

婦人運動に関しては、サロンの女性のうち、その一・二が女子教育への熱意を披瀝、あるいは実践することにより、間接的に婦人を覚醒に導く先駆的役割を果した、とはいい得るが、これらの女性は、イギリスの女権運動以前の存在であり、女権よりもむしろ女徳を強調した典型的な十八世紀的存在であった。

引用が煩瑣に失したが、右の考察に、筆者の見解を加え、ブルー・ストッキングと『青鞜』の相違点を簡潔に提示するなら、次頁の表のようにまとめることができよう。

以上に見てきた事柄は、『青鞜』が決してブルー・ストッキングの末流ではないことを明白に物語っている。加えて、『青鞜』のその後の行方が、生田長江の舵取りによるものではないことも、もはや明らかだろう。

筆者は、長江が終始一貫して女性文学者の庇護者であったことを否定するつもりはない。加えて長江の立場は、

	意図・活動	組織	社会的な位置	主催者	婦人運動
ブルー・ストッキング	洗練された社交・知的交流・芸術家の育成擁護	会員制度、会費、会則などのない非組織的な集まり	イギリス一流の社交機関、メンバーに政府関係者を含む	保守的傾向のある中年女性で女徳を強調する傾向	先駆的意義は認め得る
青鞜	「女流の天才」育成→婦人解放運動	社員制度をとり、会費、会則などもある結社(14)	官憲の弾圧、相次ぐ発禁、社会からの攻撃の的	20代の進歩的な女性たち	積極的に関与

人間であることにおいての男女平等を肯定する点、女子を教育することの必要性を認める点、および、一般に女性の領域と見なされていた家庭内の仕事と、男性の領域と見なされていた社会の仕事との間に価値の高低、優劣はないとする点において、当時一般的であった保守的な良妻賢母主義者とはたしかに異なるものである。また、性的欲求を満たすため、あるいは家を守るためというような、愛以外の理由に基づく結婚を強く批判し、恋愛による結婚を徹底して奨励した点で、長江と『青鞜』の主張との間に共通点を見出すことも不可能ではない。

だが、長江がたびたび繰り返した(15)「婦人は男子よりも小児に近い。従つて、男子よりも未開人に近く、禽獣に近く、自然その物に近い」という言葉が、その女性観を端的に示すように、彼は決して『青鞜』側の人間ではなかった。長江は、男女のより徹底した差別化をはかることで両性の補完関係が成立し、男女の一層堅固な結合が可能になると考える、性別役割分担の積極的な推奨者であり、女性を家庭内に縛り付けることをよしとし、その社会進出には明らかに否定的だった。その出帆において、舵の取り方を長江に仰いでいたにしても、女性を家庭内に縛り付けることを積極的に肯定した長江の価値意識、社会認識、女性観とは背離する場所に、『青鞜』が歴史を刻み込んだことは間違いない。

生田長江は、『青鞜』の名付け親、相談役として、またブルー・ストッキングは、誌名の原拠として、あたかも『青鞜』の理念や活動に甚大な影響を与えたように見なされがちだ。しかし、長江が『青鞜』の創刊や規約の製作、あるいは組織の整備などにある程度助力していたとしても、『青鞜』は長江の影響によって女性解放運動に乗り出したのではなく、『青鞜』の理念やその後の行方も、長江の影響下に成ったものでもない。(16)そして『青鞜』と長江の乖離以上に、「新しく大胆な哲学や急激な変化の愛好者では断じて」なく、「いつも法や秩序、保守的な伝統の側にいた」(17)といわれるブルー・ストッキングが、『青鞜』側に位置するものでないことは、もはや明らかだろう。

『青鞜』はブルー・ストッキングの支流でも亜流でもない。『青鞜』の動向を決定づけたのは、そこに集った女性たち自身であり、当時の日本社会で生き、考え、行動した彼女たちの意思にほかならない。『青鞜』の個性、『青鞜』のオリジナリティを、改めて正当に評価し直す必要があるのではないか。

注

（1）平塚らいてう『わたくしの歩いた道』（新評論社、一九五五・四）

（2）ただし例外的に、田中久子「青鞜とヨーロッパのブルー・ストッキングについて」（『国語と国文学』一九六五・七）は、この種の研究として大きな成果をあげている。

（3）平塚らいてう『元始、女性は太陽であった　上巻』（大月書店、一九七一・八）

（4）Reginald Blunt ed. “The Blue Stockings”, in *Mrs. Montagu. “Queen of the Blues”*. vol. II, London, 1923.

（5）ジェームス・ボズウェル、中野好之訳『サミュエル・ジョンソン伝3』（みすず書房、一九八三・一二）

（6）注（4）に同じ。

（7）Chauncey Brewster Tinker “Chap. XII, The Bluestocking Club” ,in *The Salon and English Letters*. Gordian Press, inc., New York, 1967.

(8) 石本キミ「ミセス・ハナ・モーアとブルー・ストッキング・クラブ」(『文芸と思想』、一九五八・三)、田中久子「青鞜とヨーロッパのブルー・ストッキングについて」注(2)等参照。

(9) Chauncey Brewster Tinker "Chap. XI Results" in *The Salon and English Letters.* Gordian Press, inc., New York, 1967.

(10) 福田良子訳『女性たちの十八世紀』(みすず書房、一九九〇・五)。

(11) ただし近年、否定的な評価が定着したブルー•ストッキングに対し、坂本武「ブルーストッキングの女性たち—18世紀イギリス文化の一面—」(『独逸文学』一九九八・三)や、同「Lady Mary Wortley Montagu—「ブルーストッキング」の先駆け」(『関西大学文学論集』二〇〇〇・一二)により、その再評価が行われている。これらはエリザベス・モンタギューの年上の従姉妹であるレイディ・メアリ・ワートレイ・モンタギュー(1689-1762)を、ブルー・ストッキングの源流に位置付け、彼女の人生、とりわけ執筆活動を評価することにより、フェミニズム運動としては何らの価値もなかったと見なされがちなブルー・ストッキング・ソサエティを再評価する試みである。

(12) 島村抱月「近代文芸と婦人問題」(『中央公論　臨時増刊婦人問題号』、一九一三・七)

(13) 注(2)参照。

(14) ただし、一九一五年一月、『青鞜』の編集発行を伊藤野枝がらいてうから引き継いだ際、青鞜社の社員制は廃止された。

(15) 「婦人解放よりの解放」(『生田長江全集　六』所収、大東出版社、一九三六・七)、「婦人解放論の浅薄さ」(『婦人公論』初出、一九二四・五、『超近代派宣言』所収、至上社、一九二五・一二)等参照。

(16) 一九一三年、生田長江は青鞜社と決別する。この件に関しては、米田佐代子「『青鞜』と「社会」の接点」(『山梨県立女子短期大学紀要』一九九一・三)、池川玲子「生田長江と『青鞜』」(新・フェミニズム批評の会編『『青鞜』を読む』學藝書林、一九九八・一一)で詳しい考察が成されている。

(17) 注(9)に同じ。

「新しい女」とキリスト教

村井早苗

はじめに

一九一一（明治四四）年九月一日に発行された『青鞜』には、平塚らいてうを中心に日本女子大学校出身者が数多く存在していたことは、既に指摘されている。[1]その一〇年前に創立された日本女子大学校は、ミッション・スクールではないが、創立者成瀬仁蔵は一八七七年に沢山保羅の感化でキリスト教に傾倒し、大阪浪花教会で洗礼を受けている。

近代日本において、ミッション・スクールは女子教育に重要な役割を果たした。そして勿論、当該時期のキリスト教は多くの性差別の問題を抱えていたが、単に女子教育にとどまらず、女性をめぐる状況に対して多くの問題提起を行い、大きな影響を与えた。成瀬は何故、日本女子大学校をミッション・スクールとして創立しなかったのだろうか。さらに、果たして創立期において、日本女子大学校の教育はキリスト教との接点はなかったのだろうか。

また、創立期日本女子大学校に学んだ『青鞜』関係者たちがキリスト教とどのような関わりを持ち、そのことがどのような意味を持ったのだろうか。本稿では、これらの問題について、近代日本キリスト教の動向と関連づけて考察したい。

一　キリシタン禁制終焉過程の問題点

キリシタン禁制を国是とした幕藩体制が崩壊しても、近代日本においてキリスト教は「解禁」され、布教が進められていったわけではない。キリシタン禁制の終焉過程にも近代国家のキリスト教へのスタンスについても、多くの問題点があった。そして、これらの問題点はミッション・スクールの教育にも多くの制約を与えることになる。

最初に、キリシタン禁制終焉過程について見ていきたい。一八五三年（嘉永六年六月）、ペリーが浦賀に来航し、翌年には日米和親条約が調印され、ここに日本近世国家の国是であったキリシタン禁制を支えた一環である「鎖国」制が崩れた。アメリカ合衆国との通商条約の締結交渉が進む中で、合衆国総領事ハリスやオランダ商館長クルティウスらの努力によって、一八五八年（安政四年一二月）に長崎奉行荒尾石見守から絵踏制廃止の布告が出された。その後数年間は長崎以外の地で絵踏が実施されていたとはいえ、[2] ともあれキリシタン禁制の一環が崩れさったといえよう。

一八五八年（安政五年六月）、日米修好通商条約が調印され、その後各国と通商条約が結ばれた。そして日米修好通商条約の第八条で日米相互の信仰が保障され、「日本にある亞墨利加人、自ら其國の宗法を念し、禮拜堂を居留地の内に置も障なく、並に其建物を破壊し亞墨利加人宗法を自ら念するを妨る事なし」[3] と、アメリカ人が居留地に礼拝堂を建てキリスト教の礼拝を行うことが認められている。この外国人居留地は、先ず同年長崎に、その後横浜、神戸、大阪、東京築地に設定された。また箱館港、佐渡港と以上の居留地の隣接地域が外国人と日本人の雑居地に指定されるようになった。居留外国人はそれぞれの領事の管理下に置かれ、居留地から一〇里以上の地に外出することが禁じられた。[4] キリスト教宣教師もこの制約下にあったが、この居留地を中心にキリスト教布教が展開することになる。そしてこの居留地に、後述するように神戸女学院、フェリス女学院等のミッション・スクールが開設され、女子教育を行っている。

一八六五年（元治二年一月）、長崎の居留地にパリー外国宣教会により大浦天主堂が完成した。二月、浦上の隠れキリシタンの一行が教会を訪れ、三人の女性がプチジャン神父にキリシタンであることを告白した。これを機に長崎周辺の隠れキリシタンたちが、神父と連絡をとるようになりその指導下に入った。

一八六七（慶応三）年、浦上ではキリシタンが庄屋や檀那寺に知らせずに死者を埋葬する自葬が相次いだ。キリシタンは信仰を表明し、檀那寺との関係を絶って寺請制度を拒否した。六月になると長崎奉行所は、浦上の教会を襲撃して指導的立場にあったキリシタンを捕縛した。これが、いわゆる浦上四番崩れの始まりである。これに対して諸外国が抗議し、九月に釈放されて帰村することになったが、その後も長崎奉行所の監視下に置かれた。そしてまもなく幕府が瓦解することになり、浦上キリシタンの問題は維新政府に引き継がれることになった。

一八六八年（慶応四年三月）、江戸幕府は瓦解した。新政府は旧幕府の制札を撤去して五榜の掲示を全国に示した。このなかの一枚に「キリシタン宗門制禁」が示され、旧幕府のキリシタン禁制が受け継がれた。さらに同年、浦上キリシタンの流罪・移送が決定され、キリシタン三三九四人が二〇藩に預けられた。

このことは、諸外国から度々、執拗に抗議された。一八七一（明治四）年秋、外務卿岩倉具視を全権大使とする使節団が欧米に出発した。使節団は、諸外国で浦上キリシタン問題を追及され、「信教の自由」を要求された。一八七三年二月、岩倉はついに留守政府に打電してキリシタン禁制政策の中止を求めた。これによってキリシタン禁制高札は撤去され、浦上キリシタンの帰村も許された。そのために従来、ここにキリシタン禁制は終焉したとされてきた。

しかし高札の撤去は、法令の伝達方式が変わったにすぎないともいわれ[5]、「従来高札面ノ儀ハ一般熟知ノ事ニ付、向後取除キ可申事[6]」と布告されたのである。諸外国は「信教の自由」が認められたと判断したが、岩倉や明治政府の認識は、キリスト教解禁ではなく高札を取り外したのみであるといったものであり、キリスト教は決して解禁されたわけではない。そのため陰に陽にキリスト教への弾圧は続き、キリシタン探索の諜者の活動はその後も行われ、一部では一八七六年まで存続した[7]。また浦上四番崩れの発端となった自葬も、キリスト教の防止と民衆教化のために一八七一年に設置された教導職が廃止される一八八四年まで許されなかった。しかし、一八八九年の明治憲法によって、括弧付きながら「信教の自由」が認められ、ここに法的にはキリスト教禁止は終結した。けれども外国人居留地は一〇年後の一八九九年まで存続し、外国人宣教師の活動は制約されており、居留地が廃止された後には、政府によるキリスト教への統制は、後述するように新たな展開を見せることになる。

二　キリスト教布教の動向

幕末以来、カトリックは浦上四番崩れに見られるようにパリー外国宣教会[8]によって再布教がなされ、ロシア正教会やプロテスタントによる布教も始まった。ここではプロテスタントの布教活動を中心に、その動向を見ていこう。

日本におけるプロテスタント布教活動は、幕末期にまずアメリカ合衆国の外国伝道協会の統率下に各教派が協力して進められた。キリシタン禁制高札の撤廃に先立って、一八七二年春、横浜に日本最初のプロテスタント教会である横浜海岸教会が設立された。同年秋、在日諸派宣教師の会合が横浜で開かれた際に、日本における教会設立に当っては別々の教派を作らずに組織も名称も一つにしようと申し合わせ、その名称として日本基督公会が考えられ、このための信条規則の案として日本基督公会条例が作られた。当時チャーチ（church）の訳語として公会という言葉が使われたが、これは信徒の集まりを指す言葉で、建造物を意味するわけではない。このように、新しい伝道地である日本で教派克服という理想が目指されたが、改革派宣教師と会衆派（アメリカン・ボード）との間で最終的な一致が得られず、統一の理想は実現できなかった。

一方、一八一〇年にアメリカ合衆国で設立された外国伝道会社アメリカン・ボードを母胎としてできた組合教会は、一八六九年にD・C・グリーンが横浜に到着、神戸で伝道を開始した。組合教会は超教派的性格を持ち、早くから日本の教会の自主・独立を尊重した。一八七七年に沢山保羅によって創設された浪花教会で、後に日本女子大学校の創立者となる成瀬仁蔵は洗礼を受けたのである。そして組合教会は、学校教育、社会事業に力を入れ、同志社、神戸女学院、梅花学園、頌栄保育学院、松山東雲学園などに当初から宣教師を送っている。

また一八七二年のアメリカ・メソジスト監督教会をはじめとして、メソジスト派による布教も行われた。メソジストとは、一八世紀にイギリス教会より分離したプロテスタント教派で、敬虔な信仰に基づく厳しい戒律に従い、神学研究などに励み、修道者的生活を重んじた。

以上のようにプロテスタント諸派の布教が競合するなかで、一八八五年、ドイツ普及福音教会の牧師シュピンナーが来日し、自由主義神学（自由キリスト教）の立場をとり伝道を展開した。自由キリスト教とは教義を相対的、合理的に考え、聖書を歴史的、批判的に解し、儀式を重んじないプロテスタンティズムで、普及福音教会、ユニテリアン、ユニヴァーサリストの三派を指す。後述するように『青鞜』創刊の発起人平塚らいてうは一時、この自由キリスト教と出会うことになる。そしてこの自由キリスト教の伝来は、ただでさえカトリック、正教会、プロテスタント諸派の布教が競合していたキリスト教界に深刻な影響を与えた。(9)

三　キリスト教と女子教育

ミッション・スクールとは、本来、宣教師として派遣された人々が布教の一方法として、キリスト教精神によって教育を行う学校である。そのため外国の伝道会や修道会、あるいは外国教会の伝道局（Misson Board）によって人的・財的に経営されるものを指す。しかし、キリスト教布教が進むにつれ、その他日本人キリスト者によって設立され、経営されるキリスト教主義学校も一般にミッション・スクールとされることになった。そして女子教育に先駆的役割を演じたのが、プロテスタントであった(10)。

西日本では一八七三年、居留地神戸にアメリカン・ボード派遣の女性宣教師によって、後に神戸女学院となる私塾が開かれた。経営母体がミッションで、宣教師の発言力が強い典型的なミッション・スクールである。一八七八年、大阪において梅花女学校が開校式を挙げた。日本人信徒が設立し、経済的にも自立しているが（自給学校）、英語などの一部の科目は宣教師が担当し、教会によって支えられながら運営された。成瀬はこの創立メンバーの一人で、開校式の祝詞を述べている。この四年後の一八八二年、成瀬は梅花女学校を辞任するが、アメリカ留学より帰国後の一八九四年より九六年、同校の校長となっているのである。一八七七年、同志社女学校が京都に創立された。経済的にミッションに多く依存しているのに、日本人側の経営的発言力が強かった。これは、一八九九年の不平等条約改正以前は、居留地外での学校運営は日本人名義によらなければならなかったことによるといわれる(11)。

次に東日本においては、西日本がアメリカン・ボード（会衆派・組合教会）によって女子教育のためのミッション・スクールが開かれたのに対し、改革派によって女子教育が進められた。居留地横浜に創設されたフェリス女学院、東京の頌栄女子学院、女子学院（いずれも現名称）等が挙げられる。

またカトリックも雙葉女学校、白百合学園を開いている。

以上のように一八七〇年代以降、現在にまで続くミッション・スクールが開かれ、女子教育に大きな役割を担ったのである。

四　日本女子大学校の創立とキリスト教教育

一八九九年七月、改正条約が実施されて治外法権が撤廃された。これにともなって外国人居留地がなくなって日本人との雑居が自由になり、外国人宣教師の布教活動への制約が解除された。しかしこれに対応して政府は、学校における教育と宗教との分離をはかるため、八月に文部省訓令一二号によって、学校において宗教教育と宗教儀式を行うことを禁じた。そのためミッション・スクールは、宗教教育を自主規制するか、廃校にするか、寄宿舎制度を採用して宗教教育を存続するかの選択を迫られた。すなわち、徴兵猶予と上級学校進学のための特権を確保するためにキリスト教教育を中止するか、さもなければ二つの特権を失って特殊学校になるしかなかったのである。[12]キリスト教教育への統制は以上のような展開を見せ、このような状況のなかで一九〇一年、日本女子大学校はミッション・スクールとしてではなく創立されたのである。

では日本女子大学校において、はたしてキリスト教教育は行われなかったのであろうか。成瀬は先述したように一八七七年に受洗し、その後は牧師として熱心に伝道に従事し、キリスト教主義学校（梅花女学校、新潟女学校）で教育者としても活躍した。

成瀬が創立当時、キリスト教とどのようなスタンスをとっていたのかは不明である。そして、キリスト教と距離を取っていることを公にしたのは、創立より一〇年余り後の一九一二年一月のことであった。日本女子大学校卒業生の団体桜楓会の会員に対し、「私が嘗て一時クリスト教と他の信仰と矛盾するかのように考えたのは偏していたのであった。（中略）個性が千差万別であるように、宗教にも各々特色がある。決して同じものではない。併し吾々別つべからざる一つの力によって支配されていると同じく、宗教に在っても根源は一つのものである」と述べている。[13]

このように、成瀬がキリスト教と距離を取っていることを公表したのは創立後一〇年余り以後であった。そして一八九七年、日本女子大学校の設立が公になった時、これに対する反対者は、成瀬がかつて牧師であり、米国帰りであることから、設立はキリスト教の宣伝のための策略であるとしていた。[14] つまり創立時においてはキリスト教徒と、少なくとも一部からは考えられていたのではないだろうか。そして、創立以来成瀬が行った実践倫理の講義を通じて、キリスト教教育が間接的とはいえ行われていたともいえよう。

また開校当初から一九一〇年まで英語を教えた村井知至は、当時ユニテリアンの説教者であった。村井は横浜海岸教会で受洗し、その後、同志社に入り新島襄の影響を受けた。一八八九年に渡米し、アンドーヴァー神学校に学び、この地で成瀬と出会って親交を結んだ。一八九三年に帰国して本郷（弓町）教会の牧師となったが、この本郷教会に、後に一時期ではあるがらいてうが通うことになる。日清戦争後、再び渡米してアイオワ大学で社会学を学び、一八九七年に帰国、ユニテリアンの説教者となった。そして翌九八年には社会主義研究会を結成して会長となり、九九年に東京外国語学校の教授に就任、一方で『六合雑誌』に多くの論文を発表した。後には村井は思想の変化をきたすが、開校当時はユニテリアンの説教者でもあったのである。[15]

一九〇三年から四一年まで約四十年間にわたって英文学部教授として教育に尽くしたフィリップス（Elinor Gladys Philipps）も、外寮暁星寮寮監としてキリスト教教育を行った。先述したように学校内でのキリスト教教育は禁じられていたが、フィリップスは寮で食事の前には祈禱をし、書斎で寮生たちとともに祈り、週一回は聖書講義を行った。寮では賛美歌がよく歌われていたという。また日曜日には、寮生たちを聖公会の教会に連れて行った。一九〇五年に英文学部予科に入学し、後に『青鞜』の賛助員となった上代タノは、フィリップスの感化によって一九〇九年一二月二四日にフィリップスの所属する東京市牛込区矢来町の聖バルナバ教会で受洗したのである。(16)

以上のように創立当時の日本女子大学校において、成瀬の行った実践倫理の講義やキリスト教徒の教員による諸活動によって、学生たちは何らかの形でキリスト教に接触してその影響を受けたといえよう。それは、キリスト教主義教育を通じて欧米の先進文化を伝え、近代的人間観や女性観を育むものであったのではないだろうか。そのため、日本女子大学校の創立については、プロテスタントが女子高等教育に先駆的役割を果したとする見解も存在するのである。(17)

五　新しい女とキリスト教

『青鞜』を創刊した平塚らいてうは、観念の彷徨の後に禅に出会ったことはよく知られている。一九〇三年に入学したらいてうは、成瀬の宗教的な人格の影響を受け、神と人間への模索を始めた。そして本郷(弓町)教会に出入りし、同教会の機関誌『六合雑誌』、内村鑑三の『聖書の研究』などキリスト教関係の書物を熱心に読んだ。(18)本郷教会は一八八六年一〇月、組合教会の海老名弾正が本郷湯島で伝道を開始したのに始まる。その後各所で集会を行い、また一時解散するなどしたが、一九〇一年四月に本郷壱岐坂に教会堂が落成して活発な伝道を展開し、一九〇三年三月には日本組合基督教会に加入している。らいてうが出入りした時期は、教会はこのような状況にあったのである。(19)一九〇六年に日本女子大学校を卒業したらいてうは、その後クリスチャン津田梅子が創立した女子英学塾に通って英語を学んだが、翌一九〇七年一月にはユニヴァーサリスト教会付属成美女子英語学校に転じた。(20)ここでらいてうは、生田長江に出会うことになる。生田長江は一八九八年にユニヴァーサリスト教会で受洗し、当時は成美女学校の英語教師であった。五月、かねてより知遇を得ていた与謝野晶子を中心とした閨秀文学会を結成し、文芸思想の講義を行った。らいてうはこの会の聴講者となり、その後長江から多大な影響を受けることになる。[21]『青鞜』の命名者は、この長江なのである。

一九〇八年、らいてうは閨秀文学会で知り合った森田草平と心中未遂事件（塩原事件、煤煙事件）を起こし、同窓会桜楓会から除名された。しかし日本女子大学校の同窓生の友人たちとの関係は続き、『青鞜』発刊に際しては趣意書や規約草案を、らいてうたちは日本女子大学校内の楓寮で印刷している。[22]一九一一年の『青鞜』の発行は、日本女子大学校出身者を中心に担われた。らいてうはこの時、すでに禅に傾倒していたが、賛助員となった上代タノは、先述したように創刊時にはクリスチャンとなっていた。

『青鞜』創刊に際してらいてうを支え、その後も発刊事業に大きく貢献した保持研は、一九〇四年に日本女子大学校国文学部に入学した。同級生にはらいてうの姉孝がいた。二年後、研は結核を発病して孝が入院していた茅ヶ崎のサナトリウム南湖院に入院した。南湖院の院長高田畊安はクリスチャンとして知られていたが、研はこの南湖院でクリスチャンになったらしい。後にらいてうは研について、「キリスト教的な思想信仰をもち、大乗禅の真理に生きるわたくしとは、そりのあいかねることもしばしばありました」と述べている。[23]

また木内錠は、一九〇四年に国文学部に入学し、同期生の保持研に誘われて、同じく同期生の中野初とともに『青鞜』の発起人の一人となった。木内錠は『青鞜』に作品を発表したが、その後『青鞜』より離れ、仏英和学院（現白百合学園）でフランス語を勉強し、一九一四年に受洗している。[24]

このように、らいてうは一時期とはいえキリスト教に接近していたのであり、その周囲にはクリスチャンやキリスト教に心ひかれる者も多く存在していたのである。

おわりに

以上見てきたように、創立まもない日本女子大学校に学び、『青鞜』に関わった平塚らいてう、保持研、木内錠、上代タノたちは、いずれもキリスト教と出会っている。明治期におけるミッション・スクールは、いろいろ限界があるにせよキリスト教教育や外国語教育を通じて欧米の文化や近代的女性観を伝えた。日本女子大学校において創立当時、成瀬はクリスチャンであった可能性があり、フィリップスや村井知至のようにクリスチャンの教員が存在しており、特にフィリップスは外寮でキリスト教教育を行っていた。

日本女子大学校はミッション・スクールとして創立されたわけではないが、プロテスタントによる女子高等教育の先駆的存在として位置づけられる側面があった。当時、政府によってキリスト教教育が禁じられていたとはいえ、学内・学外においてキリスト教との出会いは多様な形で存在しており、「新しい女」たちにキリスト教の感化による視野の拡大などをもたらしたのではないだろうか。

なお『青鞜』創刊号に「山の動く日来る」で有名な「そぞろごと」を寄せた与謝野晶子は、後に娘たちを立教女学院に入学させてキリスト教に関心を持った。そして一九四〇年九月、病床にあって受洗し、四二年五月に死に際して終油の秘蹟にあずかっている。(25)

注

(1) 堀場清子『青鞜の時代―平塚らいてうと新しい女たち―』岩波書店、一九八八年、一九〜二一頁。日本女子大学成瀬記念館

『無限生成―らいてう・博史―』（「平塚らいてうとその学友／らいてう・博史」展図録・一九八八年）等。
（2）海老澤有道「南蛮誓詞・絵踏の下限」（『維新変革期とキリスト教』、新生社、一九六八年）。
（3）『幕末外交関係文書』二〇―四七四頁（清水紘一編注「キリシタン関係法制史料集」、『キリシタン研究』第一七輯・吉川弘文館、一九七七年より）。
（4）海老澤有道執筆「外国人居留地」（『日本キリスト教歴史大事典』、教文館、一九八八年）。
（5）鈴江英一『キリスト教解禁以前』（岩田書院、二〇〇〇年）等参照。
（6）『法令全書』明治六年六八号所収。
（7）野村玲佳「明治政府とキリスト教―明治初期におけるキリスト教黙許と解禁―」（日本女子大学文学部史学科二〇〇四年度卒業論文）。
（8）一六五九年に外国、特にアジアの布教のために創設されたフランス語を母国語とする教区司祭の会。布教事業のみ専念することを目的とした。
（9）明治期のキリスト教界の動向については、五野井隆史『日本キリスト教史』（吉川弘文館、一九九〇年）等参照。
（10）プロテスタントによる女子教育については、「シンポジウム・女性宣教師と教育」（『キリスト教史学』第四八集、一九九四年）、「シンポジウム・女性宣教師の伝道と教育―アメリカン・ボードの場合―」（『キリスト教史学』第五六集、二〇〇二年）等参照。
（11）坂本清音「アメリカン・ボード女性宣教師と日本人との間のコントロールを巡っての戦い」（『キリスト教史学』第五六集・二〇〇二年）。
（12）五野井隆史前掲書二八三頁。
（13）青木生子『いまを生きる成瀬仁蔵―女子教育のパイオニア』（講談社、二〇〇一年）二四二～二四三頁。
（14）中嶌邦『成瀬仁蔵』（吉川弘文館、二〇〇二年）一一九頁。
（15）辻野功執筆「村井知至」（『日本キリスト教歴史大事典』）、『日本女子大学学園事典―創立100年の軌跡』（日本女子大学・二〇〇一年）等。
（16）島田法子「若き日の上代タノにみる明治期の女子教育―その展開と限界―」（『日本女子大学　紀要　文学部』五三・二〇〇三年）。
（17）海老澤有道執筆「キリスト教教育」（『日本キリスト教歴史大事典』）。

(18) 小林登美枝『平塚らいてう』(清水書院、一九八三年)四五〜四六頁。
(19) 定家修身執筆「弓町本郷教会」(『日本キリスト教歴史大事典』)。
(20) 小林登美枝前掲書五五頁。
(21)『日本キリスト教歴史大事典』、『日本近代文学大事典』等参照。
(22) 中嶌邦「『青鞜』と日本女子大学校」(米田佐代子・池田恵美子編『『青鞜』を学ぶ人のために』、世界思想社、一九九九年)。
(23) 五十嵐礼子「保持研」(岩淵宏子・溝部優実子監修『『青鞜』と日本女子大学校同窓生(年譜)』、日本女子大学大学院日本文学専攻 岩淵(倉田)研究室・二〇〇二年)。
(24)『日本女子大学学園事典〜創立100年の軌跡』参照。
(25) 大田淑子氏のご教示による。「与謝野晶子」(『日本キリスト教歴史大事典』)参照。

リベラル・アーツとしての家政学――『青鞜』を育む場

鬼頭七美

一 「ホーム・エコノミクス」(Home Economics) と家政学

日本女子大学校で学んだ多くの女性たちが参加して創られた『青鞜』(一九一一・九創刊)の参加者には、国文学部に在籍した者が多いとはいえ、家政学部に在籍した者も少なからずいた。とりわけ『青鞜』の発起人であり、その後も『青鞜』を長く牽引し、『青鞜』の代名詞とも言えるような平塚らいてうは、この家政学部に在籍していた。平塚らいてうの思想形成に大きく関与した友人の木村政や、『青鞜』の表紙絵を手がけた長沼智恵も、家政学部に在籍した。家政学部からこれらの有為な人物が現れた背景には、日本女子大学校創設期の成瀬仁蔵の家政学部をめぐる独自の構想が多かれ少なかれ関与していたことを指摘しうるのではないだろうか。

日本女子大学校が設立されたとき、英文学部、国文学部、家政学部の三学部が同時に設置された。このうち、「家政学部」については、『日本女子大学校四十年史』[1]の「創立時代の各学部状況」のなかで、「当時に於てはまだ、家政学とは何ぞや、といふことを説明しなければならなかつた。何となれば、家政学は我が日本女子大学校の創設にかかるもので、当時外に類例がなかつたからである」と説明されているように、家政学部は日本女子大学校が他に先駆けて設置した新しい学問領域であったため、その学問内容はいまだ手探りの段階にあった。

今日、ヨーロッパでは、女子の中等教育の課程に、〝家庭科〟〝裁縫科〟ないし〝手芸科〟のような科目はあるものの、きわめて少数の例外を除き、一般には専門学校程度であって、大学にはなく、理論よりも実技の熟練を目指すという長い伝統があり、学問としては、栄養学や家庭機械学というようなものが主であって、「ドメスティック・サイエンス」(Domestic Science)と呼ばれている。これに対し、アメリカでは、家政学部を持つ大学は一九〇校にも及び、教育学部や農学部でも家政学を教えているところが多く、その学問の範囲は、食物や被服などの理科的方面だけでなく、家庭経営、家族関係、児童学、家庭美術、家庭科教育など広い分野に渡っており、「ホーム・エコノミクス」(Home Economics)と呼ばれている。日本の家政学は、このアメリカの影響を受けて成立したとされている。(2)

もっとも、一八九九(明治三二)年に開かれたアメリカの家政学者によるはじめての集会、第一回レイク・プラシッド会議において、「ホーム・エコノミクス」(Home Economics)が学問的名称として正式に採択されたことに比べれば、日本において、「家政学」が科学の呼称として正式に用いられるようになったのは、一九四九(昭和二四)年の日本家政学会の発足を待たねばならなかった。(3)

「ホーム・エコノミクス」(Home Economics)が学問的定着をみる以前のアメリカでは、技術の上達を主眼とした時代には「ハウス・クラフト」(House-Craft)や「ハウスホールド・アーツ」(Household Arts)という名で呼ばれ、自然科学に理論を求めた時代には「ドメスティック・サイエンス」(Domestic Science)や「ハウスホールド・サイエンス」(Household Science)という名で呼ばれ、さらに社会学・経済学の一分科と考えられるようになってからは「ホーム・エコノミクス」(Home Economics)や「ドメスティック・エコノミー」(Domestic Economy)という名が使われてきた。これに対し、日本では、江戸時代には主として、一家経営上の責任者は家長の夫であるという前提のもと、妻は夫と協力する一家経営上の責任者としては容認されない「夫のための家政論」が行われ、明治時代初期には「教科としての家庭科」と「科学としての家政学」とが混同されていた。この両者の混同が徐々に整理されはじめ、家政学が学問として規定されていくようになったのは、明治時代の後期になってからのことである。(4)

成瀬がアメリカのボストンに留学したのは、一八九一（明治二四）年一月～一八九三（明治二六）年一二月の三年間である。これはアメリカにおいても「ホーム・エコノミクス」（Home Economics）が学問として確立される以前の、いまだ様々な用語が使われていた時期である。つまり、模索の途上にあった「ホーム・エコノミクス」（Home Economics）めいたものに、日本で江戸時代から使用されてきた「家政」という言葉を当てはめて学問の名称としたのが、日本女子大学校における「家政学部」であったということができる。

では、成瀬は、「ホーム・エコノミクス」（Home Economics）揺籃期の一九世紀末のアメリカで、どのような女子教育を見てきたのだろうか。

二　一九世紀後半のアメリカにおける女子高等教育

一九世紀後半のアメリカでは、女子学生が飛躍的に増大するという大きな変化が起こっていた。

この時代はコモン・スクールやハイスクールの発展に見られるように公教育の拡大期であり、それは女性の教育機会の拡大と教師としての女性への多大な需要を生み出し、また南北戦争（一八六一～六五）の直接的影響により、女性人口が男性人口をはるかに上回るという人口動態的変化が原因で生涯を独身で過ごす女性の〝自立〟のためという女性の高等教育の必要性・存在理由が確立されつつある時期であった。(5)

このような時代に起こった女子学生の劇的な増加を具体的な数字で見てみると、一八七〇年の時点で、全米の大学における女性の学生数は約一一、〇〇〇人で、これは一八～二一歳の女性人口に占める割合ではわずか〇・七％

であったが、男女全学生数の二一・〇%にも及んでおり、この数字は一八八〇年には三三・四%（学生数約四〇、〇〇〇人、人口比率で一・九%）、一八九〇年には三五・九%（同約五六、〇〇〇人、二・二%）と上昇していく、というように、女性の学生は、その絶対数そのものは小さいながらも、全学生比率では三割なかばに達しようとしていた。(6)

このようななか、女子大学が多く集中するアメリカ東北部に成瀬が留学したことは、女子大学の様々なケースを視察するチャンスに恵まれたことを意味しているだろう。

とはいえ、教育とはそもそも男性のためのものであり、欧米では伝統的にリベラル・アーツ（全人教育）の教育が広く行われており、これをそのまま女子教育として実践していくことには多大な困難を伴うと考えられていた。

特に一九世紀後半のアメリカでは、勇気、体力、創造力、知力における男性優位論がダーウィンの「人間の血統 The Descent of Man」（一八七三）によって広く知られ、女性は素早い知覚力、直観的洞察力が母性本能と共に優れていると言われていたほか、『教育における性―女子に対する公平な機会 Sex in Education: or, A Fair Chance for the Girls』（一八七三）によって知られるエドワード・H・クラークによれば、女性のエネルギーの源は子宮にあり、青少年期にあまりにも深く考え、物事を追求するのは、この生殖機能に発育不全を起こし、子どもを産む機能を低下させ、また、精神的に情緒不安定を招くから、女性は全精力を、男性と同じ学問の追求ではなく、女性特有の能力にむけるべきと考えられており、強固な性別役割分業のジェンダー観が行き渡っていた。(7)

とはいえ、女性の大学教育をめぐる議論は、一八七〇〜九〇年代という時代には、それまでの南北戦争直後の「そもそも女性の大学教育は可能なのか？」から「女性の大学教育を承認するとしても、それでは、どのような形態でおこなうのが望ましいのか？」という議論へと変わっていたのであり、男女共学か別学かの是非が議論の俎上にあった時代であった。(8)

こうしたなかで流布したクラークの本とは、一九世紀後半にアメリカ合衆国で熱狂的に受け入れられたハーバード・スペンサーの進化論を援用した、クラーク独特の〝生理学〟によって、男女の性差を〝科学的〟に説明しようとしたものであり、その内容とは、男性のために作られ、教えられる内容も、男子の身体的、精神的発達に応ずるように決定された学校教育（＝学問）が、男子に適切であっても、女子には不適切であり、これによって女子は、身体的、精神的に傷つけられ、ひいては、妻として、母としての女性の役割を果たすことができなくなる、というような、性別役割分業観に基づいた男女共学反対論であった。[9]

成瀬は後に、「クラークといふ人の書物にも多くの女子教育の弊が挙げてあるけれども今日は米国にては丸で違ッて居る、今日は大変丈夫になって、学校に這入ってから卒業して出る迄には、肺量が増えて居る、身体が重くなって居る、（略）体育学が盛んに行はれて居る。是は医学と生理と解剖から成って居るもので、医学の知識を女子に与へねばならぬ、又国民に与へねばならぬ。是が日本女子大学校に体育部を置た所以であります」[10]と述べており、アメリカで支配的であった本質論に基づく性別役割分業観を踏まえて、女子への体育学の奨励を行っていく。

成瀬は、留学中、いわゆるセブン・シスターズと呼ばれるアメリカ東北部の七つの女子大学を視察した。[11]セブン・シスターズとは、スミス、マウント・ホリヨーク、ウェルズリー、ヴァッサー、ブリンモア、ラドクリフ、バーナードの各カレッジのことである。成瀬がこのなかでも、とりわけウェルズリー・カレッジに多大な感銘を受けたことは、「ウエレズレー女子大学観察略記」[12]で述べている通りであり、日本女子大学校はこのウェルズリーを以下に挙げる点において模倣している。[13]

①創立以来女性の学長によって受け継がれている。
②物理の研究施設を他に先駆けて開設し、全米でもマサチューセッツ工科大学に次ぐ大学であった。
③校内に草花や木を植え、野草の花々を誰でも好きなときに摘むことができるようにした。
④学生に家庭的な仕事を身につけさせた。

⑤健康問題を重視し、テニスコートや湖でのボート、体育館の設置など、運動を奨励した。

これらの特徴は、日本女子大学校に採り入れられていた。例えば、日本女子大学校でも、現在の香雪館前の広場の時計やベンチのある植え込みの辺りに、花園が作られたし、一九〇八年には、「当時に於ては帝国大学以外には求め難い程」の設備を誇る香雪化学館が作られた。[14]

このほかにも、成瀬は以下の点において、マウント・ホリヨークの運営方法にもヒントを得ていると思われる。[15]

①閉鎖や廃校になりやすい単一スポンサー方式を取らない。

②「応接間の装飾品」としての女子教育（知的アクセサリーとしての女性の教育）を否定し、同時に、裁縫や礼儀作法を教えない。

③大学全体が擬似家族として機能するように構成された「姉妹の絆」を大事にし、卒業生たちと母校の教員生徒たちとの緊密なネットワークを維持している。

日本女子大学校もまた、創立前に成瀬が各界の要人に寄付を募ることで、単一スポンサーを持たなかったし、創立当時の各学部の授業構成を見れば（四節参照）、裁縫や礼儀作法の授業はなく、寮生活や桜楓会の運営方法はまさに「姉妹の絆」と言っていい緊密なネットワークによって支えられていた。

成瀬は、マウント・ホリヨークについて、「女子教育の根源をなしたる所」と述べ、「女子教育に就て甚だ得る事多かりき」と述懐しているのだが、[16]そもそも、マウント・ホリョークはウェルズリーと近しい関係にあった。すなわち、成瀬が感銘を受けたウェルズリーは、マウント・ホリヨーク・モデルと呼ばれる、マウント・ホリヨークの「姉妹校」として作られた教育機関であり、ウェルズリーの創立者のデュラントはマウント・ホリヨークの理事会のメンバーを務め、彼は自分の邸宅のあるウェルズリーの地に第二のマウント・ホリヨークを創ろうとしたのである。[17]成瀬は、ウェルズリーとマウント・ホリョークの両方から「霊感《インスピレーション》」[18]を受けたのだろう。

また、ブリンモア・カレッジでの自治制[19]も同様に符合する点として指摘できるだろう。

三 「家庭」を「科学」する教育

マウント・ホリヨークは、一八三九年に女子セミナリーとして創設され、一八九三年にカレッジとしての設立認可を受けるとき、女子セミナリーに特徴的な単一校舎を通常の大学のような分散型の校舎配置にし、カリキュラムに、それまでにない選択科目制を導入した[20]。これは当時の大学の趨勢に沿うシフトであった。坂本辰朗によれば、一九世紀末には、それまでにはない全く新しい大学（いわゆる「アメリカ的大学」）が出現し発展していったという。例えば、ボストン大学では、一八七三年に初代学長のウイリアム・ウォーレンによってリベラル・アーツの課程（教養、音楽、商業・航海術）と、その前段階としての予科（教養、音楽、商業・航海術）と、ドイツ近代大学流の純粋科学研究をおこなうSchool of All Sciencesと、プロフェッショナル・スクール（神学、法学、医学、オレトリー）とが統合された。また、マサチューセッツ州で、はじめて両性に対してカレッジ・レベルの古典語教育の機会が与えられ、世界で最初に、女性に対しても大学院レベルのプロフェッショナル・スクールの全領域が開放され、「アメリカ的大学」の構築が早くも目指されていた[21]。

日本女子大学校の学部組織の構想には、ボストン大学と全く同じではないにせよ、アメリカのそれまでの大学（二つのリベラル・アーツ・カレッジから成り、予科があったりなかったり、プロフェッショナル・スクールや技術校を一つか二つ併設していたりいなかったりする[22]）ではなく、後の「アメリカ的大学」を先取りしたボストン大学との類似点を指摘しうる。

日本女子大学校創設当時の学校組織図（構想図）によれば、本科（家政学部、文学部［国文学部、英文学部、仏文学部］、教育部［文科、理科］、体育部、音楽部、美術部、理科部）とともに研究科の併設が構想され、付属校として普通（幼稚園、小学校、高等女学校）および専門（工芸部、商業部）の教育課程も企図されていた。

また『青鞜』参加者の略歴などを見ると、例えば長沼智恵のように普通予科修了の後に本科に入学しているケー

日本女子大学校創設当時の学校組織図(23)

- 日本女子大学校
  - 本校
    - 本科
      - 家政学部
      - 文学部
        - 国文学部
        - 英文学部
        - 仏文学部
      - 教育部
        - 文科
        - 理科
      - 体育部
      - 音楽部
      - 美術部
      - 理科部
      - 修業年限三ヶ年　入学者は修業年限五ヶ年の高等女学校卒業生の学力あるを要す
    - 研究科　修業年限三ヶ年以内
  - 附属
    - 普通
      - 幼稚園
      - 小学校……全六ヶ年
      - 高等女学校……全五ヶ年　入学者は高等小学校二年修業以上の学力あるを要す
    - 専門
      - 工芸部
      - 商業部
      - ……全三ヶ年　入学者は高等小学校卒業生の学力あるを要す

スもあり、高等女学校と本科との間に予科が設けられていたことも分かる。さらにマウント・ホリヨークが導入した分散型の校舎配置と選択科目制をも取り入れており、日本女子大学校は、一九世紀末のアメリカでの新しい大学の出現と発展の流れを十二分に踏まえていることがうかがえるだろう。

ボストン大学での高等専門教育の共学化の試みのなかで次第に明らかになってきたことは、「道徳的卓越性」「徳の守護者としての女性」「家庭性イデオロギー」「女性の真の領域」(woman's sphere) といった当時の伝統的なジェンダー観との衝突による女性のダブル・バインドの状況である。共学大学でリベラル・アーツの教育を受けた女性は「とても家庭的でありハウスキーパーとして完璧」であることは不可能であり、「自惚れており、学のあるところを人に印象づけるのに懸命」だとして非難されてしまう。大学教育と家庭性イデオロギーとの矛盾が露呈してきたのである。[24]

この矛盾を解消し、今日の家政学、とりわけ公衆衛生学の基礎を築いた人物にマリアン・タルボットがいる。[25] タルボットは、将来家庭に入る多くの女性たちにとっては家事管理の「正しい方法」を習得し、これのプロフェッショナルとなるためにこそ高度な大学教育が必要なのだという論理／確信を手に入れた。また、彼女は、苦学を重ねる女性たちの健康状態の劣悪さを改善するべく健康と衛生とを結びつけ、「家庭」を「科学」するSanitary Science という新しい学問分野を切り開いていく。タルボットが築いてきたこの家庭科学の構想こそが、女性のダブル・バインド状況を解消する家政学の誕生の瞬間であっただろう。家政学はその出発時から健康・身体に関心を払うものであり、栄養学とともに体育とも密接な関係にあったのである。

成瀬の学部構想にあった「体育学」への強い関心と家政学部というユニークな学部構想とは、タルボットの関心とよく似ている。成瀬は後に、「我が日本女子大学校の教育主義はリベラル・エデュケーションと職業教育との両方面を含んでおります。(中略)今日の我が社会は大学においてすらもはや人格修養に重きを置かず、単に職業的の教育を授けて、リベラル・エデュケーションを加味せざることは、人を職人風にし、機械的になるものであって、決して人として最も大切な人格を作ることは出来ないのである」[26]と語っており、ここにタルボットが探り当てた、女性のダブル・バインド状況を解消する論理と、類似の論理を見出すことができる。

四 「良妻賢母」とリベラル・アーツ

日本女子大学校創設時の教育理念のなかに、「女子をして淑女となり良妻賢母となりて其天分を完ふせしめんとする」という言葉がある。[27]これまで、この「良妻賢母」という語に対して、当時の日本のジェンダー観に基づいた解釈がなされてきたが、アメリカの女子教育を見聞してきた成瀬であってみれば、もう少しこの語に対する検証が必要なのではないだろうか。

秋枝蕭子[28]によれば、「良妻賢母」という言葉は、明治期に創設されたキリスト教系女学校の教育目標のなかにも使われ、キリスト教系女学校が模範としたアメリカの female seminary の教育目標においても、立派な家庭婦人すなわち未来のよき妻や賢い母親の養成があったと言う。他方で、キリスト教系女学校の教育目標のなかでは、人間としての尊厳を重視し、独立心に目覚めた新しいタイプの女性の育成が、「良妻賢母」とともに書かれているとも言う。官公立系女学校における「良妻賢母」が女大学式の服従的な良妻、軍国の母的な賢母を意味したのに対し、キリスト教系女学校では、同じ言葉でありながら文字通り聡明で温くかつ社会性をもった妻や母を意味していたのであり、だからこそキリスト教系女学校の卒業者のなかから、多くの社会改良運動や女性の地位向上運動に挺身する女性達が輩出したのだろうと推測し、言葉とその意味内容が必ずしも一致しないことに注意を喚起している。

日本女子大学校創設時の教育理念を見てみると、「(略)本校は、女子を器械若くは芸人の如くに視なして、只管眼前実用の学芸のみを授け、人としての教育に注意せさるの弊を避け、女子をして如何なる境遇に処し、如何なる職業に従ふも、人として必ず欠くべからざるの資質を養はしめんことを欲す。又、女子をして、淑女となり、良妻賢母となりて、其天分を完ふせしめんとするは、決して容易の業に非ず。本校は敢て此方面に向て特に力を注かんと欲す。且、国民の一半を組成する女子にして、国家の盛衰、社会の消長に痛痒を感すること能はさるは、国家社会の一大不幸たり、乃ち本校は女子に国民たるの観念を与へ、社会の一員たることを自覚せしめ、以て国家社会に対し、女子としての義務を尽さしめんことを欲す[29]（略）」とある。このなかで、秋枝の言う官公立系の高等女学校のような教育内容は、「女子を器械若くは芸人の如くに視なして、只管眼前実用の学芸のみを授け、人としての教育に注意せさるの弊を避け」るべきものとして批判されている一方、「女子をして如何なる境遇に処し、如何なる職業に従ふも、人として必ず欠くべからざるの資質を養はしめんことを欲す」、あるいは、「国民の一半を組成する女子にして、国家の盛衰、社会の消長に痛痒を感する」よう、「女子に国民たるの観念を与へ、社会の一員たることを自覚せしめ、以て国家社会に対し、女子としての義務を尽さしめんことを欲す」というように、秋枝が言うキリスト教系女学校において目指される「聡明で温くかつ社会性をもった妻や母」に相通ずる目標が設定されている。

このことから、「良妻賢母」という言葉について、言葉と意味内容が必ずしも一致しない、という秋枝の指摘は、日本女子大学校の教育理念のなかに見られる「良妻賢母」という語にも当てはまると言えるだろう。

秋枝はさらに当時の官公立系高等女学校と活水女学校とマウント・ホリヨーク創設時との、それぞれの教科課程を詳細に比較し、活水女学校とマウント・ホリヨークとが微細な違いを除けば実によく似ていることを指摘し、かつその教科課程の水準の高さに注目している。

秋枝によれば、「明治一五年、文部省は高等女学校教科課程に関する通牒を発して、（官公立系）高等女学校においては、（男子の）中学校教科目より、英語、代数、三角、経済、本邦法令を省き、代わりに修身、礼法、習字、和漢文を増加し、且つ裁縫、家事経済、女礼式、音楽等を加えることを指示した」のだという。

また、アメリカのfemale seminaryに準拠したといわれる活水女学校の教科課程においては、沿革史に報告されている最初のものである一八八九(明治二二)年のものを見ると、「初等科(小学課程)時代から英語が教えられていたが、中等科に於ては、日本書籍による日本歴史及び語学と新・旧約聖書の歴史の他は、皆英書によるもので、英文典、修辞学、地理、万国史、ローマ史、英国史、米国史、代数、幾何、三角、生理学、動物学、植物学等」が教えられていた。さらに高等科では、「日本書籍による支那歴史及び漢文学、本朝文法の他、英書による英文学、米文学、道徳学、心理学、教育学、論理学、経済学、文明史、物理、化学、地質学、鉱物学、天文学、鑑裁術(類推論?)、基督教徴証論、教会歴史、神学、聖書文学、ギリシャ・ローマ古蹟学等が教えられて」おり、「その他、聖書、唱歌、図画、英和書法、裁縫、女紅、作文等が、初等、中学、高等の各科を通じて科せられていた」という。

これに対し、マウント・ホリヨーク創設時の学科課程は、「文法、修辞学、地理、歴史(古代及び近代)、公民、代数、幾何、生理学、植物、博物、物理、化学、地質学、天文学、哲学、道徳学、論理学、自然神学、類推論(自然及び啓示宗教についての)、教会史、Evidences of Christianity(キリスト教徴証論)であり、他に随意科としてラテン語、仏語、音楽、絵画、体操等があ」り、「一八四〇年代、五〇年代に新たに解剖学、ラテン語、三角、建築学、文学史等が正課として加わり、一八七〇年代にはギリシャ語、仏語、独語が正課となり、さらに八〇年代には、社会科学方面の科目、即ち労働問題、社会主義理論さえも」加わったという。

これらの教科(学科)課程の比較から、活水とマウント・ホリヨークの課程が、よく似ており、活水は、マウント・ホリヨークのものに、「和漢文及び裁縫、女紅等の日本独特の学科目が加わった程度のもの」ということが、よく分かるだろう。

以上の秋枝の分析は、中等教育についてのものであるが、高等教育機関たる日本女子大学校の創設時の家政学部

の学科課程を見てみると、倫理及社会学（実践倫理、倫理学、実践社会学）、心理及教育（心理学、教育学、保育学、家庭教育、児童研究、童話研究）、生理及衛生（生理学、衛生学、婦人衛生、家庭衛生、看病学、社会衛生）、応用理科（家庭応用理化、食品化学）、家政及芸術（衣食住、女礼等、社交等、家庭美術、園芸等）、経済及法規（経済学、家庭経済、帝国憲法、民法及諸法規）、体操（普通体操、遊戯体操、教育体操、容儀体操）が教えられている。

さらに、国文学科の学科課程には、家政学部の学科課程と同じものも含まれているが、今ここに、違うものだけを列挙してみると、国文（散文美文講読、文典、作文作歌、修辞学、文学史）、漢文（経書史文講読）、美学（美学一班）、哲学及哲学史（哲学総論、哲学史）、歴史（国史）が教えられている。同様に、英文学部だけに見られる学科課程を列挙してみると、英語（散文美文講読、作文、文典、修辞学、文学史）、歴史（西洋史）が教えられている。

そして、家政学部の必修科目は、倫理及社会学、心理及教育、生理及衛生、経済及法規、応用理化、家政及芸術、体操であるが、選修科目として、国文、漢文、英語、仏語、歴史、美学、哲学及哲学史、教授法、音楽、図画があり、家政学部以外の学科課程（プラスα）をも選択して履修することができるような制度となっている。他学部においても、同様に、その他の学科課程（プラスα）を選択して履修することができる。[30]

秋枝の調査と日本女子大学校の学科課程とを比べると、活水やマウント・ホリヨークでは、数学や、物理、化学、生物といった理科全般を万遍なく教えているのに対し、日本女子大学校では、数学は皆無であり（ただし、附属の高等女学校では数学を教えている）、理科のなかでも化学に集中特化された課程内容となっている。さらに、倫理学や教育学など、日本女子大学校のみに見られる課程もあり、日本女子大学校の学科課程のユニークさ、オリジナリティというものを看取することができる。ただし、日本女子大学校創設時の教育理念にあるように、「女子を器械若くは芸人の如くに視なして、只管眼前実用の学芸のみを授け、人としての教育に注意せさるの弊」のある官公立系の高等女学校と日本女子大学校との懸隔の大きさを感じ取ることができると同時に、その専門性と幅の広さと水準の高さにおいて、活水やマウント・ホリヨークに、より近い学科課程を配置していたと言うことができるだろう。つまり、日本女子大学校は、当時の日本及びアメリカのキリスト教系中等教育機関で実現されていた、専門的で幅が広く、水準の高い教育を、高等教育として敢行しようとしていたのである。

こうした学科課程の比較を通じても、「良妻賢母」を謳いながら、裁縫等の実用の技の教授に終始するか、高度な専門的学問の教授を目指すか、という違いは明白である。

この語をめぐる言葉と内容のズレとは、この時代のアメリカのジェンダー観を示す「女性の真の領域」（woman's sphere）という語に対し、日本語の「良妻賢母」という語を以て説明に変えてきたという経緯があったことを推測できるのではないか。アメリカでの「Home Economics」に日本語の「家政」という語を当てたこととともに、「良妻賢母」という語もまた、翻訳に伴う意味のズレが生じたことを指摘しうる。「家政」学部が設置され、「良妻賢母」の育成を目指すと謳われた日本女子大学校の学部構想と理念は、言葉と内容とのズレを含むために、日本社会で誤解されながら徐々に定着をみるという、ある種の戦略として機能することになったことだろう。

男女別学思想の根強いアメリカ東北部とはいえ、成瀬が留学した時期には共学化が進行していた。成瀬は、ウェルズリーを訪問したとき、ウェルズリーの教員と交わした議論について、「女子職務の範囲、は男子の範囲と異なる処なきとの説にて、其理由とする処種々ありき。又男女混交教育、の主義を賛成し、種々の結果を挙げて、之を証せり。併し余は未だ之に一致するを得ず[31]」と述べており、ここから、アメリカでの共学肯定論の浸透と、成瀬のそれへの躊躇とがうかがえる。成瀬は、米国の高等女子教育を模倣すべきではない、「教育は其の国の歴史と、時勢と、被教育者の知力とに適合するものならざる可らず[32]」と述べているように、成瀬の考えた教育理念としての「良妻賢母」とは、「woman's sphere」でも官公立系女学校的な「良妻賢母」でもない、そのあわいに漂う何ものかであったのかもしれない。

日本女子大学校の創立は、当時の『ニューヨーク・イヴニング・ポスト』においても報道された。[33]この記事のなかで日本女子大学校は、一貫して「ユニバーシティ」(university)と紹介されている。当初より三学部が設置された日本女子大学校は、アメリカでは当然の如くユニバーシティとして理解されたことだろう。この報じられ方には、看過しえない大きな意味があるのではないか。というのも、このことは成瀬が日本において女子のための「カレッジ」(college)ではなく、ユニバーシティをつくろうとしていたことを意味するからである。男性の学問であるリベラル・アーツの教育を女子のために展開するユニバーシティを立ち上げることが、成瀬における家政学部の構想に生きているのではないか。アメリカでは女子のためのユニバーシティがいまだなかった時代、アメリカの女子カレッジにおいてもあまり試みられていなかった家政学を、ユニバーシティのなかで学部として設置した日本女子大学校は、アメリカにおいても初の試みと見なされる画期的なものであっただろう。日本女子大学校における家政学部の設置は、アメリカに向けても日本の国内向けにも、新規の試みであったのである。

注

(1)『日本女子大学校四十年史』(日本女子大学校、一九四二・四)。
(2)以上、ヨーロッパとアメリカにおける呼称の違いについては、原田一『家政学入門』(家政教育社、一九七二・一一)。
(3)今井光映・山口久子編『生活学としての家政学』(有斐閣、一九九一・九)。レイク・プラシッド会議とは、一八九九〜一九〇八年にかけて開かれた家政学に関する会議のことである。エレン・リチャーズなどが中心人物となって開催された会議であり、日本女子大学校を卒業した井上秀は、一九〇八〜一九一〇年の間に、コロンビア大学、シカゴ大学に留学しており、このレイク・プラシッド会議にも参加した。
(4)以上、アメリカと日本における呼称の変化の経緯については、常見育男『改稿家政学・家庭管理学』(光生館、一九六四・二)。

(5) 坂本辰朗『アメリカ大学史とジェンダー』（東信堂、二〇〇二・一）。
(6) 坂本辰朗、同書。
(7) 浅野道子「ウェルズリー・カレッジ創設の思想」（日本女子大学女子教育研究所編『女子教育研究双書一〇　女子大学論』ドメス出版、一九九五・三）。
(8) 坂本辰朗、前掲書。
(9) 坂本辰朗、前掲書。
(10) 成瀬仁蔵「高等女子教育の必要を論じ併せて其の反対説に答ふ」（『女子教育談』青木嵩山堂、一八九四・四）、『成瀬仁蔵著作集第一巻』（日本女子大学、一九七四・六）所収。
(11) 成瀬仁蔵の日記（『成瀬仁蔵著作集第一巻』前掲書）には、留学中、セブン・シスターズのほかに、ケンブリッジ、アマースト、ハーバード、スプリング・フィールド体操学校などの大学を回っていたことが散見される。
(12) 成瀬仁蔵「ウエレズレー女子大学観察略記」（『女学雑誌』一八九一・五〜六）、『成瀬仁蔵著作集』第一巻（前掲書）所収。
(13) 浅野道子、前掲論文。
(14) 『日本女子大学校四十年史』、前掲書。
(15) 坂本辰朗『アメリカ教育史の中の女性たち—ジェンダー、高等教育、フェミニズム』（東信堂、二〇〇二・一〇）。
(16) 成瀬仁蔵「三泉寮の開寮兼閉寮式に於て」（『家庭週報』第七五号、一九〇六・八）、『成瀬仁蔵著作集』第二巻（日本女子大学、一九六七・四）所収。
(17) 坂本辰朗、前掲書。
(18) 成瀬はマウント・ホリヨークから「一種いふべからぬ霊感《インスピレーション》を受けた」と述べている（成瀬仁蔵「三泉寮の開寮兼閉寮式に於て」（前掲論文）
(19) 村田鈴子『アメリカ女子高等教育史—その成立と発展』（春風社、二〇〇一・一二）。なお、ブリンモア・カレッジでの自治制との類似点については、中嶌邦が『人物叢書　成瀬仁蔵』（吉川弘文館、二〇〇二・三）において、すでに指摘している。
(20) 坂本辰朗『アメリカ教育史の中の女性たち—ジェンダー、高等教育、フェミニズム』。
(21) 坂本辰朗『アメリカ大学史とジェンダー』。
(22) 坂本辰朗の同書において、坂本が引用した Boston University Year Book による。
(23) 日本女子大学成瀬記念館編『日本女子大学史資料集第五［1］日本女子大学校規則（明治年）』（復刻、一九八八・三）。

(24) 坂本辰朗『アメリカ大学史とジェンダー』。
(25) 坂本辰朗、同書。なお、マリアン・タルボットは、一八五八―一九四八にかけて生きた人物である。
(26) 『家庭週報』(第一〇六号、一九〇七・七・六)。
(27) 日本女子大学成瀬記念館編、前掲書。
(28) 秋枝蕭子「キリスト教系女子教育研究のしおり―明治時代プロテスタント系女学校について―」(「文芸と思想」25、一九六三・三)。
(29) 日本女子大学成瀬記念館編、前掲書。なお、本文は句読点のない文章だが、読解の便宜上、適宜、句読点を配した。
(30) 『日本女子大学校四十年史』(前掲書)、および、日本女子大学成瀬記念館編(前掲書)。なお、このような、他学部の学科課程を自由に選択履修することが可能な制度は、当時、国文学部や英文学部への入学を親や家族から反対され、家政学部なら入学を反対されない(当時、家政学部なら、花嫁修業的な実学に違いないと多くの親たちは考えていた)、といった女子学生にとって、表向きは家政学部に入学し、入学後は専ら他学部の学科課程を履修するというような口実として格好の制度であり、国文学部への入学を反対された平塚らいてうが、家政学部へ入学し、専ら国文学の授業を履修していた、という話は有名である。
(31) 成瀬仁蔵「ウエレズレー女子大学観察略記」。
(32) 成瀬仁蔵『女子教育』(青木嵩山堂、一八九六・二)、『成瀬仁蔵著作集』第一巻所収。
(33) 『日本女子大学校四十年史』(前掲書)及び中嶌邦(前掲書)に全文掲載されている。

日本女子大学校で学んだ「新しい女」たちと体育・スポーツ

馬場哲雄

はじめに

映画化されたJ・ヒルトンの小説『さよならチップス先生』でチップスの妻キャサリンはいわゆる新しい女として描かれている。登山の場面の挿絵を見ても、彼女は明らかに当時としては短めのスカートを穿いているし、自転車に興じていたこともとりあげられている。まさしく、新しい女はスポーツウーマンでもあったのである。

日本女子大学校で学び、青鞜社にかかわった平塚らいてう、木村政、高村智恵子もスポーツウーマンであった。木村政はバスケットボールの名手であり、平塚らいてう、高村智恵子は、入学以前からテニスを行っていたが(1)、入学後、二人はテニスによって親和関係を深め、バスケットボールの試合にも出場している。とりわけ高村智恵子は体育会テニス部の大学生八六人を束ねる幹事をしており(2)、自転車も得意でよく乗っていたようである(3)。こうした彼女らのスポーツ実践に影響を与えたのは、アメリカ留学中に「スポーツする新しい女」と出会い、日本女子大学校の体育に力を注いだ成瀬仁蔵であったと思われる。そこで、成瀬の留学中の「スポーツする新しい女」の見聞に遡及しながら、日本女子大学校の新しい女と体育・スポーツについて論及したい。

一　アメリカ留学中の体育・スポーツ研究者との邂逅

成瀬仁蔵は一八九〇（明治二三）年一二月にアメリカへ出立し、一八九四（明治二七）年一月には帰朝している。アメリカ留学中に体育・スポーツを研究したことに関して「著者身幹短小、而して米國ニ遊ぶこと三星霜、大いに本邦國民の體育の切要なること、國民體格の改良一日も等閑に附すべからざるを感じ、爾後今日に至るまで之が研究を怠らざりき、於是乎或彼土に在る間實地に観察せし所、或は學者に就いて質せし所、或は讀書に依て得たる所の材料此處彼處より蒐集し来れり」(4)（傍線は引用者）と述べている。

この件から、明らかに成瀬はアメリカの体育・スポーツを研究し、観察し、学者にたずね、文献を読み、収集したことが読み取れる。その学者が誰であるかについては、成瀬の女性教育の必要性を謳いあげた『女子教育』の例言(5)に記された次の人々が考えられる。

「ウヰリヤム・タカー博士（ダートマス大學總理）、エチ・エチ・レビット氏（ボストン府牧師）、ドレマス・スカツダー氏（ブルークリン市牧師）、フリーマン・パーマー夫人、（ウェスレー女子大學前總理）、ミード夫人（マウントホリヨーク女子大學總理）、シーリー博士（スミス女子大學總理）、テーラ博士（ヴアーサー女子大學總理）、ロード博士（ブリンモーア女子大學總理）、スタンレー、ホール博士（クラーク大學院總理）、ラセル氏（ウースター州立師範學校長）、ゼームス博士（ハーヴアード大學心理學教授）、サーゼント氏（同體育部長醫學博士）、ギユリキ氏（スプリング、フヰールド體操學校教頭医學士）」（傍線は引用者）

とりわけ傍線は体育・スポーツ界に関わった人々である。スタンレー・ホールはＹＭＣＡやボーイスカウトなどの基幹でもある「男らしいクリスチャン」運動を提唱し、遊戯論者としては反復説を唱えた人である。ギューリック（成瀬はギュリキと表記）はバスケットボール、バレーボール考案のための理念提唱者であり、バスケットボールの考案者であるネイ・スミスに実際的な影響を与えた人である。またキャンプ・ファイヤー・ガールズなどを設立して女性教育にも貢献している。[6] そしてサージャント（成瀬はサーゼントと表記）は体力測定の一つであるサージャントジャンプの産みの親であり、後にウェルズリー女子大学のスポーツコーチとして就任している。かくして、成瀬は現代でも体育・スポーツ界に名をとどめる研究者と接点をもっていたのである。

二　アメリカの女子大学の体育学部設立

成瀬が帰国後、女性の高等教育の推進はもちろんのこと、体育学部の設置構想を抱いていたことは周知されている通りである。アメリカの女子大学には次の年に体育学部が設立されているので[7]、構想には留学中の見聞が影響していたと考えてよいだろう。

（大学名）	（創立年度）	（体育学部設立年度）
ウェルズリー	一八七五年	一八八一年
ヴァーサー	一八六五年	一八八三年
ブリモア	一八八五年	一八八五年
スミス	一八七五年	一八八七年
マウントホリーヨーク	一八三七年	一八九一年

三　当時の欧米の女性体育・スポーツ風景

成瀬が留学する以前の一九世紀初頭のアメリカの女性体育は、女性の身体は細いウエストと狭い肩幅を善とする身体観が支配し、美容体操さえ身体には負担がかかると考えられていたために、棒体操がようやく採用されていたぐらいである。そもそもヨーロッパでも一九世紀以前の女性たちには、身体に負担が少ないと思われたダンス、乗馬、ボーリングなどのスポーツが実施されていたとの記録がある。(8)

女性スポーツ参加者が増加し、社会的容認度の上昇という意味でのイギリス、アメリカにおける女性スポーツの形成は、一九世紀半ばから二〇世紀初頭まで待つ必要があった。(9)確かに一九世紀になると女性スポーツは進展しつつあったものの、それでもなお、推奨されたスポーツは限定されており、力強さ、スピードが要求されないフィギュアスケート、アイスダンス、体操、水泳、テニス、ゴルフ、アーチェリーなどであった。(10)したがって、そこには身体的運動を控えめにしても優雅さを失わない衣服が要求されていたのである。(11)要するにスポーツを行うにしてもあくまでも ladylike が求められ、男女の出会いを演出する社交としてのスポーツに価値がおかれていたのである。

イギリスの女性体育・スポーツ

一八七三年になるとケンブリッジ大学に、女子寮という形で Girton College、一八七五年には Newnham College が開設されて女性の高等教育が産声をあげた。但し、オックスフォードとケンブリッジ大学は第一次世界大戦後までは女性に学位を授けることはなかった。(12) Newnham College に学んだ当時の女子学生の日記によると、体育的な運動としては午後のひとときに、Walk と Other Exercise が行われていたとされており、(13)初期の高等教育機関おける体育は貧弱であったことが窺える。そうした中で、中流階級の女性たちは郊外にあった会員制のクラブで社交としてのクロケー、アーチェリー、テニス、アイススケートといったスポーツに興じていた[14]。また、女性スポーツは初等、中等の教育の場からも進展しはじめる。当初、少女用スポーツは存在しなかったために、パブリックスクールの少年用スポーツを、ルールや用具を女性用に改変することで行われるようになる。例えばクリケットでは柔らかいボールが使用されたとされる[15]。教育としての女性スポーツの起こりである。一九世紀の終盤になると教育のための女性スポーツとしてラクロス、フィールドホッケー、ゴルフ、アーチェリー、フェンシング、テニスなどが採用されるが、その中でもフィールドホッケーは少女の、やがては大学の対校戦の主要な種目として行われるようになる[16]。ただ、体操だけは学校でも、会員制のクラブの中でも偏ることなく実施されていた[17]。

実は女性体育・スポーツの進展は一八六〇年以降に女性教育そのものが盛んになったことと関係している。その辺を多少補足すると、初等教育に続いて中等教育が充実しはじめると、知識教育は男性化をもたらし、将来の母性に悪影響を与え、ひいてはヒステリーなどの精神障害までを惹き起こすといった論議が流布したことによって、逆に身体への視線が強化されたのである。また一八七〇年代後半に認められるようになった劣悪な社会環境も、身体や健康への関心を増長させ、それは具体的にはオープンエアの推奨と科学的であると評されたスウェーデン、デンマーク体操などの採用へと反映されていったのである[18]。さらには一八九〇年代には女性の最大のスポーツ熱（athletic passion）が自転車によっても喚起される。自転車は本来は教師、看護士、店員などの実務的な移動手段であったが、いつしか自由への希求と自立心を育むレクリエーショナルスポーツとしても変身したのである[19]。

アメリカの女性体育・スポーツ

先に述べたように一九世紀初頭のアメリカでは、美容体操を行うことにも懐疑的であり、女性は細いウエストと狭い肩幅が良いとされていた。そのことを物語るかのように当時のイギリス人やフランス人の渡米日記には、アメリカ女性の病弱な容姿が描かれている[20]。ただし散歩、乗馬、水泳、スケート、アーチェリーなどの社交としてのスポーツは推奨されていたのである[21]。

アメリカは一九世紀半ばに産業化を迎えたが、それによる社会的変動は、男性を仕事に取り込むことになり、いわゆるメイフラワー号による移住時と開拓期の身体的逞しさの喪失はもとより、自分たちの信条の源であった新しいエルサレムの建設、その具象化であった教会形成を女性の手に占有させる結果を生み出した。教会における男性離れを危惧した人々は、開拓期の男性クリスチャンは篤信の上に、逞しい身体の男性性を保持していたとの回顧と反省から、先祖に回帰させるべきだと考えるようになった。解決法として登場したのが多くの牧師が関わったYMCA、ボーイスカウトなどのスポーツによる改善策であった。すでにイギリスに生起していたアメリカ版 Muscular Christianity である。そうした思想の提唱者が、成瀬が接見したスタンレー・ホールであり、ギューリックであった。やがて彼らの思想は、ネイ・スミスによってバスケットボールを、ブラウンによってバレーボールを考案させるべく導いたのである[22]。

イギリスでもそうであったが、男女の出会いの場でもあった社交としてのスポーツは、中産階級に普及していたものの、それは激しい闘争を内包する競争としてのスポーツではなかった。女性は家事、育児といった時間的制限以上に、未だ従順で、素直で、控えめであるべきだとするヴィクトリア時代の道徳観によって席巻されていたからである[23]。そうした中で女子大生にはテニス、ボート、自転車などの競争としてのスポーツが余り問題にされることなく容認されており、少しずつではあるが社交としてのスポーツにのみ興じていた中流階級の女性を競争としてのスポーツに誘うことなる。考えてみると女子大学に進学できた女性そのものが中産階級であった訳だから[24]、その伝播の有様は連続性とみなしてもよいだろう。

四　女性体育着・スポーツウェアの誕生

アメリカの一九世紀半ばまでの体育の中心はドイツ体操であった。ドイツ体操の兵式的な要素を批判しつつ、D・ルイスは老若男女にも容易な体操である軽体操（Light Exercise）を考案した。それは全国的には普及することはなかったものの、一部の女子大学には採用されていた。さらにルイスは体育時の服装改良にも関心を払うようになる。先述したように、当時の女性スポーツは基本的に多くが社交のためのスポーツであったために、優雅さを失わない足首の隠れる衣服が体育時にも着用されていたからである。ルイスは動きやすい体育着を模索したのである。当時、女性の体育場での男性の臨席は学監、宗教主事といった人に制限されており、一般の教師でさえ禁止されていた。そのような女性だけという教場が、皮肉にもくるぶしが見えても容認される女性用体育着を誕生させたのである。[25]なお、ルイスが体育着の必要性を、体育着という可視的なものだけではなく、いわゆる女性を第二の性とする言説批判を、公的な文章によって訴えて同調者を獲得していった点は興味深い。というのも真偽のほどは定かでないが、平塚らいてう達は、「五色の酒」、「吉原見学」事件のような可視的行動では誤解や反感を受けたが、文壇による新しい女の主張では徐々にではあるが、同調者を生んだことと類似的事象として看取できるからである。

女性の体育と体育着の誕生と発展には以上のような流れがあったが、加えて女性はやがては母体となるために健康であるべしという国家主義と手を組んだ社会進化論や優生思想の下で、「女性の健康」＝「国力増強」として受容され、女性体育は白眼視されることなく容認された点も見逃せない。とりわけ女子大生の体育・スポーツ実践への批判はあまりなかったとされる。[26]かくして、体操を中心としてきた体育の教材に競技スポーツが取り込まれてゆくが、その展開過程で、体育着は教育の場以外の社交スポーツのためのウェアとしても併用されることになる。

五　ウェルズリー、スミス女子大学の体育・スポーツが日本女子大学校に与えた影響

医師であり、運動生理学の権威者であったサージャントがスポーツコーチとして赴任していたウェルズリー女子大学と女子バスケットボールの発祥地であったスミス女子大学は、成瀬が女性体育・スポーツを研究するには格好の場所であったといえる。それらの証左として日本女子大学校には後述するウェルズリーにもあった「体育会」が創立三年後から存在し、バスケットボールにしてもその独自性から「日本式バスケットボール」と呼ばれ、運動会の取りとなるほどの人気種目として実施されていたからである。

体育会の設立

日本女子大学校の体育の支柱は、平常時の体育とその発表の場でもあった運動会であった。加えてそれらを支えたのが課外の「体育会」であった。体育会の設立に関しては、創立初期に発行されていた日本女子大学『学報』[27]に掲載された平野はまの「本校の学校體育一斑」、M・M生の「我が校の體育」に詳しい。平野はまはフェリス女学校卒であったが、表現体操の一つであるデルサート体操の指導者として招かれた教師であった。彼女は後には寮監も務めており成瀬の信望も篤かったようである。M・M生とは、設立時の教員一覧表のイニシャルからすると、二代目校長である麻生正蔵の友人であり、同志社女学校の設立にも関わったとされる英文科の松浦政泰と考えられる。彼は英文学者でありながら、六百ページを超える『世界遊戯法』[28]という著書を認め、体育部長を務め、テニス、自転車などを行うスポーツ実践者でもあった[29]のである。

体育会設立の経緯はつぎのようなことである。創立以来の必修体育とその発表の場でもあった運動会に多くの学

生が魅了され、「ついには新たな女子ベースボールに熱中する階級あり、或はホッケーの設備を学校に迫るものがあり、又正午の休憩時に、団体を組んでダンスを練習するを見受けること少なからず、自転車の如きテニスの如き、忽ち数多くの新希望者を生じて、従来の倍数を示すに至りぬ[30]」と表されるほどにスポーツ熱が沸騰し、一九〇四(明治三七)年になると学生の活動、要求を野放しにすることもできず、「創立以来課業としても又課業以外にも、大いに体育を奨励し来たりしが、烏兎怱々早く三年の経験を積むを得、各種の体操遊戯、日を遂ふて盛況を呈するより、体育会を組織して之が統一を計るが必要を感じるに至り、遂に今回は左の規定を協定したり[31]」という運びになったからである。その体育会の規定は以下のとおりである。

一、本会を日本女子大学校の体育会とする。
一、本会の目的は、本邦女子の体育を研究し、本校生徒の体操遊戯を奨励するに在り。
一、本会は、次の人々を以って組織す。
　一本校運動会長　一運動会委員長　一運動会顧問　一校医
一、目下本会に容儀体操、教育体操、競技体操、園芸牧畜の四部を置き、その下に次の会を設く。
(一)容儀体操部　(一)デルサート会　(二)ダンス会、
(二)教育体操部　(一)自転車会　(二)薙刀会、
(三)競技体操部　(一)ローン・テニス会　(二)バスケットボール会　(三)ホッケー会　(四)ゴルフ会
(四)園芸牧畜部　(一)園芸会　(二)牧畜会
但し会員協議の上、漸次部数又会数を増加せんことを期す。
一、各会の規約は、各部員協議の上、本会の認可を得て、之を定むるものとす。

一、毎年三回、十二月三月六月を期して、学校に休課を請ひ、各部総合の運動会を構内に開く。
一、会長は各部の統一を計り、部長は其部に属する各層の統一を計りて、各本会の目的を達せんことを勉め、又本校運動会を助けて春秋二季の運動会の成立を計るものとす。
此の会は、課業以外の各種体操と、遊戯とを統括する主脳にして、目下之に属するもの四部十会あり。

この会の設立の参考となったのは、先の松浦の論文にあったウェルズリー女子大学の“Board of Health”であったと思われる。その組織は校医、身体検査医、体育館長、能弁術の教授によって構成されていたが、日本女子大学校の場合も、その目的は日本の女性体育を研究することと体育・スポーツ実践の推進とあり、構成員からもウェルズリーと同じように教育的視点で運営されていたことが窺える。

ウェルズリーの体育の様子を、成瀬は日記や雑誌の『ウェレズレー女子大學観察略記』[32]、最初に女子教育の理念を謳いあげた『女子教育』などに残している。日記によると一週に三時間（コマ）の必修の授業が行われていたことを記しているが、それはウェルズリーの大学史を綴った〝Wellesley College 一八七五―一九七五〟の記載とも符合する。[33] また、成瀬は大学に校医がいたことも記しているので、松浦の論文とも一致する。ところで、先のウェルズリー女子大学史のページ一九五―一九六にある写真の説明として“Golf, Basketball, and the Bicycle Club in the Turn of the Century”とある。成瀬が見学したウェルズリーにはスポーツクラブである体育会が存在していたことを示しており、日本女子大学校の体育会設立には、成瀬のこうした見聞が参照されていることが髣髴させられる。たとえ学校側の管理的な指導があったとしても、体育会を通して課業外活動の本質である自学、自動は、学生を解放し、自由を謳歌させたことだろう。そうした感性が自由へと羽ばたいた新しい女達にも翻訳されたというのは穿った見方であろうか。

バスケットボールの導入

わが国でのバスケットボールの最初の導入は、日本女子大学校だとする向きがあるが、大阪の梅花女学校に嚆矢をみることができる。[34] 紹介者成瀬が帰国して最初に赴任したのは、一八九四(明治二七)年、梅花女学校であったからである。成瀬がバスケットボールを積極的に体育教材として採り入れたのは、彼の三大教育理念の一つである「共同奉仕」に関係している。彼は女性には社会性が欠如するという認識があり、その補塡を集団種目であるバスケットボールに期待したのである。[35]

女性用バスケットボールは、スミス女子大学のベレンソンという女性体育教師によって考案された。すでに男性用バスケットボールは存在していたが、ゴールがバスケットという以外はフットボールそのものであった。それをベレンソンは女性用に改良したのである。改良点として、まずコートを攻撃の領域、ボールを運ぶだけの中間領域、守備のための三領域にしたことである。これによって女性にはフットボール形式では体力的に無理だとされた問題を払拭させたのである。しかも現代も残存する身体接触の禁止(バイオレーション)によってラフプレイを回避し、ボールをもって走ることを禁じること(トラベリング)で、仲間にパスをせざる得なくなり、自ずと多くのプレーヤーがボールに触れて、チームプレーを引き出すと考えたのである。成瀬もその辺に関心を抱いたのだと思う。「日本式バスケットボール(日本女子大学式)」ルールでも三領域の「三軍」に分かれていたこと、「球はその場で直ちに投げるべし」「球を打ち落とし、摑み合うべからず」とあり、そっくりである。ベレンソンの考案したルールは、やがて男性に逆輸出され、一部分は異なるが現代においても継承されている。

成瀬が接見したギューリックは「若しも吾人が共同する事も出来、競争する事も出来る婦人を要求するならば、吾々は學校の課業に於いては之等の能力は見いだし難い。バスケットボールは、新婦人の教育に於ける特別要素であるかもしれない[36]」と述べている。ここであげられた新婦人を即New Womanと結び付けてよいかどうかは精査を要するが、産業国として社会変動したアメリカで高等教育を享受し始めた女性たちも「良きシチズンシップたれ」との錦の旗の下で、競争性と共同性が求められたことは確かであり、そうした背景は成瀬にバスケットボール導入にヒントを与えたのだろう。

日本女子大学校への新体育の導入

成瀬仁蔵は欧米と日本の思想を融合させるといった抜群の調整力と多くの賛同者を獲得できる感化力を備えていた。その才能が明治後期に浮上し始めていた私学の女子高等教育機関誕生に対する掣肘を抱え込んで、日本女子大学校を創設させたのだと思う。しかも、創立に当たってキリスト者であった成瀬はキリスト教主義を前面に押しだすことはなかった。それは帰国の際にはすでにキリスト教を宗教としてはやや相対化していたからだではなかろうか。また近代日本のキリスト教に詳しい工藤も指摘するようにキリスト教主義の学校も政府の主導に従わないと創立の認可が下りるのが困難だったため[37]、その辺の事情を鋭敏な感覚で読み取っていたのであろう。社会変動を微妙に洞察できた成瀬は、和洋バランスおいても秀でた感覚を持ち合わせていた。例を体育・スポーツにとれば、日本式と冠されたバスケットボールにおいても先述したベレンソンの工夫を上手に組み込み、体操においても欧米の体操を採用しながらも同様のものにならぬように、と当時の体育教師に進言している[38]。

「目白押し」という言葉は、日本女子大学校が目白に在ったことと運動会の盛況ぶりを揶揄した言辞であるといわれるほどに運動会は関心を集めていた。八千人が訪れたという運動会では、各種体操に加えて自転車、バスケットボール、ベースボールなどのスポーツが行われていた。その辺りついて当時のある新聞報道には、女性性の喪失として批判されていたが、しかし体操が体育教材の全盛時代に競技スポーツを積極的に導入したのは画期的なことである。競技スポーツ導入には成瀬が大いに関わったが、その理解者は麻生正蔵であり、松浦政康であった。彼らが学んだ同志社大学は全人教育を標榜し、体育を大学教育に世界ではじめて採り入れたアーモスト大学を雛型にして創設された大学であり、二人の中に体育重視の想いがあったのは自然なことだったのではなかろうか。そのことを物語るかのように、麻生はわが国では第二次世界大戦後になって、ようやく体育の支柱として持て囃された新体育（New Physical Education）、つまり全人教育、開発主義、学習者中心主義を包摂する体育理念を昭和の初期にはすでに紹介しているのである。しかも日本女子大学校の体育は、創立当初から新体育であったと明言している(39)。加えて学生の前で成瀬らと共に自転車に乗ってポロのようなゲームを模範で示し、テニスの師範までもしているのである。今までをまとめると、成瀬仁蔵のアメリカ留学見聞と麻生正蔵、松浦政康といった同志社系の流れに沿って日本女子大学校には新体育が流入されたといえよう。

六　成瀬仁蔵のアメリカでの体育・スポーツ見聞、そして新しい女たちへの影響―むすびにかえて―

優性思想の影響もあって、先にみたように一八九二年スミス女子大学のベレンソンは、女性用バスケットボールを考案し、体操ではなくて競技スポーツによって逞しい女性を涵養しようと試みた。それはすぐさま女子学生たちを虜にし、十九世紀の後半から二十世紀の前半にかけて、体操よりも自由に動き回ることができることからバスケットボールは、自転車もそうであったが女性の権利擁立運動の象徴として君臨することになったのである(40)。そのような期間は成瀬の渡米期間に重なること、青鞜社設立に関与した平塚らいてう、高村智恵子、木村政がバスケットボールの実践者であったことなどを併合すると、成瀬のアメリカでの新しい女のバスケットボール見聞と日本の新しい女との接点へと導かれる。また、川本静子はサリー・ミッチエルの言説をもとにして「自転車に乗る女は新しい女の別名である」[41]と述べているが、体育会の自転車会には二百名の部員が所属していたことを思うと日本女子大学校には新しい女の予備軍が多数いたことになる。

日本女子大学校の体育は、ただ単に健康や体力づくりだけを指向したものではなく、全人教育を担う一環として人格形成に寄与するものと位置づけられていた故に、成瀬は同じ体操であっても、偏狭性の強いドイツ体操は、無味乾燥と評したのに比して、スウェーデン体操には適応性の幅が広いとして高い評価を下している。またデルサート体操といったダンス的な体操がアメリカの女子大で行われていることを暗に持ち上げて紹介している。そこには競技スポーツの採用もそうであるが、生徒の興味を尊ぶところの開発主義的教育の新体育に淵源をおくスタンレー・ホールやギューリックの教育理念と繋がるものを見出せる。

成瀬が見聞したアメリカの体育界は、「身体の教育」から「身体を通しての教育」という、いわゆる新体育へ移行しつつあり、具体的には体操中心から競技スポーツを包含した体育への移行期間であった。アメリカの女子大学の体育の歩みも体操を中心として始まるが、随時バスケットボール、テニス、野球などの競技スポーツを取り込み、その隆盛は授業以外の課外活動によって拡張し、自然発生的に学生間に流行した各種スポーツが、大学当局の管理は存在したものの、やがて自主的運動クラブとして止揚していった時期なのである。その自主的な活動運営の何某かが新しい女の誕生に寄与したのだと思われるし、日本女子大学校の体育会も然りである。

スポーツ、その語源は自由や解放を内包するDisportにある。成瀬は自由に飛翔する「スポーツする女性」をアメリカ北部の女子大学で目の当たりにしたのである。彼女たちは自転車に乗る女性であり、バスケットボールに興じる女性であった。「スポーツする女性」は自由度を増した体育着、スポーツウェアによって更なる進化を見せたが、日本女子大学校のバスケットを行う際の体育着も、一九〇三年には登場し、ウェルズリー女子大学のものと酷似している。アメリカの女子大学の「スポーツする女性」の波及は、成瀬を中心とした人々によって日本女子大学校に確実に押し寄せていたのである。

最後のまとめとして、高良留美子、中嶌邦は日本女子大学校の卒業生が青鞜社の立ち上げに多く参与していることから、成瀬仁蔵および日本女子大学校の教育は、新しい女運動に影響を与えたと述べている[42]。先に述べたように、自転車に乗る女は新しい女の別名と揶揄されていたことを考えると、日本女子大学校の新しい女たちは課業の体育教育、課外活動であった体育会、そしてそれらの発表の場であった運動会からも、自由と解放を可視的、体感的に醸成させ、受肉させて、古い体制の桎梏からの脱却を試みる何かを享受していたといえよう。

注

（1）拙著「平塚らいてうと体育、スポーツ—成瀬仁蔵、日本女子大学校とのかかわりを中心として」（『日本女子大学総合研究所紀要』、第六号、二〇〇三、四四頁）
（2）MM生「我が校の體育」（日本女子大学校『学報』、第二号、一九〇四、一三一～一三三頁）には高村智恵子は旧姓の長沼智恵子としてテニス部の幹事職の記載がある。
（3）平塚らいてう著作集編集委員会『平塚らいてう著作集　第七巻』（大月書店、一九八四、七七頁）には図書館の窓辺から自転車の練習に励む智恵子を目撃したことをらいてうが記している。
（4）成瀬仁蔵「女子教育」（成瀬仁蔵著作編集委員会『成瀬仁蔵著作集　第一巻』一九七四、一二二頁）
（5）右同、三一～三二頁
（6）ギューリック、大谷武一、山本壽喜太訳『遊戯の哲學』（更新出版社、一九二五、二頁）
（7）Gregory. Kent. Stanly, *The Rise and Fall of The Sportwomen : Women's Health, Fitness, and Athletics 1890-1940* (PeterLang 1996) p58. 五大学は前掲書4の例言による。
（8）Cashmore. E, *Making Sence of Sports* (Routledge, 2000) p166
（9）Jennifer Hagreaves, *The Victorian Cult of the Female Sports* (Routledge, 2002) p53

(10) Coakley. J, *Sports in Society : Issues & Counttroversies* (McGraw-Hill. 2001) p11
(11) Cashmore. E, Ibid. P168
(12) Sally Michtchell, *Daily Life in Victorian England* (Greenwood, 2001) p212
(13) Sally Michtchell, op. cit p187F
(14) Sally Michtchell, op. cit. p221
(15) Sally Michtchell, op. cit. p221F
(16) Sally Michtchell, op. cit. p222
(17) Sally Michtchell, op. cit. p223
(18) 戸矢理衣奈『下着の誕生』（講談社、二〇〇二、一七五～一七七頁）
(19) 右同、二二四頁
(20) Richard D. Mandel, *Sports Actual History* (Columbia University Press) p193
(21) ジーグラー、阿部忍・飯塚鉄雄訳『体育スポーツ哲学』（不昧堂一九七九、二三二頁）
(22) 筋肉的キリスト教と訳されることが多い Muscular Christianity とは本来英国のチャールズ・キングスの小説 "*Two Years Age*" への批判として名づけられたものであるが、著名なトマス・ヒューズの "*Tom Brown's School Days*" でも取りざたされた身体的に逞しいクリスチャンを指向したものであった。アメリカでの展開に関しては、Cliford Putenety の *Muscular Christianity* (Haverd University Press 2001) に詳しい。
(23) G・サージ、深澤宏訳『アメリカ社会とスポーツ』（不昧堂、一九九〇、一二〇頁）
(24) 村田鈴子『アメリカ女子高等教育史―その成立と発展』（春風社、二〇〇一、六七頁）
(25) Gake. V. Fischer, *Pantaloons and Power : A Nineteen-Century Dress Reform in the United States* (The Kent State University Press, 2001) p144
(26) Margaret.A.Lowe, *Looking Good : College Women and Body Image 1875-1930*. (The Johns Hoplins University Press 2001) p144
(27) この二つの論文は、前者が日本女子大学『学報』（一九〇三、一九八～二〇五頁）に、後者が（同、一九〇四、一三〇～一三一頁）に掲載されている。
(28) 本来は一九〇七年に博文館より発刊されたものであるが、一九八四年に本那書籍株式会社で復刻されている。

（29）拙著「日本女子大学の体育発展に貢献した人々（1）」（『日本女子大学紀要　家政学部』、一八八六、第三二号、一八六頁）
（30）日本女子大学『学報』二号、一九〇三年発行に美軒子「秋季運動会の記」として、第三回での学生たちのスポーツ熱狂振りが報告されている。
（31）前掲書（27）で、M・M生（松浦政泰）は、体育会設立の経緯を述べている。
（32）成瀬仁蔵「ウェレズレー大學観察略記」（成瀬仁蔵著作編集委員会『成瀬仁蔵著作集第一集』）に所収、二一一〜二三六頁
（33）Jean Glasscock（General Editor）*Wellesley College* 1875-1975 : *A Century of Women*（A Cetennial publication 1975）pp 147F
（34）『梅花学園九十年史』（梅花学園九十年小史編集委員会、一九六八、七六〜七七頁）
（35）拙著「成瀬仁蔵とバスケットボール」（『日本女子大学紀要　人間社会学部』、第四号、一九九四、一七四〜一七六頁）
（36）前掲書（6）、ギューリック、九二頁
（37）工藤英一『近代日本社会思想史研究』（教文館、一九八九、一三二頁）
（38）日本女子大学『家庭週報』、一二八八号で初代体育教師白井規矩郎が成瀬の考えとして述懐している。
（39）拙著「日本女子大学に導入された新体育理念に関する研究」（『日本女子大学紀要　家政学部』、第三十号、一九八三頁）
（40）Steven. A. Riess, *The American Sports Experience : A History　Anthology of Sport in America.*（Leisure Press, 1984）p 239
（41）川本静子『〈新しい女〉の世紀』（みすず書房、一九九九、一八九頁）
（42）高良留美子「成瀬仁蔵の女子教育思想と平塚らいてう」新フェミニズム批評の会『青鞜を読む』（學藝書林、一九九八、三五〇頁）、中嶌邦「『青鞜』と日本女子大学校」、米田佐代子、池田恵美子（編）『青鞜を学ぶ人のために』（世界思想社、一九九九・七二）

日本女子大学校と演劇——女優林千歳の軌跡を手がかりとして

菅井かをる

一　はじめに

『青鞜』はその創刊号（明治四四・九・一）において、メレジコウスキーの「ヘッダガブラ論」（翻訳）を、次号では「ヘッダ、ガブラア合評」（HとY）を掲載する。さらに、第二巻第一号においては、百十頁余にもわたって挿絵（写真）入りで「附録ノラ」を特集し、イプセンの「人形の家」を紹介する。また、第二巻第六号においては、「附録マグダ」でズーデルマンの「故郷」を取り上げ、そしてさらに、第四巻第一号においては、「附録ウォーレン夫人の職業合評」を掲載する。このような背景に、所謂「新しい女」の姿を提示してみせた文芸協会をはじめとする近代演劇の上演があり、もちろん、それらの演劇に強い関心を示した『青鞜』同人たちの、〈新しい〉〈女性〉の生き方への烈しい渇望と模索とがあった。言うまでもなく、「演劇」と「新しい女」との相関は密接である。その点でも、文芸協会の女優であり『青鞜』の同人でもあった林千歳の生涯はたいへん興味深い。千歳は、二つの小説のほか、メレジコウスキーの「幽霊を論ず」（翻訳）が掲載された『青鞜』第二巻第三号誌上に、「ゴーストを読む」というエッセイを寄せている。本稿においては、日本女子大学校に学び、そして、〈新しい〉〈女優〉の道を、まさしく志をもって歩んだ林千歳の軌跡を辿りながら、日本女子大学校と演劇についても考えてみたい。

二 「新しい女」と「女優」

後年、平塚らいてうは、『青鞜』時代を回想して、その自伝の中に次のように記している。

ここに書かれてある「陶器」というのは、紅吉がこの年（明治四五）四月、巽画会の第十二回展覧会に出品した二曲一双の屏風のことで、この作品は三等賞をとっています。それを祝ってということですが、「林氏のマリー」というのは、社員の林千歳さんが、文芸協会が有楽座で上演したズーデルマンの「故郷」に、マグダの妹役で出て成功をおさめたことを指しているのです。林千歳さんが「青鞜」に入社したのは、紅吉と前後したころで、入社のときは旧姓の河野を名乗っていました。女子大国文科卒で、ご主人の林和氏は劇作家で、同時に俳優でしたから、二人で舞台に立っていました。ちょっと小柄ながら美しい人で、むしろ美人すぎるのが逆に舞台向きでないともいえるのでした。「故郷」では、マグダの妹マリーに扮して「松井須磨子に次いでの有材」と評されましたが、松井さんとは違った知性の持主で、それがかえって舞台で伸びる邪魔となったかもしれません。評論でも小説でも一応のものは書ける人でした。（『元始、女性は太陽であった――平塚らいてう自伝（上巻）』大月書店、一九七一・八）

「松井さんとは違った知性の持主」とは具体的に何を指すのか、らいてうの含みのある評価は兎も角として、当時の林（河野）千歳は、文芸協会の女優であり、『青鞜』誌上に評論や小説を寄稿する才媛であった。当時としてはごく僅かな女性しか学ぶことのできなかった高等教育を受け、いわば「演ずる女」であり「書く女」でもあった林千歳もまた、所謂「新しい女」と表象される存在であったといえるだろう。

千歳は、一九一二（明治四五）年一月、社員として青鞜社に入社している。「編集室より」には、「河野千歳　府下青山原宿一六七、林方」と報告されている。一月一二日、大森森ケ崎の富士川で開かれた新年会に出席した千歳は、「らいてう氏と宮城氏との間に居るのが小さい林氏で、眼元のいゝ、張りのある団栗眼玉を上げてはチヨイ〳〵と表情的に人を見る癖お悪くはない。引緊つた筋肉の、全体に小さい面長の顔を美しく引つ立たせて居るのは顫ひ付きたい程立派な、隆々たる鼻だ、一寸中央に小さい黒子のあるのも愛嬌だつた」（『青鞜』第二巻第二号）と書かれている。前述したように、千歳は、同年三月、『青鞜』第二巻第三号に、イプセンの「幽霊」を論じた「「ゴースト」を読む」を発表する。同じ号には、メレジコウスキーの「幽霊を論ず」（武市綾訳）も掲載されている。千歳の評論では、まず冒頭において「ドルス、ハウス」と「ゴースト」とを見比べ、「「ノラ」は夫や子供を棄てゝ家を去つた、そして社会は、それを有るまじき事実、無法な女として問題を起したが、さればと云つて其儘家庭の犠牲として止まつたなら何うであらうか、といふのがこの「ゴースト」に於ては作の出発点だろうと思はれる。」と述べている。また、「私は必ずしも此作を以てイプセン作中の一番よき作だとは思はないが兎に角深沈な力強い感じを読者に深く彫りつけられる作だと思ふ」と評価している。この「幽霊」（原題 Gespenster, 1881）は、森鷗外訳が一九一一（明治四四）年一二月に金葉堂から単行本として発行され、同脚本は、有楽座において、翌年一月一二日から三日間、北村季晴の演芸同志会第二回公演として上演されていた。

このように、「演ずる女」であり「書く女」でもあった千歳は、一八八九（明治二二）年、東京市芝区琴平町に生まれている。まもなく一家が大阪に転居したため関西で育つが、一九〇七（明治四〇）年三月、大阪府立堂島高等女学校を卒業し、四月に日本女子大学校普通予科に入学している。それは、「古い父をやつと説き伏せて」（「新しい女　十三　林千歳子」『読売新聞』一九一二・五・三二）の進学であった。この年の六月頃、千歳は、閨秀文学会に通い始めている。周知のように、閨秀文学会は、九段中坂下のユニヴァーサリスト教会で開かれていた文学講習会で、同教会付属の成美英語女学校の教師であった生田長江が、森田草平とともに女子に文学の講演を聞かせることを目的として設けたものであった。講師の一人であった馬場孤蝶の回想(『明治文壇回顧』一九三六・七)によれば、閨秀文学会には与謝野晶子も講師として加わり、会員として入会した女子の総数は二〇名くらいで、その中にはのちに『青鞜』に集う平塚明子(らいてう)、青山(山川)菊栄、大貫(岡本)かの子らもいた。千歳は、一九〇八(明治四一)年四月、日本女子大学校普通予科を修了して、同月一四日付で同校文学部第一学年第一期へ無試験で入学する。しかし、翌一九〇九年、文芸協会演劇研究所演劇研究科の補欠募集に応募して合格し、九月一日から生徒となる。そのため、九月二〇日、日本女子大学校文学部を第二学年第二期で退学する。

識者の間に女形に代わる女優の必要が叫ばれたこの時期、一九〇八年九月、川上音二郎、貞奴夫妻は、森律子ほか十数人の生徒を集めて「帝国女優養成所」(のち「帝国劇場附属技芸学校」)を開設する。また、同年一一月には新派の藤沢浅二郎が「東京俳優養成所」を開き、そして翌年五月には、「女優十難」を著した坪内逍遙が「文芸協会演劇研究所」を設立して新人俳優を養成する準備が整いつつあった。千歳は、「協会の創立を聞いて俄に舞台の人にならうと思ひ立ち卒業証書を握るとすぐ大久保を訪ねた」(前掲『読売新聞』)という。ちなみに、試験科目は、口頭試験、英語、朗読、作文であった。研究生はこのときに合格した七名の新入生が加わり二二名となるが、そのうち女性は三名であった。五月の開校時に入所した生徒の中には小林正子(松井須磨子)と、日本女子大学校に在学中の五十嵐芳野がいた。ただし、芳野は研究所の卒業間近か、自己都合により退所している。

ところで、千歳の入所については、「一週一回大塚保治博士が講堂で大陸文学の梗概を語つた、それによつて、フロオベル、ゾラ、マウパツサン、ツルゲネフ、トルストイ、さてはイプセンなどの名前を知つた、協会へ入るまで、シバヰは一どもも見たことがなく、たまにドラマの本を披いても、ト書きや、セリフの前に人の名を書いてあるのなどが何だか嫌いで、読んでもみなかつた」「古い実業家の娘が新しい女優になるためには、ずゐぶん父の膝をゆすぶり母に鼻を鳴らした、が、愈よ許されるには、姉の口ぞへが一ばん力になつた」（前掲『読売新聞』）という。しかし、情熱をもって入所した文芸協会ではあったが、ほどなくして千歳は、同じ演劇研究所の林和との交際が会規に抵触して退所となっている。林和は、前掲のらいてうの回想の中に記されているように、明治から昭和期の劇作家で、一八八七（明治二〇）年八月二八日に千葉県小見川に生まれた。早稲田大学文科に学び、文芸協会研究所の第一期生として卒業する。文芸協会解散後は、一三世守田勘弥とともに文芸座を結成するなど新劇運動に力を入れ、その後は帝国劇場に入って戯曲を執筆している。会長の坪内逍遙は「法三章」を出して研究生の心得を説いているが、文芸協会は男女共学であるだけに特に男女の風紀問題には厳しかったようだ。「もし風紀問題を起こして世の非難を受けるようなことになっては女優による新演劇の運動の理想が挫折するという意気込み」（松本克平『日本新劇史』筑摩書房、一九六六・一二）のあらわれであった。東儀鉄笛は、「会長の意見では、舞台稽古すらも関係者以外の人には見せないことになつて居るのです。それで会員の素顔は絶対に世間に出さない主義なんです。（略）本当の素顔といふものは余り綺麗なものぢやありません。それを写真として世間に出すやうになると、どうしても身のまわりをかまうやうになります。女優だとすると帝劇の女優のやうに舞台の上ばかりではいけなくなる。容色を競つて世間の嗜好に投ずるといふ傾向が伴つてくる。兎角非難が起こりやすい、と同時に芸道にのみ心を注ぐといふことは出来にくい。」（生田蝶介「文芸協会訪問記」『演芸倶楽部』一九一二・三・二七）と語っているが、文芸協会の徹底した俳優教育のありようをよく伝えている。

女優と芸者！　こんな事をいふと女優連の中には、「賎業婦と一緒にするなんて失礼な」と、柳眉をきり〳〵と釣上げて、むきになつて逆鱗まします人があるかも知れぬが、御気の毒様ながら女優と芸者といふ、この二つのものには多大なる類似点があるのである。（略）お座敷――待合、旦那と数へ来れば、女優と芸者と、益々同じいものになつて了ふ。一方は芸術家一方は賤業婦、といふのはほんの表向きの素人欺しで、其の内実に至つては何等の差をも見出さぬのである。のみならず芸術家たる女優の発展の烈しさには、賤業婦の芸者さへ、驚いて、到底私どもには真似が出来ないと舌を巻いて居る位である。」（桑野桃華『女優論』三芳屋書店、一九一三・六）

当時のこのような女優論の背後に、「女優」が一般の女性から截然と区別される存在であったことがうかがえる。「花柳界の女性たちは、羨望されると同時に蔑視の対象でもあった」（関礼子『姉の力　樋口一葉』筑摩書房、一九九三・一二）と同様に、女優という職業もまた羨望の対象でありながらも、言ってみれば賤業という認識であった。千歳は、『青鞜』第二巻第四号に、新橋の芸者と兄との交際が気がかりな妹の心境を描く「乙弥と兄」（小説）を発表しているが、その中に、「乙弥といふ女も皆んなに卑しめられる一人だと思ふと、妹は一刻も早く兄をも其女をも説いて教育もさせ品位もつけて卑しめられぬ丈にしなければならないやうに思はれ出した。」と書いている。この「妹」の言葉に当時の千歳の気負いが見えるようだ。世間一般に女優蔑視があるなかで、近代的な新しい女優の道を歩み出した千歳の強い意志が感じられよう。

三　文芸協会の女優

一九一一（明治四四）年、千歳は、かねてから願い出ていた文芸協会への復帰が許されて演劇活動を再開する。この間、小説家で劇作家の江見水蔭の媒酌により林和と結婚、そして長女歌子を出産している。しかしながら、文芸協会への復帰は、歌子を和の実家の兄夫婦のもとに里子に出して果たしたものであった。このことは、千歳の志す新しい女優の道がいかに真剣なものであったかを想像させるが、同時に、女性が「職業」を全うすることの困難を大いに物語るであろう。次のような林和の発言には、長年演劇活動をともにした夫と妻の、しかし端から異なる家庭観や職業意識のずれが少なからずあったことが見て取れる。結局、林和とは、一九二〇（大正九）年に離婚している。

家庭と云ふさへ可笑なものだが、例へば子供に対してさへ千歳は容色の衰へを気にしてか、自己の生活に、徹底を欲してか子供のあることを甚く嫌ふ気味さへあつた、それで生れ落ちる時から乳一つ含めず、子供は乳母に付けて、僕の郷里（千葉県小見川）の兄夫婦の子にやつて了つた、母や兄夫婦は、それで僕達夫婦が幸福ならよい、それが事業の為ならと快く了解してゐて呉れた、が僕達の家庭はそれで幸福ではなかつた、智にのみ働く、理性の勝つた女千歳は夫たる僕とさへ、始終個性の競争を期して居た、新時代の生んだ冷たき夫婦関係を、初めて僕の家庭に見た様に思ふ。（「生みの親とも知らず叔父さまと呼ぶ　林和氏の家庭生活」『萬朝報』一九二〇・九・七）

千歳は、一九一二（明治四五）年五月三日より一〇日間の開演で成功をおさめた文芸協会第三回公演「故郷」四幕（ズーダーマン作。原題 Heimat, 1893, 英訳は「マグダ（magda）」。島村抱月訳並びに指導、有楽座）で、松井須磨子の演じるマグダの妹マリー役で初舞台を踏む。この「故郷」を紹介する五月五日付『読売新聞』には、「林女史のマリイも初舞台としては成功に近いと云つて差支へなからふ」という評が見える。しかし、「故郷」四幕は、同月一八日から警視庁より今後の上場を禁止される。『読売新聞』は、翌日から二八日まで、各界の識者の意見を掲載してキャンペーンを張るが、このようないわば「マグダ」の社会問題化を背景にして、同新聞の五月三〇日の「新しい女」欄には、「日本のマグダ」として松井須磨子が、続く三一日には千歳が取り上げられている。「子供は邪魔」という小見出しに続く記事の最後は、「劇作家の夫と女優の妻、若い二人の歓楽は窓に迫る森もみどりの濃いよりも濃い、『けれど、あたし、かうして家庭をもつてみますと何だか急に老い込んだやうな気がいたしますの、』千歳子は心もち斜視の瞳を青空の方に向けて学校時代の生活を思ひ浮かべながら、『あのころは全く我がまゝでした、自分では凡て真面目だつたのですけれど人にはどんなにか不真面目に見えたでせう！　今かんがへると、ほんとに子どもらしい感じでしたわ、』」と結ばれている。先に触れたように、六月には、『青鞜』第二巻第六号に「附録マグダ」が特集されるが、その論者の一人である長谷川時雨は、「林千歳氏は美しい女優である。もすこし、もすこしと思はせるところは多いが、初演の人として癖のないところをとる。須磨子氏と並びたつて、協会の花となられることを祈る。」（「文芸協会」の「マグダ」）と評している。結局、「故郷」四幕は改稿することで上演の許可が下り、六月から七月、大阪、京都、名古屋でも公演された。『青鞜』の「編集室より」（第二巻第七号）には、「生れた国の大阪ぢや、大変な人気で同窓生や知人の総見で大騒ぎだつたそうな。」と報告されている。

さて、千歳の気概とは裏腹に、「女優」という存在は、『青鞜』の蒙ったスキャンダラスなイメージと相乗してネガティブな衣をもその身に纏いつつ「新しい女」として表象されていく。その象徴的な出来事の一つが、青鞜社に届いた「ホワイトキヤツプ党長代理」と名乗る者からの脅迫状である。「青鞜社中第一期ニ殺スベキモノ　岩野きよ　林千歳　伊藤野枝　荒木いく」と名指しされている。世の人々に待望されながらも、要するに、「新しい女」こそ、世間を騒がし、社会の秩序を撹乱するもの、そして規範を逸脱しようとする女性たち――ということになるのだろう。「女優」という表象ももちろんその例外ではなかった。

四　新しい女優への道

この「故郷」上演の裏には松井須磨子との確執もあったようである。文芸協会の一期生でのちに『萬朝報』の記者となった伊藤風草（理基）によれば、「その悶着が勃発したのは名古屋の初日が開いた時で、一座の林千歳が『須磨子に苛められるから舞台へ出ませんよ』と東儀氏へ申出たに始まる。千歳と須磨子とは研究所の時から仲悪であつたが、殊に「マグダ」の大阪興業に際して千歳は逸早く土地の新聞社に関係を付けて書き立てゝ貰つたとかで、須磨子が怒るまいことか『芝居はマグダが中心役なのに、妹マリー役どこの千歳が、抜けがけの巧妙するなんて甚い奴だ』と、それからは舞台の外は殆ど口も利かないやうな、冷い日が続いた。兎もすると、舞台の上でも、互の失錯を待ち構へるやうなこともあつた。（略）爾来抱月氏と東儀氏、須磨子と千歳とは何時も相反目してゐた。」「坪内博士邸内の新校舎が落成して、同四十二年九月一日から此舎で新学期が開始されると同時に、更に男女研究生の追加募集に応じて、女では河野千歳（林千歳）が入って来た。千歳もそれ迄は女子大学の国文科一年に通うて居たし、後には青鞜社の仲間入りをした程の所謂新しい女だつたから、思想は素より、派手な容姿や態度が、地味な正子とは全然正反対であつた。『新人の癖に――』と須磨子は内心、千歳を眼の敵にしてゐたやうだが、仲間の人気は何時も、燻んだ須磨子を閑却し勝であつた。」（「女優須磨子」『闘へる女性』所収、東洋文芸、一九一九・五）という。「真実」はいずこにあるにせよ、千歳が周囲からどのように見られていたかはうかがい知ることができる。

一九一三（大正二）年四月、千歳は、文芸協会演劇研究所の第二期生として卒業し、六月には、第六回公演「ジュリアス・シーザー」六幕（シェークスピア作、坪内逍遙訳、帝劇）で、ブルータスの使者ルシヤス役を演じる。だが、七月、文芸協会では、「抱月の恋愛問題や、一期生の土肥、東儀ボイコット、二期生の脱退申出など、難事件が続出」（田中栄三編著『明治大正新劇史資料』演劇出版社、一九六四・一二）し、ついに同月八日、正式に解散する。これより以前すでに松井須磨子は諭旨退会となり、抱月は幹事を辞任していた。残った会員たちもまもなく「無名会」（土肥春曙、東儀鉄笛らが結成）と「舞台協会」（佐々木積、森英治郎らが結成）とに分かれる。千歳は、夫の和とともに舞台協会に活動の場を移すことになるが、この文芸協会の解散に際しては、次のような談話を寄せている。

　私は自分の真の努力によつてあるものを握りたいとのみ思ひます、実際がなくして虚名を得るのは恐ろしいと思ひます、だから周囲の人はもどかしい様に思ひましやうが私は決して急がないのです、（略）私は大阪の高等女学校を卒へて女子大学へ這入り、所謂士族の教育を受けて居りましたので、三味とか踊りなどを罪悪位に思つて居りましたから、女優になるなどと云つた時は親戚知己から非常に反対されましたが、今日では親戚知己が、私どもの実生活を見まして其予想外なのに驚いて居ります。文芸協会では真面目に研究して進んで行かうと云う方針ですから、ソンな目的に添はない人は、其人の為めにも協会の為めにもなりませんから、説き諭して止めさせ方も少なくないのでしやう。（略）坪内先生は個人〳〵に就ても深く考へて御世話をして下さいましたから、私どももつひ依頼心を持ちますから、一層今度の様な事があつた方が、真に自分と云ふものを考へまして幸福かもしれません。私などとても天分もなく出来ぬと思へばいつでも止めますけれど、まだ何にせよ、少しもしないのですから、兎に角やれる所までやつて見やうと思ひます。」（「談話室　存外着実な女優生活（林千歳女史談）」『新真婦人』第四号、一九一三・八）

この談話より少し前に刊行された『女優論』（前掲）には、「初舞台は「マグダ」に妹マリーを勤めたことで、兎に角頭があるだけに将来は望を嘱されて居る。当人も急がずあせらず努力して行く積りだといつて居るが、其の心掛けさへあれば遠からず大成するに相違ない。」と書かれている。移籍した舞台協会では、一一月の第一回公演「悪魔の弟子」三幕五場（バアナアド・ショウ作、舞台協会訳）でダッヂョン夫人役を、また、「負けたる人」深秘戯曲一幕（ヰルヘルム・フォン・ショルツ作、森鷗外訳）では伯爵夫人を演じている。『青鞜』第三巻第一〇号「編集室より」には、「林千歳さんはこの秋の舞台協会で、腕一杯と云ふところを見せて下さるそうです。そうしたらばその時には、私もせめて好きな源之助の半分程は千歳さんを好きにして連中をこしらへて見に行く約束をして了ひました。出し物がショウなのも、少しは嬉しいことなんです。但しその日は悪口を封じられてあります。そうかと云つて「千歳さんは天下の名女優ですね」何て云ふと、にらまれるそうですから、私はだまつて見てゐさえすれば、いゝんだあと今から思つてます。」という記事が見える。

一九一四（大正三）年三月、千歳は、黒猫座第二回公演「恋愛三昧」三幕（アルツウル・シュニツレル作、森鷗外訳、初演、有楽座）でワイリングの娘クリスチイネ役を、「髑髏小町」一幕（林和作）では小野小町の娘役を演じている。この「黒猫座」は、「六代目尾上菊五郎の周囲に集つた、一高や早大慶大などの芝居の好きな学生数人と、林和君とが加わつて出来た、デイレツタントのグルウプ」（前掲『明治大正新劇史資料』）で、雑誌『黒猫』の同人が演芸会をもち、大正二年に有楽座で「乗合船」「子宝」「ねえねえ旅籠」を上演したのち組織した会であった。二回の公演をもって発展的に解消し、文芸座を発足させている。その後、千歳は、一九一五年六月、文芸座第一回公演「悪魔の曲」現代劇三幕（林和作）で女流音楽家芝美那子役を、「わたしも知らない」新古典劇二幕五場（武者小路実篤作）では寵姫役を演じている。「文芸座」は、市川猿之助、一三世守田勘弥、中村東蔵、林和、林千歳の五人で結成した劇団であった。第一回公演以降は経済的な理由から三年間の休演を余儀なくされてはいるが、以後は帝劇において、一九一八（大正七）年一一月の第二回から一九二五（大正一四）年三月の第一〇回まで春秋二季の公演を続け、幾多の創作劇や翻訳劇を上演している。林和は、舞台監督兼主事として守田勘弥を助けている。千歳は、第三回まで公演舞台を務めていたが、一九一九年一一月の第四回公演「ハムレット」三幕一〇場（シャークスピア作、林和改修）でオフィーリア役を公演の四、五日前に降板し、そのまま演劇界を去った。

先にも触れたが、千歳は、一九一四（大正三）年、俳優夫婦の齟齬を描く「待ち侘び」（『青鞜』第四巻第九号）を発表している。小説の語り手に、「時三は何ぞといふと珠枝には自我といふものが執拗く附着いて廻つて居るといつた。何でも「自分が、自分がだ」とか、冗談にも「オイ個人主義者」とかいつたりする其時の時三の口の格好を思ひ出しても憎らしかつた。今にあの口附の時三が帰つて来るかと思ふと珠枝の両手を組み重ねた胸の裡で厭ァな気がちぎれた雪のやうに、ふーッと通つて行つた。（略）男なら金があつても皆無つても、時と場合と人柄と其家とによつては喜んで迎へられる。珠枝はつまらない気がした。同じ短所を有ちながら、珠枝許りが醜く其欠点を表はして行くやうに言ふ時三が醜悪の結晶のやうな気がした。」と言わせている。また、小説の結末近く、俳優夫婦が寄席で大当たりをする「美音吉一座」の評判を話題にするくだりでは、「珠枝の脳の中に楽屋銀杏に結つた薄汚い女達の群が、墨と紅と白粉できはどくゐどつた頸の幾つかゞ見えるやうだつた。男だか女だか区別のつかないやうなもの言ひで、賤しい錆た声を疳高に張り高げては、一座の荷厄介にされてゐる年増女の罵る、座頭の美音吉といふ女の険しい眼付などをも想像した。珠枝は何といふことなく暗い気持におしつけられた。『私もう舞台に立つのは止さうかしら。帝劇であつて見た処で、寄席であつて見た処であんまり差はないやうなものね』時三は何か他の事を考へてゐて、その返事はしなかつた。珠枝の心はつまらない遣瀬なさに引き込まれて行つた。」と語らせている。俳優という同じ職業にありながらも決して対等とは言えない夫と妻に照明をあてながら、妻に対する夫の関心のなさや無理解をリアルに描出するこの小説は、ジェンダーの非対称性をも浮き彫りにしていよう。また興味深いことに、『女優論』（前掲）では文芸協会の女優について、「帝劇や有楽座の女優に慣れた者の眼からは、文芸協会の女優は殆ど異様に見えるまでに大いなる相違がある。（略）彼が華美で陽気で世間的であるに対して、之は質素で内気で何処か世間を超越して居る。彼が人気といふやうな事ばかりに苦心する時に、之は役々の精神の表現にのみ苦心して居る。（略）いふまでもなく女優は芸術家である以上、富貴よりも虚飾よりも芸術が大切であるべきで、其処に芸術家としての誇りも満足もあるべき筈である。即ち文芸協会式の女優が、真の女優として価値あり尊敬すべきものであるので、前二者の如きは女優といふ名を藉りて居る他の者に過ぎないのである。」と、「文芸協会式の女優」を高く評価している。しかしながら、前述したとおり、当時の女優は「賤業」として蔑視の対象でもあった。「美音吉一座」に象徴的に表現された女優たちの下卑た姿や「美音吉」自身の意識こそ、着実な歩みをもって世間に認知されるような新しい女優の道を邁進する千歳にとって、それはまさしく乗り越えるべき内なる対象であったといえよう。「珠枝」のふと口にする、「私もう舞台に立つのは止さうかしら」という言葉には、「女優」という職業そのものに対する苛立ちや失望感さえ滲み出ている。周知のごとく、松井須磨子は、一九一九（大正八）年一月五日に縊死する。一方、千歳は、翌一九二〇年五月、国活（国際活映株式会社）角筈撮影所の開設とともに迎えられて映画界に転身し、角筈第一作「短夜物語」（細山喜代松監督）に出演する。

五　日本女子大学校と演劇

一九二八（昭和三）年一月から『週刊朝日』に連載された「キネマ・スターの素顔と表情」の中で、羽田鋭治は、「経歴からいつても、学歴からいつても、林千歳はもつと高い位置を与へられてもいゝ女優である。（略）たゞ映画会社当事者が悪いのである。システムが良くないのである。若い綺麗な女にのみずんずん人気をあほり立てゝ、新しいスタアを製造しようとして、よつてたかつて努力する。一方林千歳のやうな姥桜は、いくら頭や腕があつても、人気の出るやうな宣伝を会社側でやつてくれないのである。（略）映画芸術は決して若い女優のみのものではない。

年増女、初老の女、もつともつと年を取つた女優をも要するのである。寧ろさういう役こそ、円熟した技芸の所有者たる事を要するのである。わたしは林千歳のために気の毒に思はずにはゐられない。」（のち単行本『キネマ・スターの素顔と表情』所収）と、実力に比して配役に恵まれない当時の千歳について極めて同情的に批評している。たしかに千歳は、すでに主演や助演から遠ざかり、脇役を務めることが殆どになっていた。しかし、「林千歳は無理のない、何時もながら好いたらしい演技をみせてくれる、若い人達が何故この自然な所を見習らはないのかしら。」（『キネマ旬報』一九二五年一月号）と記されたように、その後も非常に多くの映画に出演し、例えば、一九三五年の「乙女ごころ三人姉妹」（成瀬巳喜男監督、P・C・L制作）や一九三七年の「若い人」（豊田四郎監督、東京発声制作）、一九四一の「わが愛の記」（同上）にも出演して、円熟した演技を披露している。やがて国家総動員法の制定とともに時局が徐々に戦時下へと向かうなか、一九四二年、「母の顔」（村上潤監督、皇国映画制作）、さらに、「緑の大地」（嶋津保次郎監督、東宝映画制作）に出演し、この年に映画界からも引退している。蛇足ながら、この「緑の大地」は、中国での運河建設に反対する青年が一転して建設意識に目覚め、民族の対立も解消されるというもので、所謂「国策映画」とされるものである。一九六二（昭和三七）年八月二一日、千歳は七三歳で病没している。

林千歳は、文芸協会をその出発点として〈新しい〉〈女優〉として様々な新劇の舞台に立ち、そして映画界に転身したのちは錚々たる映画監督の作品に数多く出演して、明治・大正・昭和と我が国の演劇界および映画界を、それは両者においてまさにフロンティアであったが、長きにわたり支えた。

以上のように、「女形」ではない、「女優」の出現が待望された時期、女優という新しい職業を志し、近代的な女優の道を切り拓きつつ歩み続けた林千歳の生涯は、「新しい女」のひとつの軌跡を描いている。「新しい女」である「女優」としての千歳は、『青鞜』によって批評され、方向づけられ、それは微細であるにせよ、その理念によって育まれた。一方で、『青鞜』も近代の新しい女優としての千歳によってイメージ化され創造されていった。『青鞜』

のイデオロギーは、「演ずる女」であり「書く女」であった林千歳という、志と確かな職業意識を持った「新しい女」の存在を相互不可欠の関係で生み出した。そしてさらに、これを認めるにはあまりにも短い期間であるのかもしれないが、日本女子大学校に学んだ千歳のなかに、「女性の一生を通じて、自らの天職は何かという問いを自らに問い続けること」という創立者成瀬仁蔵の「生涯教育」の教えを認めることもできるのではないだろうか。

また、文芸協会の女優となることを志した五十嵐芳野や林千歳のような人物たちを輩出した日本女子大学校における「文芸会」の役割も看過できない要素であろう。芳野や千歳たちが「女子大」に学ぶ明治後期の社会においては、「文芸一般に対する理解は浅く、ことに教育への弊害を唱える者が少なくなかった。(略)文芸を人生に必要な娯楽の一つと見なし、弊害を生むことなく教育に利用する試みがなされていた」(『日本女子大学学園事典』ドメス出版、二〇〇一・一二)というが、例えば、寮では週一回の親睦の会の余興があり、国文学部や英文学部では「文学会」(のち「文芸会」へと発展)を設けている。「前者は(略)季節の行事事に各寮で出す趣向を凝らした余興へと発展し、詩の朗読等も行われるようになった。一方後者は、古典の朗読や英文の暗誦から出発したが、しだいに創作を加えた余興も行うように変わって」いき、やがて、家政学部・教育学部にも設置されるに至っている。一九〇六(明治三九)年一一月二六日開催の秋季文芸会は、大学部生徒によって催された文芸会の第三回試演会となり、三つの対話と英語暗誦、ピアノ演奏、合唱、運動場の体操も加えられて成功をおさめている。『青鞜』に参加した田村俊(子)、大村嘉代子、木内錠などは戯曲を書く作家であったし、彼女たちが誕生した背後には「文芸会」のような文芸を重視する校風があったという事実も無視できないように思われる。世に文芸に対する弊害が懸念されるなか、敢えて文芸をカリキュラムに組み込んだ日本女子大学校に学んだことは、女優や劇作家を志す女性たちを育む土壌となったといえるのではないだろうか。

参考文献

杉浦絃三『女優かゞみ』（杉浦出版部、一九一二・一一、のち『日本人物情報体系女性叢伝編3』再録、皓星社、一九九九・七）
丸可養『女優の告白』（太閤堂、一九一三・一〇、のち『日本人物情報体系女性叢伝編3』再録）
三楽流子他著『女盛衰記』（芸術書房、一九一九・八、のち『日本人物情報体系女性叢伝編3』再録）
柴田勝『天活、国活の記録（大正時代の映画会社）』（柴田勝発行、一九七三・一二）
『松竹百年史　映像資料・各種資料・年表』（松竹株式会社発行、一九九六・一一）
『日本女子大学校四十年史』（日本女子大学校、一九四二・四）
『成瀬仁蔵著作集』第一巻（日本女子大学、一九七六・六）
堀場清子『青鞜の時代』（岩波新書、一九八八・三）
青木生子『近代史を拓いた女性たち　日本女子大学に学んだ人たち』（講談社、一九九〇・六）
新・フェミニズム批評の会編『『青鞜』を読む』（學藝書林、一九九八・一一）
米田佐代子・池田恵美子編『『青鞜』を学ぶ人のために』（世界思想社、一九九九・一二）
らいてう研究会編『『青鞜』人物事典』（大修館書店、二〇〇一・五）
青木生子『いまを生きる成瀬仁蔵』（講談社、二〇〇一・一二）
米田佐代子『平塚らいてう』（吉川弘文館、二〇〇二・二）
『『青鞜』と日本女子大学校同窓性［年譜］』（日本女子大学大学院文学研究科日本文学専攻内　岩淵（倉田）宏子研究室編集発行、二〇〇二・二）
飯田祐子編『『青鞜』という場――文学・ジェンダー・〈新しい女〉』（森話社、二〇〇二・四）
『日本女子大学総合研究所紀要』第八号（日本女子大学総合研究所、二〇〇五・一一・二〇）
『国文学―解釈と教材の研究　特集　青鞜の時代、女性の時代』第五四巻第五号（学燈社、二〇〇九・四・一〇）ほか

「新しい女」の平和思想――斎賀琴にみる宮田脩、成瀬仁蔵の影響

橋本のぞみ

はじめに

世間を〈新しい女〉ブームで席巻した雑誌『青鞜』（一九一一年九月〜一九一六年二月）は、日本女子大学校同窓生を中心として創刊されたが、その後半期の確かな一翼を担った一人に、同校に学んだ斎賀琴がいる。近年、『青鞜』研究がしだいに進み、その内実に鍬が入れられるようになったとはいえ、一九一四（大正三）年二月から一九一六（大正五）年二月の終刊号まで作品を発表しつづけた琴の素顔は、平塚らいてうや与謝野晶子、田村俊子らの陰に隠れ、いまだ意外なほど知られてはいない。[1] 結婚後、原田琴子の名で執筆をつづけた彼女は、従来、ともに同誌で活躍した歌人・原田琴子と混同されることさえ、しばしばであった。

そこで本稿では、琴の代表作の一つである「戦禍」[2]（『青鞜』五巻一〇号、一九一五年一〇月）を分析しつつ、『青鞜』誌上における彼女の位置を検討するとともに、同作品を貫く平和思想の背後に顕著な、成女高等女学校長・宮田脩、および日本女子大学校長・成瀬仁蔵からの影響を詳らかにし、彼女の主体形成のプロセスを辿りたいと思う。

表1　『青鞜』に発表された斎賀琴の作品

ジャンル	作品名・掲載号
短歌	「別後〔31首〕」（4巻2号）
	「萬人は如何ともあれ」〔17首〕」（4巻6号）
	「夏の花〔7首〕」（4巻7号）
	「暗中より〔16首〕」（4巻8号）
	「未練〔16首〕」（4巻10号）
	「わかれ〔9首〕」（4巻11号）
	「冬のうた〔14首〕」（5巻2号）
	「松原より〔25首〕」（5巻6号）
	「山にて〔21首〕」（5巻7号）
	「廢驛の夕〔10首〕」（6巻1号）
	「水仙の花〔21首〕」（6巻2号）
小説	「夜汽車」（4巻4号）
	「昔の愛人に」（5巻5号）
感想	「戦禍」（5巻10号）
翻訳	スコット・ニーアリング「婦人と社会の進歩」（6巻1号）
	スコット・ニーアリング「生物学上より見たる婦人の能力」（6巻2号）
詩	「断章」（5巻7号）

一　後期『青鞜』の精鋭・斎賀琴

まず、『青鞜』における日本女子大学校同窓生の動向、および琴の位置について押さえておきたい。「女流文学の発達」をはかり、『青鞜』が世に出た当初、発起人五人中四人を占め、同人の六割強にも及んだという日本女子大学校同窓生の紙面への掲載率は、同誌が女性解放誌への方向性を旗幟鮮明とした一九一三（大正二）年一〇月以降、大幅に減っていく。

もっとも、実際にはペンを執らず裏方に徹した同窓生も多かったが、執筆陣に限ってみても、一九一二（大正元）年以降、活躍舞台を多くの他雑誌へと求めていった田村俊子や、岡本綺堂に入門したのち、劇作家としての道を歩むようになる大村嘉代子、改組後も補助団員として名を記しながら作品を載せることはなかった上田君ら、多くが創刊後まもなくの『青鞜』の骨子を固めて去っていく。さらに、発起人に名を連ねたメンバーのうち、木内錠が方向性の齟齬から同誌を離

表2　後期『青鞜』の主要執筆者

執筆者名	回数
伊藤野枝	50
平塚らいてう	34
山田わか	24
三ヶ島葭子	21
生田花世	17
斎賀琴	17
野上弥生子	16
安田皐月	15
岡田ゆき	13
岡田八千代	12
加藤緑	11
小林哥津子	11
岩野清子	10

れたほか、四年間の長きに亘り、編集兼発行人を務めた中野初が家業に追われ同誌を辞し、事務局長として辣腕をふるった保持研もまた、他のメンバーとの考え方の相違や恋愛問題などを契機として結婚生活へと踏み出しいくという流れのなか、改組後の『青鞜』に補助団員として参加し、実に一七もの作品を発表したのが、斎賀琴であった（表1を参照）。

　この数は、編輯発行権を伊藤野枝に譲渡するまで、依然として健筆を振るう平塚らいてうの執筆三四回には遠く及ばないとはいえ、この時期におけるらいてうの執筆の多くが「編輯室より」と題する編集後記や、他者の著書や思想への感想・意見であることを考えると、その多ジャンルへの挑戦とも相俟って着目に値しよう（表2を参照）。同じく短歌や詩などの韻文から出発し、『青鞜』後半期にも作品を載せた茅野雅子と比しても、同誌の終刊号まで一貫して執筆しつづけた琴の存在感は、質量ともに際立っている。

　これら同窓生間のみならず、広く『青鞜』同人間にあってさえ、琴の活躍ぶりが目覚しいものであったことは、彼女が同号の誌上に複数の作品を発表していることからも明らかだ。六巻一号には、翻訳「婦人と社会の進歩―個人としての婦人」と短歌「廃駅の夕」を、また終刊号となった六巻二号に、翻訳「生物学より見たる婦人の能力」と短歌「水仙の花」とを同時掲載するという同誌における頻度が、いかに特別なものであったかは、『青鞜』全五二冊中、同様に複数の文章を載せた同人と比較することにより浮かび上がってくる。

　紙幅の都合上、琴と同時期に限定して数例を挙げてみると、たとえば生田花世は四巻一号に「恋愛及生活難に対して」と「ヸヽーの生活に対する雑感」とを載せているが、後者は付録に掲載されたものであるし、五巻八号では

「村の精神病者と生児《ママ》」と「編輯だより」を書いているが、後者はあくまでも後記であって作品ではない。同様のことが、岩野清子が四巻一号に掲載した「嘉悦女史に（編輯室より）」と「思想の独立と経済の独立」についての場合などにもいえる。また、岡本かの子が五巻八号において、「八月の歌壇より」に短歌を載せると同時に、「病衣を脱ぎて」を執筆しているが、そのうち後者が自身の近況報告であることは別としても、前者にいたっては他誌へ掲載された歌の紹介欄であり、『青鞜』への執筆とは異なる例であろう。つまり、同じ号に複数の文章を載せる者は多数いようとも、後記や付録、他誌からの引用ではない、本誌への複数掲載という点で、琴は異例なのである。

では、このように後期『青鞜』を先導した一人である琴の作品「戦禍」は、同誌のなかでいかに異彩を放っていたのだろうか。

二 『青鞜』における「戦禍」の位相

従来、『青鞜』唯一の反戦作品として名高い「戦禍」だが、同誌に掲載された琴の作品中、〈争い〉から〈平和〉へというテーマ自体は、すでに胚胎していたものである。たしかに、「別後」（四巻二号）から「水仙の花」（六巻二号）にいたる連作とも解される全一一の短歌群は、総じて、別離後も彼を忘れられず、懊悩する「我」の心境を綿々と綴ったものであり、なかには「人生の第一義をばかへりみずわれにならへと親は教ふる」の歌も見えるなど、『青鞜』誌上の作品に通底する恋愛謳歌、習俗打破の志向が顕著である。

しかし、その間に発表された「夜汽車」（四巻四号）では、姉の死後、祖父や両親から義兄との結婚を強いられた主人公・敏子の内的葛藤や家制度への強い反発を焦点化しつつも、彼女が両親を説得するべく、故郷へと向かうまでの姿をクローズアップして終わるうえ、その次号に掲載された小説「昔の恋人に」（五巻五号）においてもまた、愛する男性と別れた苦しみや、一面識もない相手との結婚を強行する両親との葛藤を取り上げつつ、しかし末尾は、問題の解決を願い、家族の情愛を確認する一節で閉じられていることに気づく。いずれも、「女子の覚醒を促し」て改組し、再出発を図った青鞜社の意向を踏襲しながらも、その内実は両親や家との〈争い〉に終始せず、両者との〈調和〉こそを希う「私」の心性に収斂していく点が注目されよう。これら琴作品のなかにあって、「戦禍」の特色は、それまで家族間を照準としていた〈争い〉から〈平和〉へのテーマを、さらに国家間におけるそれへと展開した点と、彼女がはじめて夫婦を題材として取り上げた点にある。こうした題材拡大の背景としてまず考えられるのは、むろん一九一四（大正三）年七月に第一次世界大戦が勃発し、翌八月から日本も参戦したという当時の世相であろうが、決してそれだけではない。[3]

『青鞜』も創刊期から四年経つこの頃には、野上弥生子をして「青鞜も恋愛のシイズンから移り動いてゆくのですね」（「編集だより」五巻八号）といわしめるほど、各同人をめぐる環境が目まぐるしく変化し、それに伴う形で、彼女たちの描く世界も様変わりしていたことは見逃せない。同人の多くは、自由恋愛を謳って旧弊に泥む両親との軋轢を深めるという段階をすでに脱し、夫や子供との関係性を悩む時期へと突入していくなかで、問題意識の比重を娘時代のものから妻・母としてのそれへと移してゆく。「母権」（エレン・ケイ原作、平塚らいてう訳）や「母の愛」（ウォード原作、平塚らいてう訳）、「児童の世紀」（エレン・ケイ原作、山田わか訳）、「女房始め」（上野葉）、「お隣のおくさん」（小林かつ）をはじめとする作品群が誌上を賑わすような状況と相呼応するかのように、いまだ年若く未婚である琴もまた、これまでの娘の視点を主体とする語りにとどまらず、しだいに妻・母としての女性の生を描くようになるのであり、その第一作目として発表されたのが、「戦禍」なのであった。

感想というスタイルを採り、また一人称回想形式を導入することによって、幼時の記憶に強く焼きついた戦時下の悲劇をリアルに再現したこの作品は、一〇年前の日露戦争当時を振り返りながら、戦禍の大きさを、身近な夫婦の悲劇を通じて問わず語りに訥々と訴えかけるものとなっている。「私」は、小学生時代に親族夫婦の身に起きた度重なる悲劇を目撃し、また近年、その遺児の不遇な末路を仄聞した経験から、「自分が従軍することは愚か、自分に近しい人々に―惹いては人類一同に―戦争の禍ひを浴びせたくない」と切実に願い、「国家と国家との関係を離れた、自由な大きな美しい人間の世界をまぼろしのやうに思ひ浮べる」ようになったことを語っていく。

戦争によって結婚後まもなく引き離された夫婦の運命や、日清戦争で隻腕となった祖父が声高に叫ぶ厭戦的な言辞の数々、夫の出征後、老耄した彼と生後まもない子供の世話に明け暮れる一六歳の嫁・おかつの狂気と非業の死、彼女の死後における遺児・おきぬの孤独で短い人生。戦争が、夫婦ひいては家庭を幾重にも蹂躙する元凶であること、あまつさえ、戦禍がその後、長年にわたり人間の生活を蝕むものであることを二つながら強く打ち出した「戦禍」の新しさは、『青鞜』の他作品と同様、夫婦や親子といったテーマを扱いながらも、その幸不幸を広く〈世界平和〉との関わりからとらえた点にある。

第一次世界大戦が勃発した月から、『青鞜』が終刊する一九一六（大正五）年二月までの『青鞜』誌上に発表された全作品を対象とし、それぞれ戦争に関わる語彙として「戦争（あるいは「闘争」、「闘ひ」）」、「武器」、「平和」を、また社会的視野を反映する語彙として「人類」、「世界」、「社会」を抽出し、その使用状況を見ると、主戦場が欧州であるとはいえ、日本も参戦したにもかかわらず、戦時下の同誌には、両者に属する語彙がほとんど用いられていないことがわかる。

しかし、よくいわれるように、『青鞜』が社会的視点を必ずしも欠如していないことは、翻訳の掲載率から明らかだ。一般に、雑誌などへの翻訳作品の掲載は一九一三（大正二）年に急増したとされるが[(4)]、『青鞜』は毎号数編の翻訳を載せているばかりか、第一次世界大戦の勃発前後以降、わずかとはいえ、掲載数をアップさえさせており、彼女たちが、少なからず他国へ目配りしていたことがうかがえる。

着目すべきは、誌上に見出せる前述のような語彙群の九割以上が、この翻訳作品中に用いられていることであろう。とりわけ群を抜いているのは、山田わか訳「児童の世紀」（エレン・ケイ原作）における用例の多さであるが、この場合、訳者が社会主義的思想の持ち主であることを考慮するとしても、その彼女すら（そして、伊藤野枝でさえ）、翻訳以外のジャンルでは、当該語をさほど用いていない点が興味深い。

管見の限り、翻訳以外のジャンルにおける第一次世界大戦、およびそれに関連する記述は、わずかに小説中の背景として、「もう戦争さへ済めば今年の暮には帰つて被来るでせう」（荒木滋子「うづ」）など、かつての恋人や夫の留守を説明し、それを待ちつづける女の心理や状況を写す描写にしか見出せない。大戦関連以外に広げて見ても、「闘ひ」、あるいは「争闘」、「平和」の語は散見されるものの、該当箇所は以下のようなものである。

① 私は生命を削らるゝ如き苦悩と闘ひつゝ、三日の間悩み伏した。

（濱野雪「真実の心より」五巻七号。傍線部引用者、以下同じ）

② （前略）自分一人の力で戦つて見ようと思ひます。そして、これを動機として、更に男子に対して、私の《ママ》一層考へたり云つたりしなければならぬ事もありますから。

（岩野清「別居に就て思ふ事ども」五巻八号）

③ （前略）具体的に言えば、自分の勉強もしなければならず、子供の養育もしなければならない境遇にあるにもかゝはらず、生活の争闘といふ意味の言葉に接するたびに異様な感じを与へられたのであります。

（三ヶ島葭「私の見た生活」五巻一一号）

④ けれども、もし彼女が結婚生活を選んだならば、子も親も彼女自身も此の平和と幸福は得られなかつたかも知れない。

⑤　良人はと見ると後向になつて平和な眠をつゞけて居る。

（山田わか訳「児童の世紀」五巻一〇号）

（加藤みどり「たゞ一人」五巻一一号）

前の三つが「闘ひ」「争闘」の例であり、後二つが「平和」の用例である。①は、子供や夫と別れられるかどうかを思い悩む女性の葛藤を、②は別居に踏み切るべく夫と相対峙することを、③は、エレン・ケイの言うところの「ファミリーライフ」と「ソールライフ」との鬩ぎ合いを指して使われており、「闘ひ」の語のすべてが、男女・夫婦間の齟齬や諍いを示す、限局的な使用にとどまっていることが確認される。また、④では、穏かな家族の生活状況を、⑤では安穏とした夫の眠りの状態を示していることから、「平和」の語もまた、個人や家庭の現状を描写して用いられており、「戦禍」における使用とは異なっていることがうかがえよう。

もっとも、当時、日本人の第一次世界大戦に対するとらえ方自体、「日本と直接利害関係のないヨーロッパの戦争に割り込んでいったのだから、国民としても日清戦争や日露戦争のときのように熱狂的ムードが盛りあがらないというのが実情であった」[5]ことを考慮すれば、このような戦争に対する言及の少なさもやむをえないが、そうであるからこそ、いっそう琴の視野の稀に見る広さが明白となろう。「戦禍」における「戦争の惨禍は（中略）勝敗何れにかゝはらず、損害を齎らすもので御座います」という語り手の感慨は、日本の大戦への参戦を、「東洋の平和を保つ上から」[6]と意味づけるような世相を厳しく論難するものでもある。

とはいえ、「この時期（引用者注—大正期）は「デモクラシー」「コスモポリタン」「人類」「生命」等の標語に代表される普遍主義の時代であり、差異の消滅による同一的な言説が支配した」[7]のだという指摘もあることは看過できない。これによれば、世界的な視野は、ともすれば「事実の分析へとは向かわず、具体性を欠いた抽象的な観念で楽天的に語」られがちであると解されるわけだが、たしかに『青鞜』の多くの作品に見る社会性の欠如は、夫婦問題や家庭生活に関する「事実の分析」へと向かったことのあらわれではあろう。

しかし一方、夫婦や家庭の安寧を〈世界平和〉と重ねて解した琴の言説が、それら他作品に劣らず、ジェンダーの問題にも分け入っていたことは、以下のような当時の風潮と対照することで浮き彫りとなる。

○女子が平素の業務を怠ることなく、冷静に、（中略）そのなすべきことを務められむことを、更に更に希望するのでございます。即ち、子女の教育、老人の介抱、衣食住一切の整理なども、平時よりなほ一層周到な注意が行届いて、男子をして後顧の憂なからしめたいのでございます。

（下田歌子「戦時における日本婦人の覚悟」、『婦人世界』九巻一一号、一九一四年一〇月）

○軍国多事に際して日本国民たる一半の婦人がつくすべき任務は如何。第一出征者をして内顧の憂なからしむべし（略）第二笑つて軍門に夫を送るべし（略）

（三輪田真佐子「軍国の婦人」、『女学世界』四巻一〇号、一九〇四年八月）

戦時下で、あるべき女性像として流布されたのは、「平時よりなほ一層周到な注意」を行き届かせ、出征する「男子をして後顧の憂なからしめ」る女性であるのに対し、「戦禍」の「私」は、「婦人は戦争の惨禍を見るに忍びない」と反戦を説き、さらに、「慈悲と愛とを生命とする婦人に何で人が殺されませうか、母たる資格のある婦人は決して戦陣に立つて血を見る事は出来まいと存じます」と、従来の良妻賢母像を相対化し、その不条理を突く。

「戦禍」は、先の指摘に反して自己の「具体性」を持った見聞を俎上に載せ、「事実の分析」により、「「デモクラシー」「コスモポリタン」「人類」「生命」等」の概念と日常生活との連関を訴えることで、旧来の女性像への異論を表明したのである。

では、見てきたような琴の女性観、および反戦思想の淵源は、何に求められるのであろうか。次章では、琴の半生を辿りつつ、彼女が多大な影響を受けたと考えられる成女高等女学校・日本女子大学校での教育について概観してみたい。

三　宮田脩の薫陶

琴の前半生を概観すると、彼女が、進むべき道をみずからの手で切り開いてゆく女性であったことがわかる。一八九二（明治二五）年一二月五日、父斎賀文太、母やゑの三女として千葉県市原郡五井町に生まれた琴は、一九〇六（明治三九）年、五井尋常高等小学校の高等科を卒業後、千葉高等女学校への進学を望むも両親の反対にあう。すでに読書好きの叔父を通し、文学への関心を喚起されていたにもかかわらず、その後の一年間、実家での裁縫修業を強いられた彼女は、翌一九〇七（明治四〇）年には女子に必須とされた家事・裁縫を修むべく東京家政女学校への入学を許され、上京を果たすこととなる。しかし、良妻賢母主義的な校風は、彼女を満たしてはくれない。折も折、森田草平との心中未遂事件で世を騒がせ、白眼視されていた平塚らいてうを批判するどころか、擁護する成女高等女学校・宮田脩の文章「余が観たる平塚明子」（『女学世界』九巻一二号、一九〇九年九月）に強く心魅かれ、同校への転入学を敢行する。その間の事情は明らかではないが、ここには上京も、あまつさえ転学さえ強行し、確実に閉塞した環境を打開してゆく彼女の姿がある。

成女は、「男女の共学を理想とし、男女交際を主張し、結婚の基調を愛情に置く」創立者・吉村寅太郎の意思を反映し、伴侶として男子と同等に渡り合えるような女子の育成を目指す「進歩的賢母良妻」主義を掲げ、一八九九（明治三二）年一一月に創立された学校である（『成女九〇年　資料編』成女学園、一九八九年一一月）。いまだ「男女席を同じうせず」という社会通念が根強くあり、見合い結婚が主流であった当時のこと、このような志向がいかに進歩的なものであったかは想像に難くない。日本固有の女徳に拠りつつも、新時代に適応した国際人たる知識をも兼ね備えた女性を養成するため、「男女の教育を及ぶだけ互に相接近せしむる」（前掲『成女九〇年　資料編』）必要を説き、高等女学校令公布後、授業数の激減した英語こそを重視するような教育方針が、家事や裁縫を第一義とする風潮に抗し、向学心に燃える琴の欲求と合致していたことは疑いない。

琴の転学前年より第三代校長となった宮田は、こうした成女の方針を引き継ぎ、まさにこの英語を担当しつつ、学校を経営していた人物であった(8)。たとえば、「婦人は勿論従順で無ければならぬが、余りに過ぎるのも可けません」と、女子に「中庸を得た人」たれと説く文章「薄命に泣ける令嬢と幸福の鍵を握る令嬢」（『女学世界』八巻八号、一九〇八年六月）などは、その文中、愛による夫婦の結びつきを礼賛している箇所をも含め、成女流の折衷主義を地でいくものであろう。このような夫婦観が、前述のような琴作品に通底する恋愛結婚至上主義を形成したであろうことは容易に首肯できる。

着目したいのは、斎賀琴への顕著な影響が認められる明治四〇年代、女性雑誌に発表された宮田の著作を見る限り、彼が創立の精神を踏襲しつつも、女子に男子と同様の教養を身につけるよう説くことのほうに、より力点を置いているということだ。このころの彼の教育方針を端的に示すのは、たとえば「輓近女学界の趨勢に就て」（『新女界』一巻七号、一九〇九年七月）、「女学界の現状と婦人の覚醒」（同、二巻六号、一九一〇年六月）であろう。前者では、「社会が時々刻々に複雑になつて来るに従つて生存競争が激烈」になり、「其家庭を適当に処理して行く頭脳と覚悟とを有する女子」が必要とされている昨今、女子に求められているのは「裁縫や料理や造花」の技術ではなく、

「困難な事状の裡に立つて毅然として行く人格」であるゆえ、「凡ての根底たる人格を作らずして良妻賢母を得んとする」のは「誤謬も亦甚だしい」と述べ、後者では、「学科を主として頭を作る学校に入つて学ぶ者よりも、裁縫とか料理とか技術を主として腕を作る技芸学校に入る者が多いといふ現象」を嘆く。

男子が「大局を観て、所謂物を大摑みにするといふ智識」、「抽象なる智識」を持ちうるのに対し、女子の智識が「概して局部に行届」きはするものの、「単純」で「応用の働き工合が稀」であることに言及し、その理由を両者の教育の差に求める（「果して女子は男子に劣る乎」『女鑑』一八年一二号、一九〇八年一二月）など、彼にとって、女子の視野を広めることは最重要課題だったのであり、それこそが、夫婦関係や家庭生活を円滑にするための最上の手段としてとらえられていたのであった。このような彼の志向が、琴の目を世界へと導いていく。

また、宮田は、「妻母と云ふ自然的の職業を別とし」、「最も女子本来の特性を発揮し、且つ多大の貢献をなし来たつたもの」は、「文学的事業」であるという認識のもと、女子の書く文章の欠点を「艶麗軽妙」であるがゆえに「豪宏壮大」足りえない点と、「観察が局して」いるため、「大きな文は書けない」点であると指摘し、その元凶を「受ける教育と修むべき素養」に見出す（「文章上に現はれたる女子の特質」『婦人くらぶ』二巻五号、一九〇九年五月）。さらに、「書栄えのある文章」（『女学世界』一二巻一一号、一九一二年七月）において、人は文章によってただ己の思想・感情を発表するだけでなく、たとえば奴隷解放に熱誠を注いだストー夫人のごとき、また〈世界平和〉に尽力したサトナー夫人のごとき「世界人心を導く」文章こそ、「書栄えのあるもの」と記す彼が、日露戦争後、国際人としての自覚が問われるようになった世相を考慮していることは明らかだ。彼の文章中、折に触れて海外の例が引かれるのは、当然であったろう。

こうした彼の文学への理解と文章作法の提示とが、同時期に成女高等女学校に在学中であった琴に大きな影響を与えたことは、その後、彼女の活躍舞台となった『第三帝国』や『婦人問題』、『女性日本人』などの諸雑誌に、いずれも宮田がともに執筆していることや、宮田家の子供たちと一九一八（大正七）年に撮影した写真が確認されていることなどからうかがえる。琴自身、エッセイ「日々の感想から」（『婦人と新社会』七号、一九二〇年九月）において、「凡そ自分の出た学校の繁栄を欲しないものとてはないであらう、ことに常に自分の誇としてゐる多くの女学校の中にもことに人格教育を標榜してゐるところの学校の隆盛を」なる一節をしたためており、また後年、彼女の子息が「「女であるより先に人であれ」と説く宮田校長はその後母の生涯の師であり第二の父親ともいうべき存在になります」と述べていることからも、琴の人生を変え、生涯を支えたものが宮田の「人格教育」であることは明らかだ。

一九〇五（明治三八）年一〇月より、校友会誌『この花』を『明治乃婦人』と改題・月刊とし、生徒の文学修業の場を増やすとともに、一九〇七（明治四〇）年三月には婦人専用図書館を設置、さらに同月より毎月、学術講演会を開催するなど、同時代にあって非常に進んだ成女の学習環境のなかで、琴は多感な時期を過ごすこととなったのである。宮田の薫陶を受けた琴が、ますます文学への関心を高めていったことは確かであろう。彼女は、校友会誌に詩歌や小文を幾度も載せており、これらが現在確認できる彼女の最初期の作品である。自身雑誌の編集を手掛けたこともあり、教育者として諸雑誌の論客でもあった宮田は、このさき『婦人くらぶ』をはじめ、彼女に文章の発表舞台を提供することとともなってゆく。

琴は、その後、第一次世界大戦勃発の地・オーストリアの女性平和論者であるズットナー女史著「武器を脱げ」を、宮田と共訳（『婦人問題』一九一九年九月〜一九二〇年三月）することとなるのである。

四　成瀬仁蔵の教育

この成女での日々、宮田への傾倒が、卒業後の彼女を彼と同様、女であるよりまず人であれと説く成瀬仁蔵の経営する日本女子大学校へと向かわせたのであろう。周知のように成瀬の教育方針は、「女子を人として婦人として国民として」育成することにあった（『日本女子大学校規則（明治三五―四二年）』日本女子大学成瀬記念館、一九九九年三月）。彼は、その順序を重んじたというから、宮田が琴の進学に際し、日本女子大学校を勧めたというのもうなずけよう。加えて、同校が家政や医学、美術など単科にとどまることなく学科の受講が可能であったことも、女子に男子と同等の知識を求めた宮田や琴の心に適ったものと思われる。いずれも女子の人格教育を目指した教育者のあいだには、何か通うものがあったのであろうか。後年、成瀬の死に際し、宮田が彼を惜しむ文章を雑誌に掲載していることが思い合わされる。

また、今回の調査で存在が明らかとなった琴の手になる小文「故山田篠子君小傳」（『女子文壇』九年一一号、一九一三年八月）により、琴を日本女子大学校進学へと導いた可能性のある成女の同窓生がいたこともわかった。彼女の名は、山田篠子。一九一〇（明治四三）年三月、琴より一足先に成女を卒業した篠子は、「日本女子大学国文科」に入学するも、宿痾のため、一九一二（明治四五）年春には二一歳で早世した人物だが、人物・学業ともに非常にすぐれていたこと、とりわけその文才の豊かであったことが、宮田のほか、前成女高等女学校幹事の小野吉勝や、日本女子大学校学監の麻生正蔵らの言を引き、幾重にも記されている。ほぼ無名の一女学生への弔辞やその小伝が商業雑誌に載ること自体、稀なことであるが、篠子をめぐる記事は、成女高等女学校から日本女子大学校へ、という進学コースがすでに出来上がっていたことを感じさせる。琴は、「生前君と親交最も厚かりしを以て」、「その小伝をものする」ことになったというが、おそらく当時、文章を書くようになっていた彼女は、日本女子大学校へ進学して文才を開花させた先輩の姿に、近い未来の自分を重ねていたのではないか。

琴は後年、「当時は女子の入れる大学としては女子高等師範（現お茶の水女子大学）、東京女子英学塾、女子医専、共立職業学校ぐらいしかありません。私は英語の自信がなく、日本女子大をえらびました」（「聞き書　母の歴史（四〇四）―原田琴子さんのお話（上）」『新婦人しんぶん』一九七一年九月一六日）と進学理由を回顧しているが、彼女がほかならぬ英語教師・宮田の感化のもと、向学心を募らせたのであることや、自身女学校時代を自伝的に描いた小説「夜汽車」のなかで、自己を投影した女学生を「英語の私宅教授」に通い、「フレンチの稽古」をも志す人物として造型していることなどを考慮すると、むしろ英語はその興味の対象となっているようにすら感じられる。彼女がのちに山田嘉吉の語学塾に通い、また『青鞜』では翻訳を載せてもいることは、その英語への執着を物語っているだろう。さらに、彼女が英語を避けるために選んだという日本女子大学校が、英語を必修としていたことは、どのように理解するべきか。

一九一一（明治四四）年四月一二日、日本女子大学校創立一〇周年の年に、琴は教育学部家政科第一部へ入学する。この第一部は、裁縫を主力とする第二部に対し、理科数学に重きを置いていた。「父も、日本女子大ならよかろうと、在学中に良縁があったら嫁にいくことを条件に、進学を許してくれました」（前掲「聞き書　母の歴史（四〇四）―原田琴子さんのお話（上）」）という一節を考慮すると、家政学部を希望しなかったとはいえ、国文や英文ではなく教育学部家政科を選んだところに琴の両親に対する配慮が感じられるが、一方、この第一部を選択したところに抵抗のあとを見る思いがする。

彼女の果敢な行為は、これにとどまらない。家政関連の教科を避けたとはいえ、教育学部家政科第一部の授業は、必修科目として「倫理及社会学、心理及教育、数学及理化、英語、手工、体操」を、また随意科目として「国文学、音楽」を課するものであり（前掲『日本女子大学校規則（明治三五―四二年）』）、当然のことながら彼女の文学熱を満たす教科はない。同年五月二九日、入学からわずか一カ月あまりで早くも文学部へと転学したのは、やはり随意科目の国文学に甘んじることなく、日々文学と接する学生生活を望んだからであろう。

文学部は一九〇七（明治四〇）年、これまでの国文学部を改称したものであったが、「改良の要点は人文学を根幹とした事で、従来の国文科の内容に批評的精神を取入れ、我が国婦人の欠点たる頭脳の停滞を防ぎ、思想の活動を起し、女性の発展を示めさんことを期したものである」（『日本女子大学校四十年史』日本女子大学校、一九四二年四月）という。まさに期を同じくして、女子の「頭を作る」学問を優先した宮田の持論にも通ずる教育をいよいよ前景化した文学部の空気が、彼女の身に沿うものであろうことは容易に推測される。

この文学部で「語学力即ち読書力を養ひて世界の精神に接」し、「思考力を養ひ世界の大勢に接して感動を受けること」、また「養うた思考力を言語なり又筆によりて発表すること」の大切さを教授された（前掲『日本女子大学校四十年史』）ことは、琴にとって、成女での教育に次ぐ転機となったのではないか。このような教育方針は、文学や女性問題への能動的な姿勢を促すと同時に、実践を通し知識・技術の習得をも深める効果をもたらしたであろう。琴が、一九一二（明治四五）年春より青鞜研究会に足繁く通うようになったばかりか、同時期、山田嘉吉の語学塾で英語を学び、エレン・ケイを読む会にも参加するようになった背景には、彼女の資質もさることながら、この教育の影響が感じられる。

注目したいのは、同時期、成瀬がしばしば婦人と社会との関わりや、〈世界平和〉について論じていたことである。[9]『成瀬仁蔵著作集』に収録されていない文章に限って見れば、『婦女新聞』に連載（一九〇八年八月二八日から一〇月二日）した「大学拡張に就て」では、今日「我が国の進退が世界の平和東洋の安寧に、多大の影響を及ぼすと云ふ事は、誰もよく知る所である」が、日本では「国家の基礎たる家庭の生活」に進歩を見出すことができないとし、「夫れと云ふのは、我が国の婦人は余り社会の潮流に接する事がないから、社会の状勢は勿論自己の責任が那辺にあるかと云ふ事が解ら」ないからであると分析している。その上で、「常識は素より婦人に必要であるが、同時に頭脳を限りなく開拓して行くやうに力め」、「智識を広く世界に求めて最も進んだ潮流に触れて行かなくては」ならないと指摘し、「女子大学内の教育を実社会の上に拡張せしめんとする」主旨を縷々述べていく。

また、同紙に発表した「女子教育の過去及将来」（一九一〇年五月一三日）においては、「実用といふ声が数年来特に盛であつた為に、裁縫とか料理とかの科が大に重んぜらるゝ事となつたが」、「其のために頭脳の教育を忽にする様な事があれば、それは大なる誤である」と喝破。日本の将来のために重要なのは「人間の魂」であり、これを基礎に「世界の平和を目的として列強の仲間入」をしなければならないとし、その原動力が「教育の力」、とりわけ「女子教育の力」であることを強調している。そこでは、「日本婦人の使命」を「東西の文明を調和して世界の平和に貢献する」ことに求めるという、先述の宮田の教育理念と相通ずる主張が繰り返されている。

このような「大学拡張」論の実現のため、成瀬は、日本女子大学校を拠点として公開講演会や夏季学校の開催、通信教育の講義録の発行、託児所の開設などを精力的に進めていく。と同時に、琴の入学する前年からは、「人生観・宗教観・宇宙観を総合し、人類共通の思想運動・精神運動として、社会的に訴える活動をはじめなくては、の思いが強くな」[10]り、琴の在学中、一九一一（明治四四）年六月には、第一次世界大戦後の不穏な世相に抗し、〈世界平和〉に資する活動を展開するべく、井上哲次郎、姉崎正治、渋沢栄一らと帰一協会を設立するのである。広く欧米巡遊などを通し、物質に対する精神性の優位や、相互理解による東西文明の調和等を訴える成瀬の志向は、先の宮田と響き合うものであり、いっそう具体性をもって、琴に世界との関わりや平和のあり方を感じさせたであろう。

先行研究[11]では、同時期の反戦・非戦論者における成瀬の平和思想の特徴が、女性を戦争の被害者としてだけでなく、平和構築の主体としてもとらえ、期待をかけていた点にあることを論じているが、こうした成瀬の行き方は、琴に少なからず影響を与えたのではなかろうか。

彼女自身は、「当時の日本女子大生は、成瀬校長を神さまのように崇拝していました。全寮制で、精神修養が厳しく、外出もやかましし」く、「そうした雰囲気にはなじめず友人の姉で教師をしている人の家から通学をしていました」、あるいは「友人にこっそりよばれ、青鞜社へいってみようと誘われ」た折、「女子大の雰囲気にあきたらず、何かにすがりつきたい思いでいたときでしたのでいってみる気になりました」(前掲「聞き書 母の歴史(四〇四)―原田琴子さんのお話(上)」)と述べている。しかし、そもそも彼女のこうした問題意識や行動力自体、陰に陽に成女や日本女子大学校での学生生活を通して培われたものではなかったろうか。これら課外活動で、青鞜社同人・らいてうや尾竹紅吉、小林哥津、岩野清子、山田わか、神近市子、生田花世らと知り合ったことが、おそらくは琴を一九一二(明治四五)年六月二四日の中途退学へと導いたのだろう。

ところで、琴が日本女子大学校に在学中、『女子文壇』に投稿・執筆していたことは、ほとんど知られていないが、彼女が、詩「秋の香」(七年十五号、一九一一年一二月)や、「飴うりの笛」(同)、「油皿」(八年三号、一九一二年三月)、小文「故山田篠子君小傳」(九年一一号、一九一三年八月)と、四つの作品を同誌に載せていることは注目されてよい。詩「秋の香」と「飴うりの笛」、「油皿」は懸賞作品として応募された作品であり、いずれにおいても琴は、故郷を懐かしみ、その幼き日の思い出を詠っている。とりわけ、前の二つは「秋」という総題が付され、選者の河井酔茗より、最高賞である天賞を受けていることから、『女子文壇』は、琴にとって特別な意味を持つ雑誌であったと考えられよう。『青鞜』に集った女性たちの文章修行の場として位置づけられる同誌に参加していたことは、彼女が思いのほか早期より、『青鞜』同人と関わりを持っていたことを伝えるとともに、同時期、宮田・成瀬の両氏と同じメディアを発表舞台とし、彼らの文章に学外でも直接触れていた可能性をうかがわせる。

やがて、一九一二年一一月、姉の死により義兄との縁談を強いられた琴は、これまで蓄えた知識に加え、自身の経験の面からも女性の問題へ目を拓くにしたがって、いよいよ己の「思考」を筆で「表現する」道へと近づき、まもなく『青鞜』へと参加することとなるのである。

おわりに

以上、これまで顧みられることの少なかった斎賀琴の生涯、および文学業績を明らかにするため、彼女の代表作「戦禍」に見る類稀な平和思想のあり方を検討するとともに、彼女を文学の道へといざない、その視野を〈世界平和〉へと導いた宮田脩と成瀬仁蔵の教育について考察してきた。良妻賢母教育がますます強固になりゆく時代のなか、女を内へと閉じ込めることなく、むしろ女性における勉学の必要性や、社会へ出て行くことの肝要さを説きつづけた両者の人格教育、および戦時に際して彼らが発した〈世界平和〉への言及が、『青鞜』唯一の反戦作品として名高い「戦禍」の誕生に、いかに影響を与えたかは想像に難くない。

こうした平和思想自体、大正時代のはじめから半ばにおいて、まだまだ一般的でなかったことは、国際法に則り、博愛主義を掲げて成った日本赤十字社でさえ、一九一一（明治四四）年の時点で、「国を愛することと赤十字社が傷病兵を救うこと」を「同一視[12]」し、救済の対象としてもっぱら自国民を想定していたとされる点からも、うかがえるだろう。

斎賀琴は、『青鞜』の終刊後も、『ビアトリス』や『第三帝国』、『万朝報』、『婦人と新社会』など、多くの雑誌や新聞を活躍舞台とし、〈争い〉と〈調和〉のモチーフを繰り返し追及した人物であった。『青鞜』復権への歩みの著しい昨今においても、琴作品は全集などへ収録されてはいないが、それらは、いまだ戦火の絶えない現代においても、広く読み継がれるべき作品であると思われてならない。

注

（1）これまでの主な研究に、中井良子「斎賀琴（のちに原田琴子）の人と思想―婦人雑誌とのかかわりのなかで―」（近代女性文化史研究会『大正期の女性雑誌』大空社、一九九六・八）、折井美耶子「斎賀（原田）琴　家族制度と戦争に抗する心」（平塚らいてうを読む会編『「青鞜」の五〇人』私家版、一九九六・一二）、拙稿「斎賀琴―〈私の心がひざまづかないで居られぬところの力あるもの〉へ―」（日本女子大学大学院文学研究科日本文学専攻内岩淵（倉田）研究室『『青鞜』と日本女子大学校同窓生［年譜］』二〇〇二・二）などがある。

（2）『青鞜』の五巻九号の「編集をへて」欄には、「濱野さんの「夜から朝へ」斎賀さんの「戦禍」岡野さんの「日記」其他はまだ沢山頂いてありますが追々のせてゆくことに致します」とあり、琴が、早くから「戦禍」を執筆していたことがわかる。

（3）第一次世界大戦における日本の動きは、以下の通りである。

一九一四（大正三）年八月　第一次世界大戦勃発

八月　八日　日本政府と元老は、日英同盟を理由に対独参戦を決定。

八月一五日　政府はドイツに対し、膠州湾の租借地を渡すよう要求。

八月二三日　ドイツがこれに応じなかったため、対独宣戦を布告。

（4）岩田なつ「『青鞜』の翻訳作品」（『文学研究科論集』第六号、一九九六・三）の注を参照した。

（5）洞富雄『近代の戦争　第三　第一次世界大戦』人物往来社、一九六六・五

（6）無記名「世界大戦乱の裏面」（『婦人世界』第九巻一一号、実業之日本社、一九一四・一〇）

（7）井上清・渡部徹『大正期の急進的自由主義』東洋経済新報社、一九七二・一二

（8）宮田脩については、拙稿「斎賀琴の転機―宮田脩の女子教育論」（『日本女子大学総合研究所紀要』第六号、二〇〇三・九）に加筆した。

（9）近年、中嶌邦「女性の平和運動への触発―成瀬仁蔵の平和思想と活動」（中嶌邦・杉森長子編『20世紀における女性の平和運動―婦人国際平和自由連盟と日本の女性―』所収、ドメス出版、二〇〇六・五）では、成瀬の平和思想や、その実践について詳述されている。

（10）中嶌邦『人物叢書　成瀬仁蔵』（吉川弘文館、二〇〇二・三）。成瀬の教育方針については、主に同書を参考にした。

（11）注（9）に同じ。

（12）松田顕子「〈反戦小説〉の根底―泉鏡花「海城発電」とナショナリズム―」（『日本近代文学』第七六集、二〇〇七・五）

『青鞜』草創期を支えた日本女子大学校同窓生――『家庭週報』にみる〈潜在力〉

溝部優実子

『青鞜』発刊が、平塚明という強烈な主体に拠ったことは間違いない。しかし、一方で忘れてならないのは五名の発起人のうち四名―らいてう、中野初、木内錠、保持研が日本女子大学校同窓生であり、創刊号では同窓生は「6割を占めるという一大勢力であった」[1]ことである。[2]参加した同窓生の数は現在わかっているだけで三〇名を数える。『青鞜』と同窓生の関わりについては、堀場清子氏をはじめとして、これまで重要な提言がなされてきた。[3]岩淵宏子氏はその参集について次のように述べている。

それは同窓を契機としつつも仲間意識に支えられてのものではむしろない。らいてうは当時、森田草平との「煤煙」事件により母校の同窓会である桜楓会から除名されたいわば札付きの不良であり、女子大のなかでも、らいてうを危険視する風潮は強かったからである。そうしたなかでの参加は、「婦人もいつまでも惰眠を貪っている時ではない。早く目覚めて、天が婦人にも与えてある才能を十分伸ばさなければならない。(略)」(自伝『元始、女性は太陽であった』上巻　大月書店　一九七一)という趣意書への深い共鳴に他ならず、堀場氏は「やはり教育の〝力〟」(引用者注　『青鞜の時代―平塚らいてうと新しい女たち』岩波新書、一九八八年)という本質を突いた指摘をされている。[4]

らいてうと日本女子大学校を語るとき、言あげされてきたのは、いわゆる煤煙事件によってスキャンダルの対象となったらいてうを、同窓会の桜楓会が除名にしたということだ。実際のところ、そのいきさつはらいてうの回想によって伝えられたもので、明らかな形で公表されてはいない。(5) おそらく噂の形で同窓生に伝わっていた可能性が高い。

本稿では、『青鞜』草創期を支えた同窓生の結集がいかになされたのか、いわば目に見えない潜在的な力の在り処を、日本女子大学校同窓会の機関紙『家庭週報』の存在に注目することで探りたい。

一　『青鞜』参加のモチベーション

まず、『青鞜』に参加した同窓生の交友関係を確認してみたい。次頁の表は、橋本のぞみ氏が作成した「堀場清子『青鞜の時代―平塚らいてうと新しい女たち』（岩波新書、一九八八年）における「『青鞜』に参加した日本女子大学校同窓生一覧」と「日本女子大学校学籍簿の記述との対照」表」（『国文目白』第四一号、二〇〇二年二月）をもとに作ったものである。

一見してわかるように『青鞜』に参加した同窓生は、国文学部四回生、文学部八回生が軸となっている。その理由は保持研に求められるだろう。らいてうの姉孝の親友で国文学部四回生、復校して文学部八回生であった保持は、雑誌の創刊に向け暗中模索のらいてうを傍で支えた人物である。(6) 保持がはじめに在籍した国文学部四回生では、彼女を含め最多の七名―平塚孝・上田君・久保トキ・増田雅・中野初・木内錠・保持研が参加。さらに復学した文学部八回生は四名―鈴木かをる・神崎恒・河野千歳・田原祐が名を連ねている。らいてうが属した家政学部三回生は、木村政と村越志んの三名であることを見ても、保持の影響力は明らかである。つまり、『青鞜』に参加した約半数

	学籍簿の姓名	学部	回生	在学年月	『青鞜』参加資格	参加号	作品の有無	『青鞜』創刊前後の所在地及び状況
1	平塚はる	家政	3	1903．4．11～1906．3．30	発起人	1（1）	○	東京
2	木村まさ	家政	3	1903．4．11～1906．3．30	補助団員	1（1）	×	兵庫（教師）
3	村越志ん	家政	3	1903．4．11～1906．3．30	寄附者		×	
4	平塚孝	国文	4	1904．4．10～1905．10．11退校	寄附者		×	兵庫
5	上田喜美	国文	4	1904．4．10～1907．4．11	社員	1（1）	○	岐阜
6	久保トキ	国文	4	1904．9．13～1907．4．11	社員	1（1）	×	
7	増田まさ	国文	4	1904．4．10～1907．4．11	社員	1（1）	○	京都
8	中野ハツ	国文	4	1904．4．10～1907．4．11	発起人	1（1）	×	東京（二六新報社記者）
9	木内錠	国文	4	1904．9．13～1907．4．11	発起人	1（1）	○	東京（仏英和女学校選科入学）
10	保持妍子 保持研子	国文 文学	4 8	1904．4．10～1906．12．10退学 1910．9．12復校～1911．4．20	発起人	1（1）	○	東京（平塚家に居候）
11	鈴木こう 鈴木かをる	教育 文学	7 8	1907．4．12～1910．4．9 1908．4．14～1911．4．20	社員	1（3）	×	卒業後敷島寮 1911年大阪（愛国婦人会）
12	神嵜恒	文学	8	1908．4．14～1911．4．20	社員	1（1）	○	東京（『三越』編集担当）
13	河野千歳	文学	8	1908．4．14～1909．9．20退学	社員	2（1）	○	東京（文芸協会復帰）
14	田原ゆう	文学	6・8	1906．4．13～1907．5．22退学、 1908．9．7復学～1911．4．20	社員	1（1）	○	福岡
15	佐藤俊	国文	1	1901．4～1902．5．29（除名）	社員	1（1）	○	東京（作家）
16	大野村かよ	国文	1	1901．4～1904．3．26	社員	1（1）	○	静岡
17	井上民	国文	1	1901．4～1904．3．26	社員	1（2）	×	1911年東京府下渋谷女子音楽院内・1912年楓寮
18	竹井たかの	英文	3	1902．4．10～1906．3．30	芳舎賛助員		×	卒業後寮生活、1911年4月神戸
19	龍野ともえ	英文	3	1903．4．11～1906．3．30	社員	1（2）	×	1911年東京・1912年台湾
20	山本龍子	国文	3	1903．4．11～1906．3．30	社員	1（1）	×	1910年扶桑寮・1911年神奈川
21	長沼チエ	家政	4	1904．4．10～1907．4．11	社員	1（1）	表紙絵	1908年楓寮・1911年雑司が谷
22	門田駿	英文	5	1905．4．10～1908．4．14	社員	2（2）	×	
23	細川とし	国文	5	1905．4．5～1908．4．14	社員	1（1）	×	
24	武市綾	英文	6	1906．4．13～1909．4．10	社員	2（1）	○	1909年から1911年頃まで英文研究科生、1912年桜楓会教育研究部
25	上代たの	英文	7	1907．4．12～1910．4．9	芳舎賛助員	芳舎名簿	×	英文学部予科教員
26	鈴村藤	英文	7	1907．4．12～1910．4．9	芳舎賛助員	芳舎名簿	×	寮監・英文学部予科教員
27	大竹まさ	文学	7	1907．4．12～1910．4．9	社員	1（1）	×	1910年桜寮
28	平松ハナ	英文	9	1909．4．13～空欄（桜楓会名簿では1912年第9回卒業とある）	芳舎賛助員	芳舎名簿	×	在学中
29	斎賀こと 斎賀古と	教育 文学	11 11	1911．4．12～1911．5．29転学 1911．5．29転学～1912．6．24退学	補助団員	3（10）	○	在学中
30	竹尾ふさを			附属高等女学校3年に在学 1907．3．9退学	社員	1（1）	×	

注）橋本のぞみ氏作成「堀場清子『青鞜の時代―平塚らいてうと新しい女たち』（岩波新書、1988・3）における「『青鞜』に参加した日本女子大学校同窓生一覧」「日本女子大学校学籍簿の記述との対照」表」（『国文目白』第41号　2002年2月）に基き、日本女子大学大学院文学研究科日本文学専攻岩淵（倉田）研究室編『『青鞜』と日本女子大学校同窓生［年譜］』（2002年2月）ならびにらいてう研究会編『『青鞜』人物事典－110人の群像―』（大修館書店　2001年）、『復刻版　青鞜』全6巻別冊1（不二出版　1983年）を参照して作成。

はらいてうと保持の直接的な知友によって集ったと見てよいだろう。往時の在籍数を見ると、国文学部四回生が四五名、文学部八回生は二三名で、その人数からも友人関係が密であったことが推測される。まして女子大学校では在学時から教育の一環として寮生活が重視されていた。個々人の閲歴が詳細に調査されている、らいてう研究会編『『青鞜』人物事典―一一〇人の群像―』（大修館書店、二〇〇一年）を照合すると、発起人同志は無論のこと、直接に、もしくは友人の友人という形で親交の輪が確認できる。例えば発起人となった中野初と木内錠、上田君と長沼千恵子、らいてうと木村政など、親友関係も多い。発起人となった中野はその経緯を「木内錠子という方がやはりわたくしと同級で、年中いつしょに暮らしておりましたから、木内さんもいつしょに。それから物集さんは木内さんの友だちで親しかつたので」(7)と語っている。また、上田君は次のように『青鞜』参加の経緯を回想している。

成瀬校長の実践倫理で吹き込まれた思想は、少女達の胸深く楔となって打込まれ、明治の女の哀れな位置を何としても引き上げる為に、私達一人一人が礎石になりましょう、などとまことに大それたことを少女達は生真面目に考えて、卒業前の数ヶ月を三々五々校庭に屯して、今後の自分の方針やら、これから為さねばならぬ仕事のことなど真剣に話し合っていた。卒業後私は帰国したがその後数年ならずして「青鞜」が初声をあげた。主宰は平塚雷鳥（一級上）、発起人の保持研子、中野初子、木内錠など親しい同級生。特に雷鳥は叡智と堅固な意志の持主で信頼に足る人。(8)

とりわけ編集経験のある同窓生には積極的に勧誘を行ったことは明らかで、中野初は、二六新聞社で婦人家庭欄の担当記者として勤務した経験があり、木内錠も東京毎日新聞社へ入社した後、『婦人世界』社友として活躍していた。

今回、特に注目したいのはそのいずれでもなく、当時すでに卒業しており、家政学部三回生、国文学部四回生、文学部八回生ではない人物たちの存在である。表で敢えて下段に分けて記した番号15から30の同窓生がそれにあたる。すでに作家として活躍していた田村俊子（佐藤俊）、創作を志していた斎賀琴（教育学部・文学部一一回生）などは例外として、彼女らの多くは作品を発表することなく『青鞜』を支えたことになる。発起人と関わりがあったことは否定できないものの、試みに卒業後の彼女らの足取りを確認すると、例えば竹井たかの（英文学部三回生）は、『青鞜』創刊時の一九一一年四月には神戸へ戻っているものの、一九〇六年に卒業してから、「母校内で寮生活を続けながら、英文学の勉強[9]」をしていた。武市綾（英文学部六回生）は、『青鞜』創刊前後二、三年は研究科生となっていて、一九一二年に桜楓会教育研究部に所属する。上代たの（英文学部七回生）は、日本女子大学英文学部予科教員であり、鈴村藤（英文学部七回生）も、寮監と予科英語教員に任じられていた。井上民（国文学部一回生）は、一九一一年当時在京しており、一九一二年には楓寮にいたことが確認されている。山本龍子（国文学部三回生）は、一九一〇年に扶桑寮にいたし、大竹まさ（文学部七回生）は、一九一〇年に卒業した後、桜寮に住んでいた。

このように見ていくと、いずれも卒業後に居住地が日本女子大学校近郊で空間的に母校と近く、とくに寮と関わりが深いものが多いことに気づく。それに比して発起人たちと同じ回生の同窓生たちは、地方に居住していたものが目立つ。

このような状況を踏まえると、上田君の例に象徴されるように、回生が同じもの同士は卒業後も連絡が密であり、回生が離れているものは、空間的に近いことで『青鞜』発刊情報を得て参加したケースが類推できる。保持が卒業後も寮生活をしていたことを考え合わせると、そこに接点が見い出せるのかもしれない。情報伝播の重要拠点として、寮が機能した可能性が高い。

日本女子大学校の寮は、地方から上京した学生のために設立されたものだが、寄宿だけではなく、重要な機能を有していた。「寮生は一年から四年までが二名から七名同室（二人約二畳）で、姉妹のような関係で起居を共にし」、「各寮ごとに年中行事が行われ、寮生間の親睦と交際、団結力を育み、家庭文化伝承の役割も果たした。」[10]という。まさに寮はシスターフッドを形成する土壌であったといえるだろう。青木生子氏は、その特徴を次のように説明している。

寮舎生活にできるだけ家庭的家族的要素を取り入れるために、小さな寮舎を散在させ、各寮は約二十名ぐらいの寮生が寮監（女性一名）のもとに、自治組織の共同生活を営む点は、学校におけると同様の形式で、家庭的要素が加わるだけに、いっそう濃密な家族的共同体を作ることとなる。大まかな寮規はあったものの、運用は各寮の自律・自動にまかせられ、各自の寮風をつくり出していった。寮生はそれぞれ何らかの係―主婦・整理係・体育係・風儀係・交際係・園芸係・文芸係など―につき、責任をもった。[11]

たとえば、らいてうは寮を訪れた際、木村政の机上に置かれた今北洪川『禅海一瀾』により禅へ傾注していき、ここから木村との親交がはじまっている。

寮といえば、『青鞜』の趣意書を作成するために楓寮の謄写版を使用したことは周知の事実で、らいてうは後年、次のように追憶している。

楓寮というのは、つい先ごろまで保持さんが寄宿していた女子大構内の寮で、この寮にある謄写版を借りて、「青鞜」の趣意書や規約草案を刷ろうというわけでした。森田先生との事件で、除名処分を受けている母校のことですから、いっしょに行こうという研子さんに「私が行ってもいいかしら」というと「かまうものですか。

みんな平塚さんが見えるというのでたのしみにしてる」と、楓寮によく行く保持さんがしきりに勧めるので、同行することになりました。[12]

この述懐は煤煙事件によって桜楓会から除名されたこととは無縁の寮の空気を伝えていて興味深い。楓寮は一九〇八（明治四一）年二月、「在京の会員のために設立」された「自治寮」[13]であった。この寮は齊藤令子氏によってその所在地が確認され[14]、後述する『家庭週報』の前身である『女子大学週報』が刷られた場所でもある。在学時だけではなく、卒業後に使用できる潜心寮や桜寮なども存在していたことは注目に値することであり、このような自治的な空間が同窓生のネットワークに大きな役割を果たしたのではないかと考えられる。

以上見てくると、『青鞜』への参加は、保持研が重要なキーパーソンとなり、同学部同回生の知人同志が核となってなされ、加えて寮を媒介としたネットワークによって導かれた経路が見えてこよう。このことはまた、『青鞜』の情報がダイレクトな形で、参加者にもたらされたことを意味するのではないだろうか。そこには趣旨への正確な理解と、発刊に向けての情熱の伝播があり得たはずである。総勢どれだけの同窓生が情報を得たかを知る術はないが、知り得た人物が自主的に『青鞜』に踏み出していったことがうかがわれるように思う。

しかし、ここで改めて、岩淵氏が指摘するように『青鞜』参加が単に仲間意識に支えらたものではないことを確認しておきたい。らいてうが一九〇八（明治四一）年三月末の煤煙事件によって、社会的なダメージを負っていたことを加味すると、彼女が主唱する『青鞜』に参加する過程には、何らかの心理的なハードルがあったと考えるほうが妥当だろう。同回生で本人をよく知っていれば別だろうが、そうでない場合は特に事件をどのようにとらえるかが問われ、各人の判断が影響するだろうことは想像に難くない。特に前掲した表の下段の人々はその可能性が高く、よしみを超えた積極的なモチベーションなくしては参加はあり得なかったと見るべきだろう。ここに、いわゆる日本女子大学校の「教育の〝力〟[15]」を見ることができるのだとしたら、そのような目に見えないいわゆる日本女子大学校の〈磁場〉のようなものを、今一度具体的に検証する必要があろうかと思われる。

二　前例としての『家庭週報』

特に注目したいのは、日本女子大学校には女性の手によって企画編集された機関紙『家庭週報』がすでに存在していたことである。『家庭週報』の前身である『女子大学週報』（第一号～三号）の第一号は、『青鞜』発刊を遡ること七年前の一九〇四（明治三七）年三月二日に、同窓会である桜楓会の機関紙として誕生している。奇しくも、第一号は『青鞜』と同じく楓寮の謄写版によって印刷された。

この機関紙が、『青鞜』にとって先駆的な存在であったとの指摘は、青木生子氏[16]によって早くからなされてきたが、二〇〇六年七月には日本女子大学平塚らいてう研究会編『女性ジャーナルの先駆け　日本女子大学校・桜楓会機関紙『家庭週報』年表』が出版され、その成果を組み込んで翌年には同研究会より『らいてうを学ぶなかで』2が発刊されている。その中で、山中裕子氏が「『女性ジャーナルの先駆け』発刊とその資料性」において明確な影響関係を論じている。

『女子大学週報』は当初から明確なコンセプトをもっていた。『女子大学週報』第一号は、冒頭にまず女性が思想を発表する重要性を掲げる。

社会の思想を発表するものは其社会の一員たらざるべからざると共に女子の思想を発表するものは遂に女子

たらざるべからず。如上の必要に迫られて女子大学週報は生れたり。是に於て其の期する所は女子の手により
て内外百般の時事につき其要をつみて報道すると共に本校に於ける出来事を簡単に掲載し更に各自の思想を発
表し以て智識経験の交換と品格性人格の琢磨に資せんとするにあり。

さらに『女子大学週報』第二号の「雑報欄」には、第一号出版の為に桜楓会員でない寮生も含め、一致団結して協力する様子が記されてもいる。

若し間にあいずば夜を明かしてもとの意気込盛んなれども此室には瓦斯もなし、先印刷方に相談して寮にか
へれば持ちて来たまへ、我も手伝ハんと桜楓会員ならぬ人達までも口々云いるゝに勇みて引かへし一切を六寮
に持ちこみぬ。折しも夕飯すみたる食堂ハ忽ち印刷工場と化して瞬く間に準備成り

このような『女子大学週報』を引き継いだ『家庭週報』(一九〇四年六月二五日創刊)の意義も、当初から極めて明確に示されていた。発刊の辞には次のように述べられている。

年とともに、弥々母校の精神をあらはして、女子の為め、国の為め、人の為めに、己のが身を捧ぐるの心は、
止まざるべけれど、さりとてこの志を同じうする輩も、常に互に相計り、相学びて進まざれば、養ひ通はぬ草
木の如く、その精神は自ら枯れゆくをまぬかれざるなり。
この必要によりて、わが家庭週報は生れいでたり。

この論旨も、社会における女性の自己発現のためには、相互の連携が是非とも必要なことであり、女性の「観察力・思惟力・組織力を養う」発言の場の重要性である。そしてこの旨は、繰り返し強調されていくことになる。例えば『家庭週報』第一〇五号（一九〇七年六月二九日）掲載の「不具なる天地」には、女性が一旦家庭に入ると社会から離れ、「極めて不具な天地に生活しなければならない」とし、「団体に連つて居るにしても、朋友に交つて居るにしても、多く形式に止まり真実に思想を交換し経験を発表して相互に相扶け進むといふ機関が乏しい」ことを託ち、「先づ第一に今ある女子の団体を生かさなくてはなりませぬ。第二に女子の思想の発表機関を発達せしめねばなりませぬ。」という。そして、第一の団体を生かすために、精神的な結合と研究的態度の重要性、努力の持続を呼びかける。第二の発表機関については、特に女子は発表機関の発達が遅れているとし、「毎度本誌上に述ぶるが如く、一方より云へば発表をせぬ事が、其の知識を朦朧にし其の進歩を鈍めて居る」といい、続けて「発表の不充分といふ習慣を改める事は所謂婦人社会の意見思想を統一して、その社会を広め、不具な天地を脱せしむるに至るもの」であることを提言している。

そもそも、『家庭週報』は、日本女子大学校創立者成瀬仁蔵の提言によって「桜楓会を養ふ血管、神経を宿せる身体たるべき」[17]ものとして生み出されたものであった。母体である桜楓会とは、どのような組織であったのだろうか。桜楓会規約には、その目的を「会員の交情を厚くし、知識を交換し、相助け相励み、永久に相互の進歩発達を計る事。」としている。会員は大学部三年生を含み、『家庭週報』は義務購読であった。その独自性は、お茶の水女子大学の同窓会である桜蔭会の「本会ハ会員相互ノ親睦ヲ図リ併セテ教育上ノ事項ヲ研究スルヲ目的トス」（『お茶の水女子大学百年史』一九八四年）や、津田塾大学の女子英学塾同窓会「本会は相互の交誼を厚うし共に母校の隆盛を計るを目的とす」（『津田英学塾四十年史』婦女新聞社、一九四一年）と比較すればより明確になろう。桜楓会は卒業生の親睦を尊びながらも、永続的でよりアクティブな関係性の構築を目指している。

そして、このような桜楓会の精神もまた、成瀬仁蔵の理念によって導かれたものであった。このことについて、中嶌邦氏は、次のように述べている。

活動体としての組織と活動のプランをあらかじめ検討することを成瀬は求め、桜楓会が成立した。卒業生の生涯教育の拠点として、同時に社会へ働きかける訓練の場でもあったといえる。当時の社会では高等教育をうけても活動の場は少なく、職業人として働く場が殆どない状況のなかで、家庭内に止められ孤立化しかねない卒業生の、卒業後の連帯とその活動の可能性を模索し、研究し実践する組織としてはじまった。[18]

このような精神を担った桜楓会の機関紙である『家庭週報』がその精神を体現したものであったことは当然で、同窓会紙としては往時にして傑出した特長を有していた。日本女子大学校や桜楓会の活動報告にとどまらず「当時の女性向け雑誌の内容とは異なり、国際的な動向や社会の主要な事項が紹介され」さらに「卒業生自身の提言や研究や創作や生活の工夫など豊かに掲載[19]」していた『家庭週報』の編集責任者には、自らの意思で小橋三四、橋本八重があたった。中嶌氏が指摘するように「近代ジャーナリズムは未だ女性の参入の難しい段階にあり、卒業生たちはこうした場で将来進出する経験をつむこととなる[20]」のである。例えば国文学部一回生の小橋三四は、以後YMCA機関誌『明治の女子』、新人社発行『新女界』の編集に携わっていく。一九一四年には『読売新聞』「よみうり婦人付録」の編集主任に招かれ、翌年『婦人週報』を発刊するに至る。まさしく『家庭週報』の経験は、彼女のジャーナリストとしての活動の原点となっているといえるだろう。

会員の範囲も、卒業生に限らず、准会員として「本校大学部三年生」を含んでおり、この点でも注目される。時代は下るが、一九一九（大正八）年五月九日、在りし日の尾崎翠が『家庭週報』第五一五号に「木蓮」と題された短歌を寄せている。大学一年生の翠はその原稿を『家庭週報』の編集室に届け、「編集の仁科女史」がその歌を「低声で口誦まれた」ことを一五年後の「もくれん」（『情脈』一九三四年四月）に鮮やかに記している。さらに、第五一九号（一九一九年六月六日）に「富春園にて」と題した短歌を寄せ寮の女友達を詠う。入学して間もない寄稿は、『家庭週報』が「大学部三年生」に限らず、広く在校生に開かれていたものであったことを知るよすがとなろう。

三　『青鞜』参集の〈磁場〉

いわば『家庭週報』は成瀬仁蔵の教育方針の具現であったのだが、その核にあったものは何であろうか。成瀬が「実践倫理」を重視し、それにインスパイアされた学生が多数いたことは、先述の上田君の追憶に明らかだ。らいてう自らもその圧倒的な影響力を語っているところだが、成瀬が重視していたことを青木氏は次のように述べている。

> 実践倫理にとりあげられた内容は、宗教・哲学・道徳・教育・科学・芸術など多岐にわたり、世界思潮・社会問題・学生生活の在り方はもとより、家庭や女性の任務にも当然力が入れられた。ほとんどあらゆる人生相に触れているが、「女として」「国民として」教育する方針がここに実践されていることもいうまでもない。（中略）とりわけ教育思想の根幹として、学習の方法を総括して「印象《インプレション》・構成《コンストラクション》・発表《エキスプレション》」を唱えたことは注目すべきである。「印象」は知識を外界から受け入れること、「構成」は自己の精神内において知識を整理し組織し自分のものとすること、「発表」はそれを言語、行動、作業の上に表わすことで、これによってはじ

めて勉学が完成するのである。日本の教育が「受容」のみを重視した結果、学生は常に受身で講義を聴き、書物を読むだけの、つまり学問が単なる知識の記憶にとどまり、人格が作られないのに対し、「構成」と「発表」を重視したことは、当時の教育界の「一つの卓見とすべきであった」（引用者注　仁科節編『成瀬先生伝』桜楓会出版部、一九二八年）といえよう。[21]

この思想に連動して、ジャーナリズムの奨励を行っていたことも指摘されている。中嶌氏は、成瀬が「教え子たちに執筆するチャンスを与え、ジャーナリストとしての素地を育て、ジャーナリズムを変えていくことを願っていた。」と述べ、「個性を育て尊重する教育姿勢から、在学する学生・生徒にその発表の場をつくる。専門学校という枠に安住せず、研究会や文芸会を催し、それを何らかの形で纏め、あるいは冊子として出版することをすすめている」[22]とした。このような成瀬の考えは、とりわけ「実践倫理」を通じて浸透していったと考えられるだろう。

ジャーナリズムへの働きかけを含む発表への意欲、相互の連携は往時の同窓生たちが共有する課題として広く認識されていたと推測されるだろう。『家庭週報』は顕在的にそれを目指しており、卒業生や在校生の意識を喚起していたことは疑い得ない。このようないわば〈磁場〉が日本女子大学校には存在していたことを見逃してはならないだろう。

『青鞜』は創刊号の巻末で、「女子のために、各自天賦の才能を十全に発揮せしむる為に、自己を解放せむとする最終の目的のもとに相手携して、大に修養研究し、其結果を発表する機関としたい」（傍点引用者）（「編集室より」）と記している。この基本姿勢は、明らかに『家庭週報』と軌を一にするものであるといえるだろう。また『青鞜』が創刊時、早くも社員の修養兼研究会を企画しているが、日本女子大学校において、各学部で研究会や発表活動を積極的に推進していたことが想起されるものでもある。山中氏が「すでに『家庭週報』を通じて女性の自己主張を触発された卒業生たちが、『青鞜』を受け入れることにさほど抵抗がなかった[23]」と述べるように、翻って考えれば、世を驚かせた『青鞜』の出現は、日本女子大学校の卒業生にとっては、少なくとも目新しくはなかったはずだ。女性自身が女性の発言の場を創り出すことを、同窓生はすでに『家庭週報』を通じて経験していたからである。

『青鞜』に作品を発表した同窓生―大村嘉代子、上田君、茅野雅子、木内錠、武市綾が『家庭週報』に多くの作品を寄稿しているのも見逃せない。例えば上田君の場合は、在学当時から小説「薄月夜」（六八号、一九〇六・七）、小説「こぼれ萩」（七六号、同・九）、小説「失題」（八五号、同・一二）、短歌「木枯」「初霜」（八六号、同・一二）、小説「片瀬川」（九四号、一九〇七・三）を発表し、同年「黒牡丹」で『大阪毎日新聞』第三回懸賞小説で一等の当選を果たした。いわば、『家庭週報』がその鍛錬の場を提供している観がある。また、木内錠の場合は『青鞜』以前に「女丈夫グレース・ダーリングの話」（一四五号、一九〇八・五）を発表していたが、むしろ青鞜社退社後に多くの作品を寄せている。さらに「大村（旧姓、大野村）嘉代（国文一回）、茅野（旧姓、増田）雅子（国文四回）、網野菊（英文一七回）など、後に世に出た人たちの習作も多い[24]。」のであり、自己表現の道を求める同窓生にとって、『家庭週報』が有効な発表媒体であったことは疑い得ない。

草創期の掲載内容を見ても、ページ数は少ないながら多くのコンテンツを盛り込んでいる。創刊号の目次をみると、論説（発刊の辞・家庭）、名士の談話（成瀬会長・阿部子爵・麻生学監の消息）、家庭（苺（栽培法、成分、調理法）・養鶏につきて）、文藝（闇のかげり（小説）・草籠（新体詩）・短歌・俳句・我が寮（美文））、教育（大隈伯邸を訪ふ・ストージ博士の講和概略）となっている。その後、内容はおおよそ社説・談叢・文苑（創作・英文和訳）・社会・教育・家庭・遊戯・雑報（外報、日本女子大学校記事、桜楓会記事、目白だより、新刊紹介、寄贈書目）・公告となる。雑報に掲載された学内の情報や卒業生の動向が同窓会の機関紙である性格を物語るものの、外報には国内に限らず、ロシア・イギリス・アメリカ・ドイツと幅広く世界の女性の社会的動向や事件を伝えて注目されよう。タブロイド判で八頁とはいえ目配りが

『家庭週報』表題画（日本女子大学 桜楓会所蔵）

広く充実している。例えば同時代の『女学雑誌』の目次内容が社説・女学・雑録・新聞・時事、『女学世界』が書画手本・社交・家庭・思想界・史伝・科学・社会・雑録・才媛詞藻であったことと比べても決して引けをとるものではない。一九〇号を数えた一九〇九年六月二五日で、『家庭』と合併し三年間発行を中止するものの、一九一二年六月二五に再刊して、山本欽、仁科節が担当した。『青鞜』創刊時は、ちょうど休止の時期にあたる。

さらに、『家庭週報』の表紙を飾ったカットにも注目される。桜楓会の特別会員であり、明治美術会の中核を担う洋画家松井昇による。その絵は、「右手に椰子の葉（勝利又は喜びの象徴）を、左手に地球を支えた半裸の女人の横顔が天空を凝視している」[25]斬新な図柄である。松井昇は往時、日本女子大学校で「西洋画」を教えており、長沼智恵子もそこに学んだ。『青鞜』の表紙絵（口絵参照）を髣髴とさせて興味深い。表紙絵が、発表媒体のコンセプトを体現することを考え合わせると、図像の近似は単なる視覚的な影響関係を超えて、その精神の共通性を物語るように思える。

文芸雑誌というコンセプトでたちあげられた『青鞜』と、同窓会の機関紙である『家庭週報』では、一見その異質性が際立つもののように思える。しかしながら、今まで述べてきたように根底の基本精神において、不思議なほど共通項が見出させることも確かなのである。それは、いずれも女性の未来を自らの手で切り拓いていこうとする方向性に由来するものともいえる。だからこそ、『青鞜』は、『家庭週報』の復刊について「編集室より」の冒頭に記したのではないだろうか。

女子大学の桜楓会から「家庭週報」が再刊されたことは誠によろこばしい。女子の世界を開拓するには女子自からその耕耘の労をとらねばならぬとは同社同人等が隻手を上げて同意する処である。

「編集室より」（『青鞜』第二巻第七号　明治四五年七月）

その言あげは、何よりも『家庭週報』が単なる同窓会の機関紙の枠にとどまるものでないことを、示唆するものなのではないだろうか。

『青鞜』趣意書は次のように呼びかけている。

婦人もいつまでも惰眠を貪っている時ではない。早く目覚めて、天が婦人にも与えてある才能を十分伸ばさねばならない。今自分たちは婦人ばかりで、婦人のための思想、文芸、修養の機関として青鞜社を起こし、雑誌『青鞜』を無名の同志婦人に解放する。

（『元始、女性は太陽であった』上巻　大月書店　一九七一年）

このような趣意を知った同窓生が、これに共振し行動へと移るのは自然の流れのようにも映る。社会的、経済的に女性が権利を手にすることができなかった時代、女性の可能性を自覚していた彼女らは、連携すること、発言の場を得ることの重要性を知っていた。この意識は、日本女子大学校の〈磁場〉に存在していたからだ。このような相互の連携と発言の場の重要性への認識が、『青鞜』を支えた〈潜在力〉となっていたと考えられるのであり、その過程で、『家庭週報』が有した影響力は看過できないものであるといえるだろう。

注

（1）岩淵（倉田）宏子「らいてうと『青鞜』を支えた学友たち」（日本女子大学成瀬記念館編パンフレット「平塚らいてうとその学友／らいてう・博史」展によせて　無限生成―らいてう・博史―」一九九七年九月）

（2）堀場清子『青鞜の時代―平塚らいてうと新しい女たち』（岩波新書、一九八八年）

（3）管見によると、岩淵宏子（同注1）、青木生子『近代史を拓いた女性たち―日本女子大学に学んだ人たち―』（講談社、一九九〇年）、高良留美子「成瀬仁蔵の女子教育と平塚らいてう」（新・フェミニズム批評の会編『『青鞜』を読む』學藝書林、一九九八年）、中嶌邦「『青鞜』と日本女子大学校」（米田佐代子・池田恵美子編『『青鞜』を学ぶ人のために』世界思想社、一九九九年）などに言及がある。

（4）同注1

（5）齊藤令子氏が「平塚らいてうと桜楓会―除名問題を中心に―」（日本女子大学平塚らいてう研究会編『らいてうを学ぶなかで』2　二〇〇七年）において、除名という処置が不可能であったことをつきとめている。

（6）らいてうは「青鞜時代の女たち（一）」（『塔』一九四九年五月）で、「あの時もしわたくしの身辺に、白雨というひとりの女性がいなかったら、そして「あなたがやるなら、どんな手伝いでもする、おやりなさい、やりましょう。」と非常な熱意をもって、わたくしを突き出してくれなかったら、多分わたくしは起っていなかったでしょう。」と述懐している。

（7）生田花世・小林哥津・神近市子・遠藤（中野）初子　座談会（『解釈と鑑賞』一九六三年九月）

（8）上田君「春炉随筆」（私家版句文集『旅路』一九六七年）

（9）らいてう研究会編『『青鞜』人物事典―一一〇人の群像―』（大修館書店、二〇〇一年）

（10）日本女子大学編『日本女子大学学園事典―創立一〇〇年の軌跡』（ドメス出版、二〇〇一年）

(11) 青木生子『いまを生きる成瀬仁蔵―女子教育のパイオニア』(講談社、二〇〇一年)
(12) 平塚らいてう『元始、女性は太陽であった―平塚らいてう自伝』上巻(大月書店、一九七一年)
(13) 同注10
(14) 齊藤令子「『青鞜』誕生の場所　日本女子大学校楓寮」(日本女子大学らいてう研究会編『らいてうを学ぶなかで』一九九七年)
(15) 同注2
(16) 同注11
(17) 成瀬仁蔵「家庭週報発刊につきて」(『家庭週報』第一号　一九〇四年六月二五日)
(18) 中嶌邦『成瀬仁蔵』(吉川弘文館、二〇〇二年)
(19) 中嶌邦「はじめに―『らいてうを学ぶなかで』2によせて―」(日本女子大学平塚らいてう研究会編『らいてうを学ぶなかで』2　二〇〇七年)
(20) 中嶌邦「『青鞜』と日本女子大学校」(米田佐代子・池田恵美子編『『青鞜』を学ぶ人のために』世界思想社、一九九九年)
(21) 同注11
(22) 同注18
(23) 山中裕子「『女性ジャーナルの先駆け』発刊とその資料性について」(日本女子大学平塚らいてう研究会編『らいてうを学ぶなかで』2　二〇〇七年)
(24) 同注11
(25) 同注11

日本女子大学校が生んだもう一つの「新しい女」たち——小橋三四と『青鞜』内外の合流

小林美恵子

はじめに

平塚らいてうが『青鞜』を創刊（一九一一）し、「新しい女」たちを生み出す機運を得ていたとき、日本女子大学校には、ジャーナリズムの「新しい女」としてその後の女性ジャーナリストたちをリードしていった小橋三四[1]が、すでに『家庭週報』（創刊一九〇四）の編集活動をはじめていた。これは、成瀬仁蔵校長の、女子の社会的飛躍には独自の言論の場が不可欠であるという理念に基づいて立ち上げられた事業であった。成瀬校長の先見性が、学園内に一人の稀有なジャーナリストを育み、この道のパイオニアとして数多くの後進を生ましめた。さらに、そこから婦人運動の活動家が数多く輩出され、『青鞜』参加者とも合流してゆくことになる。

学園の一機関として女子大の教育方針に忠実な『家庭週報』と、社会に対してラディカルな姿勢を露にした『青鞜』とは、異質とみえるせいか、両者の関連について指摘されることは稀である。また、らいてうの知名度に比べれば、小橋の名を知る人は限られてくる。

しかし、小橋は『家庭週報』を振り出しに経験を積み、編集者としての実力を高め、その過程で多くの人材を発掘し、人脈を広げていった。小橋の近辺から、その後の女権拡張運動で重要な役割を果たしてゆく人物の名が芋づる式に現れてくるのは、決して偶然ではない。彼女のジャーナリストとしての情熱や、女性の能力発揮に力を貸したいというエネルギーが、シンパシーを持つ仲間を引き寄せたのであろう。小橋自身は三八歳の若さで急逝してしまうが、彼女が蒔いた種は着実に芽を出し、成長していったのである。

ここでは『家庭週報』から「よみうり婦人附録」、そして『婦人週報』へと飛躍してゆく小橋の足跡を辿りつつ、その過程で彼女の出会った女性ジャーナリストたちが、近代の婦人運動の中でいかに力を発揮したかを跡づけたい。そのことで、小橋三四の位置づけを高め、成瀬校長の先見性と理念の高さを確認し、ひいては『青鞜』を生んだ学園というに留まらぬ、様々な「新しい女」がひしめいていた日本女子大学校の豊かな土壌と先進性を明らかにしたい。

一　『家庭週報』創刊とジャーナリスト小橋の出発

『家庭週報』は、日本女子大学校同窓会である桜楓会の機関誌として、成瀬校長の発案により創刊された。その重要性を説くにあたり、校長は同誌を「桜楓会を養う血筋、神経を宿せる身体」と称し、「もしその会員にして他の会員に向い、学校に向い、社会に向いて大勢を作らんとせば、宜しくこの身体を借りて叫ぶべし。また人をも社会をも益するの研究発見あらばこの身体を借りてこれを世に運ぶべきなり」と、発刊の意図を明らかにしている(2)。明治三〇年代に、学園独自のメディアを確立せしめたことは瞠目に値する。紙面づくりはむろん卒業生たる女性の手に任されるわけで、男性編集者に掲載可否の権限が委ねられ、それがゆえに女性編集者からの思い切った発言が叶わないという一般の出版事情からみれば、大変に恵まれた環境の確保である。

成瀬校長は、明治社会にすでに現れていた婦人記者たちの扱われ方について、「新聞の事業たるや、従来多く男子の手になり、女子はただ訪問記事、文苑欄の一部を担当するに過ぎざりき」と述べたうえで、この『家庭週報』については、「毫も男子の手を借す所なく、しかも経験なきものの手に一任せり。これその不得意、及び経験なきことを省る能わざる」と不退転の姿勢を求め、「経験はもとより為さざれば得る能はざるなり」と激励してもいる（同前）。以後の女性解放運動の歩みをみても、主義・主張を持つ者には、それを発表する機関紙・誌が欠かせない。校長の先見性で用意された、女性自身の手になる女性のためのメディアの設立事業は、大正・昭和の婦人運動の高まりの中で女性ジャーナリストの水準を引き上げることに繋がり、それがまた女性の社会活動を活発化させてゆくことになる。

校長から第一回の卒業生に向けてウィークリー発刊を促す話がもたらされたときの模様は、『桜楓会八〇年史』（桜楓会八〇年史出版委員会、一九八四・四）所収の橋本（柳）八重子や広田由己子（一回・国）らの談話に詳しい。それらによると、校長の呼びかけに応じてウィークリーの担当に挙手して名乗りをあげ、『家庭週報』の編集に携わったのが、国文学部第一回生の橋本と、そして小橋三四であったという。

一九〇四（明治三七）年三月一日発行の第一号から第三号までは『女子大学週報』として発行されたが、小橋による「発刊の辞」をみてみたい。「一千の人ここに集まりて有機体を形つくるこれ一の社会なり。既に社会をなす、たれか其生命の永遠に且進化せん事を願はざらん」という冒頭の言葉は桜楓会のことを指していると思われる。「而して社会の思想を発表するものは其社会の一員たらざるべからざると共に女子の思想を発表するものは遂に女子たらざるべからず」と発刊の動機を語っているが、これは校長の方針そのままであり、小橋が校長の発案に心から共鳴したことをうかがわせる。

そして、「是に於て其の期する所は女子の手によりて内外百般の時事につき其要をつみて報道すると共に本校に於ける出来事を簡単に掲載し更に各自の思想を発表し以て智識経験の交換と品格性人格の琢磨に資せんとするにあり」と紙面内容の計画と編集方針を掲げている。結びには「嗚呼期する所大にて力之れに伴いず。をこがましき限りなれぞ向上の精神を唯一の伴としささやかなる紙面に包む能はざる希望を前途遥かに仰ぎて長へに続くべき成長の旅に上らんとす」と、いささかの不安を垣間見せつつ、お手本もマニュアルもない「旅」に小橋は出発したのであった。

小橋のものらしき初々しくものびやかな手書きの文字は、大志を抱いた若き明治女性の息吹をみずみずしく伝える貴重な資料といえる。七年後に発刊の『青鞜』が、集団の力で成立していたのに比べると、『家庭週報』は、橋本ら数名のスタッフはいたものの、ほぼ小橋の独壇場であった。そのことは、ジャーナリストとしての自由を確保された幸福なことでもあった半面、修養の場としては孤独で、厳しい日々を強いられることでもあったろう。

二 「婦人附録」と男性社会の洗礼

小橋についての先行研究には、江刺昭子「―はじめての女性幹部―小橋三四子」(『女のくせに―草分けの女性新聞記者たち』(文化出版局、一九八五・六))や中村幸「婦人ジャーナリスト小橋三四子―『婦人週報』を中心に―」(近代女性文化史研究会『婦人雑誌の夜明け』(大空社、一九八九・九))、中嶌邦「―小橋三四子主幹「婦人週報」について―」(『二〇世紀女性研究の夜明け　原誌『婦人週報』』別巻(大空社、一九九五・五))・「「婦人週報」とその位相」(『大正期の女性雑誌』(大空社、一九九六・八))などが挙げられる。

小橋は一八八三(明治一六)年七月二三日静岡県生まれ。五歳で東京に転居し、青山晴南小学校・東京府立第一高等女学校を経て日本女子大学校に入学した。女子大の同期には『青鞜』参加者の田村俊子・大村嘉代子がおり、この二人とは、高等女学校からの同級生である。(3)

『家庭週報』は一旦休刊（一九〇九）となった後、『女子大学講義』付録『家庭』と合併する。その編集にも小橋は携わるが、一九一二（明治四五）年の『家庭週報』再刊には参加せず、日本ＹＷＣＡ機関誌『明治の女子』の編集幹事や『新女界』の編集主任などを経て、一九一四（大正三）年には、『読売新聞』に「婦人附録」編集主任として迎えられた。

「婦人附録」は、『読売新聞』としては初めて婦人向けの紙面を作り、読者層の拡大を狙ったもので、他紙に比べて部数の伸び悩みにあえいでいた中での社運をかけた企画であった。婦人向けの記事の執筆にはまず女性が必要であったが、「論説の仕事は勿論、雑報に至るまで執筆や編集を行い、紙面づくり一切から印刷万端・発送まですべて」(4)をこなす能力を有する女性編集者は小橋をおいて他にいなかった。小橋の前にも、幾人かの婦人記者たちが存在したが、そのほとんどが男性中心のマスコミ社会の一部を担うにとどまったのに対し、『家庭週報』という恵まれた場で育った小橋には、出版業務全般を見渡す目が養われていたわけである。学園の中に一つの社会をつくる、という成瀬校長の理念の真価はここにあろう。編集業務にとどまらず、桜楓会という〈女性だけの社会〉づくりは、各領域に時代を大きく先取りした力ある女性を生み出していたのではないか。

小橋は、「婦人附録」編集部に入るにあたり、『家庭週報』で一緒に仕事をした橋本八重子ら数人のスタッフを伴ったが、その内の一人恩田和子も女性ジャーナリストとして大きく飛躍した一人である。恩田は小橋が読売新聞を退社した後、一九一七（大正六）年には『大阪朝日』社会部に移り、さらに一九一九（大正八）年には同社が支援・結成した「婦人会関西連合会」幹事役として婦選獲得運動を推進、一九二七（昭和二）年に「全関西婦人連合会」に改組後は、初代幹事長を務めるなど、関西婦人記者の重鎮として活躍した。彼女も小橋の近辺から輩出された逸材といってよかろう。

大役を担った小橋は実力発揮の好機を得たかにみえたが、大抜擢された女性への男性同僚からの妬みや蔑視は、具体的ないやがらせとなって小橋を苦しめ、本領を発揮するには至らなかったという。この間の事情は、前掲の江刺昭子『女のくせに』に詳しい。おそらく、小橋にとってははじめて味わう〈男社会〉の洗礼であったろう。後述する「婦人記者倶楽部」設立に立ち上がったのもこのころである。しかし、男性の下で女性がいかに様々な掣肘を受けるかを知ったことは、小橋に時代の現実をみる目を開かせ、以後の糧となってゆく。それを開花させたのが、『婦人週報』という場であった。

三　パトロン・広岡浅子の存在と『婦人週報』

一九一五（大正四）年一〇月に読売新聞社を退社した小橋は、同年一一月には『婦人週報』を発刊した。このころ『青鞜』は最末期を迎えており、一九一六（大正五）年二月の無期休刊を前に、編集権がらいてうから伊藤野枝に引き継がれていた。両誌がすれちがうように盛衰の時期を重ねるのも何かの因縁だろうか。

『婦人週報』は、多くの論客を迎えての刊行であったが、社説と時評は自分で書き続けたという小橋の意欲はエネルギッシュというほかない。本誌についての分析は、前章に掲げた中村幸や中嶌邦の研究に詳しい。ちなみに、中村幸はそれらの内容を、

①社会の風俗改良（女湯改良論・御用聴廃止ほか）
②女子教育（女学校入学以後から未婚・既婚の女性、職業婦人、高等教育など）
③時勢に添った社会問題（婦人の政治傍聴禁止・参政権、私娼公娼の廃止など）
④婦人団体（愛国婦人会・矯風会ほか）

⑤キリスト教関係（クリスマスほか）
⑥その他

の六つに大別している。これらの項目こそ、小橋が「婦人附録」に乗り込んだときから取り組みたかったテーマであったろう。これによっても、彼女が『婦人週報』という場を待たなければ、本来の活動に立ち上がれなかったことを確認することができる。江刺昭子も『女のくせに』の中で、穏健な意見しか発表していない「婦人附録」担当時の三四子が、同時期の矯風会機関誌『婦人新報』にはラディカルに女性蔑視への抗議を訴えていることを指摘、「主任」とはいえ、居並ぶ男性上司の前に活動を萎縮させられていたであろうことを推測している。

が、いかに実力があろうとも、当時の年若い女性が個人で出版事業を立ち上げるのは経済的に不可能であり、そこにはパトロンの存在が欠かせまい。小橋の場合は日本女子大学校創立時の出資者である女性実業家広岡浅子から資金援助を受けての独立であった。

財閥三井家の娘である広岡は、かねてより伊藤博文・西園寺公望・大隈重信らと知己であり、大阪の広岡家・両替商加島屋へ嫁いでからは関西の大物財界人土倉庄三郎とも親しく、鴻池・住友などの財閥とのパイプも持っていた。維新の変動で加島屋の暖簾が傾くや、その再建に辣腕を振るい、銀行や炭鉱の経営を成功させた女傑として知られる。その後、娘亀子が通う梅花女学校の縁で成瀬校長を知り、九州へ炭鉱視察に向う道中、『女子教育』を繰り返し読んでその趣意に共鳴し、女子大学設立の発起人として立つことを決意したという。先に挙げた有力者の面々はみな女子大学設立時の援助者であるが、そのとりまとめに広岡の力が大きく働いていたことはいうまでもない。

広岡も小橋もともに受洗者(5)であり、日本組合基督教会の会員であった。広岡は、キリスト教の女性観や女子教育観をもって日本の家庭に「ホーム」をもたらし、一夫一婦の実現により社会改善を図ることを目指していた。ジャーナリズムを通してやはり同じ目標にむかっていた小橋は、広岡から期待すべき後進と認められたのであろう。広岡は、同じ信仰を持つ若い女性に社会改良者としての活躍を期待したとみえ、同会々員である安井哲子（後の東京女子大学学長）にも、小橋同様の援助を惜しまなかった。(6)

また、本学一回生、家政学部出身の井上秀元校長は、広岡の娘亀子と高等女学校の友人であり、その縁で薫陶を受けたことを語っている（『井上秀先生』桜楓会、一九七三・四）。広岡は、井上の人物を見込んで実の娘以上に引き立て、九州の炭鉱見学にも彼女を連れ、地下数千尺の地底まで伴った。広岡は亀子と井上とをいっしょに女子大学に入学させることを望んだが、井上だけが入学を果たした。その後の井上が本学に残した功績は既に知られたとおりである。

実業の世界で自身成功を収めた広岡が、女性の能力の高さに寄せた信頼と期待はきわめて大きなものであったと思われる。広岡には、有能な女性に援助し社会に送り出すことで、女性の権利の拡張をめざすという大きな構想があったのではないか。そして、それは成瀬校長の理念とみごとに呼応しあう。両者は、性別を越えた同志としての結びつきを持っていたに違いない。大きな経済力とそれに裏打ちされた社会的地位の高さを女性の後援に役立て、社会進出のスピードを速める原動力となった広岡の功績は、本学との関わりとあわせ、もっと注目されなければなるまい。

四　市川房枝の発掘

学園を出て新聞社に籍を置き、厳しい世界も知った一方で、少しずつだが小橋の世界も広がりはじめていた。のちに婦人運動の第一人者となる市川房枝との出会いもその一つである。

市川は本学の出身者ではないが、新婦人協会設立にあたりらいてうの右腕となった人である。新婦人協会は、『青鞜』が末期に突き当たった壁、すなわち社会や政治につながるところの堅い壁を打ち破りたい、というらいてうの意志がはたらいて一九二〇（大正九）年に発足した。[7] 内部分裂のような形で三年足らずで解散を余儀なくされるが、女子の政治参加を一切禁じた治安警察法第五条の改正、ならびに花柳病男子の結婚制限法制定を求めて立ち上がったことは大きな進歩であった。参加した女性たちは、その後婦選獲得運動などで、中心的な立場に立つようになる。

市川は、一九一三〜一四（大正二〜三）年ごろ愛知県内で小学校の教師をしていたが、大正デモクラシーの息吹に触れ、各種講演会に盛んに足を運ぶなど、より大きな世界を求めて上京を考えはじめていた。まだ面識のなかった広岡浅子の講演もこの頃聞いたという。小橋の「婦人附録」の購読者でもあり、身の上相談に「何とかして東京に行きたいと投書した」ところ、小橋から「地方にいて努力した方がいい」という返答をもらったというエピソードを持つ。[8] すでに述べたように、「婦人附録」担当当時の小橋は厳しい職場環境に置かれていた。そのことが、小橋にこんな否定的な返事を書かせたのだろうか。しかし、市川はこの数年先にはやはり上京する。

体を壊して教員を退職した後、市川は一九一七（大正六）年には『名古屋新聞』記者となっていたが、ほどなくして上京し、兄のつてで山田嘉一・わか夫妻の私塾に入り、英語を学ぶこととなる。『青鞜』寄稿者だったわかの塾において、市川は、神近市子やらいてうら『青鞜』関係者たちと面識を持つようになる。しかし、自伝の中で繰り返し述べているように、市川は、発刊中には『青鞜』に関心を持つことはなかった。それならば、市川とらいてうを結んだのは山田わかの功績ということになるし、事実そのように位置づけられてきてもいる。しかし、小橋が果たした役割も、決して見落とされてはなるまい。

小橋と市川は、先の投書をきっかけにつながりを持つようになり、市川は小橋を介して人脈を広げ、以後の活動の仲間を得てゆく。上京に先立つ一九一六（大正五）年には、御殿場における広岡主催のキリスト教夏期講座に小橋が市川を出席させた。キリスト教への勧誘の意味があったか否は不明だが、小橋が市川の能力や人間性に期待を持って広岡に紹介したことは間違いあるまい。市川はここで、日本基督教婦人矯風会幹部の守屋東と知り合い、長く友人関係を結ぶことになるが、この守屋と小橋は女学校時代の同級生であり、一緒に受洗した仲である。キリスト教に関りを持たない市川に、この方面の人脈を作り、後の活動の同志を与えたのは小橋の功績であろう。

また市川は、同じく矯風会会員として参加していた村岡花子や千本木道子ともここで出会っており、この二人とは、後に婦選獲得運動で長く同志として共に歩むことになる。おそらく市川は、この夏季講座において、広い世界に触れ、よき友と出会い、婦人運動に向かおうとする意志を、我知らず抱きはじめていたのではないか。小学校教員だった市川が、次の職業に記者を選び、上京を熱望した背景に、この夏季講座の体験が無関係とは思えまい。やはり、市川という稀有の活動家を中央に引き出したきっかけは、小橋がもたらしたというべきであろう。

自分の城を得て精力的に活動を開始した小橋は、知己となった市川に愛知での読者拡大に協力を依頼する。が、市川は、『名古屋新聞』の記者を一年ほど勤めた後、上京を実行に移す。市川は早速市谷にある小橋の『婦人週報』事務所を訪ねたが、当時の編集部には、本学出身の吉田せいが在籍していた。彼女はのちに『国民新聞』の記者になるが、小橋を通じて市川と吉田は親しくなり、新婦人協会の発足にも吉田は評議員として参加している。

新婦人協会には、『青鞜』からの参加者もいたが、市川がらいてうのサポーターとして信頼を寄せたのは、吉田のように実務能力に長け、かつ職場での男女差別をじかに味わった婦人ジャーナリストたちだった。他にも『時事新報』の大沢豊子、『東京朝日』の竹中繁ら、多くの婦人記者が参集し、新婦人協会解散後も、各婦人運動の場で活躍した。

また吉田は、本学出身者である『青鞜』参加者の神崎恒と同級生であり、明治末期から大正期にかけて婦人記者として活動していた神崎が、昭和に入って市川とともに婦人参政権獲得期成同盟会（婦選獲得同盟）に参加することになったのは、吉田とのつながりのためとみられている。

その吉田が『国民新聞』を退社する際、後任に推薦していったのが金子しげりである。金子は東京女子高等師範学校（お茶の水女子大学）出身、吉田の紹介で一九二〇（大正九）年に記者の職を得て才能を開花させ、らいてうや市川と知り合った。後に渡米した小橋は帰国後まもなく主婦乃友社に入り、これからというときに急逝したが、その穴を埋めるべく招かれて同社に移ったのは金子であった。編集者としての金子の評価は高く、その実務能力は、後に市川や奥むめおらとともに婦選獲得運動で発揮されてゆく。

五　裾野の広がり

婦選獲得同盟の機関誌『婦選』は、一九二七（昭和二）年一月に発刊されたが[9]、その編集委員には、画家・柳敬助の未亡人となった柳（橋本）八重子も加わった。八重子は、『家庭週報』『家庭』の編集に携わっていたころ、取材に行った先で相馬黒光の眼に止まり、そのサロンで帰朝したばかりの柳敬助を紹介された[10]。橋本は、「婦人附録」までは小橋を支えたが、小橋の退職とほぼ同時に柳と結婚し、退いた。

ちなみに、柳敬助は高村光太郎と親しく、『青鞜』参加者である長沼智恵子を光太郎に紹介したのは八重子であった。また、神崎恒の夫である画家・平井武雄も柳敬助の友人である。神崎恒は、平井恒として昭和一〇年代に女性評論家として活躍するものの、大正末期から昭和初期の動向が明らかにされていない人物だが、先に挙げた吉田や八重子を通して婦選獲得の運動に接近していったことは間違いあるまい。

神崎は、一九二三（大正一二）年の日本婦人記者倶楽部発足に参加したことが確認できるが、[11]同倶楽部は当初は一九一五（大正四）年に婦人記者倶楽部として小橋らが設立したものであった。

婦人記者倶楽部は、大阪において貸座敷業の免許地であった曽根崎新地などの焼失後、新たに飛田を遊廓地として指定しようとした政府に大阪矯風会が反対運動を起した際、都下矯風会でも新聞雑誌記者を招いた集会があり、その席で婦人記者から「婦人記者倶楽部」設立の声が上がって実現したものだという。[12]発起人に、『婦人之友』の羽仁もと子とともに、矯風会社会部の守谷東、そして当時読売新聞に在籍していた小橋があたり、月一回の会合を持つに至った。

中嶌邦「―小橋三四子主幹「婦人週報」について―」によれば、当倶楽部には「婦人の進歩を妨ぐる人の説は同盟して成るべく書かぬこと」という申し合わせがあり、しかもそれは『婦人週報』に掲載、公表された（二巻四六号）。いうなれば、婦人記者倶楽部は、公娼廃止や一夫一婦制の促進を訴える婦人矯風会と、マスコミという男社会と闘う婦人記者が、女権拡張という目標の前にそれぞれの力を終結させた動きであったといえよう。大正期は、女工・女給・デパートガールなど、様々な領域に女性労働者を増やした時代だが、婦人記者には格別の意識の高さがあった。むろん、書くという作業自体知的行為であり、誰もが就ける職業ではなかったろうが、日本の女性運動をリードしてゆく人材は、多くジャーナリズムの場から輩出されている。もっと大きな流れで捉えようとすれば、日本の近代女性史上、前半では平塚らいてう、後半では市川房枝にまさる働きをした者はいまい。この両巨頭の間をつないだのが、『青鞜』関係者であり、小橋に連なる女性ジャーナリストたちであり、日本女子大学校の関係者たちであった。

婦人記者倶楽部の当初の顔ぶれは、竹中繁・磯村春子・恩田和子らであるが、この面々も小橋に連なる関わりを持つ。

竹中は一九一一（明治四四）年から東京朝日新聞在籍の記者であり、英語力に優れていて英語教室「宇宙塾」を主催したこともあり、女子大在学中の小橋はここで竹中に英語の教えを受けている。この「宇宙塾」で万国矯風会のミス・スマートの講演を聞いたことが、小橋の矯風会入会のきっかけともなった。磯村は英語力で力を発揮した報知新聞記者だが、開校当初の日本女子大学校に英文一回生として短期間ながら在籍している。恩田は『婦人週報』で小橋の下で働いた女性である。ほかにも『青鞜』参加者で『東京日日』の神近市子や、婦人記者の実質的な草分けといわれる『時事新報』の大沢豊子らも名を連ねている。

一方、新婦人協会にらいてう・市川とともに理事として参加した奥むめおは、やはり本学の家政科出身者であり、らいてうの九年後輩にあたる。彼女は後に婦選獲得同盟を経て消費組合運動やセツルメント事業、戦後に至っては主婦連合会の中心人物になってゆくが、在学中に『婦人週報』の手伝いをしており、料理記事を担当するなどした。奥は、「わたしはこの小橋氏のもとで編集を覚え、それはわたしがのちに婦人運動をはじめるうえでおおいに役立った」と語っている。(13) この言葉どおり、新婦人協会の機関誌『女性同盟』創刊（一九二〇・九）時、編集担当に就いたのは、奥である。ここには、『家庭週報』発刊時に成瀬校長が見通した、女子の社会的活動に必ず独自の発言の場が必要になるという理念の実現をみることができよう。成瀬の意図を受けて成長した小橋が奥を育み、女性の人権獲得運動に欠かせぬ働きを果たさせたのである。

奥は『青鞜』に参加していないが、林千歳・茅野雅子・長沼智恵子ら『青鞜』参加者の先輩たちがしきりに寮を訪れたこと、その際後輩として歌や絵を教えてもらったことなどを回想している。奥の在学中（一九一二〜一六）は、『青鞜』で「新しい女特集」が組まれ、それに対する世間的な論議が沸くというような時期であったというが、おそらく学内には、『青鞜』への賛否を超えた同窓生間の強い絆が育まれていたのではないだろうか。

一九一八（大正七）年、小橋は約三年続いた『婦人週報』を突然終刊とし、三年の予定で渡米する。経営面の困難ともいわれているが、同年の広岡の死去の影響も指摘されている。いずれにしろ、よりいっそうの広い見識の必要性を痛感した小橋は、翌年八月に出発、アメリカ・ヨーロッパをまわり、大学で新聞学を聴講するなど、三年間の充電期間をもった。一九二一（大正一〇）年には、鈴木悦を追って渡米していた旧友田村俊子とニューヨークで再会し、一週間共同生活を送ってもいる。ちなみに、新婦人協会が暗礁に乗り上げた市川もアメリカの婦人運動をみるためにこの年に渡米しており、シアトルで鈴木悦を介して田村俊子に会っている。

この年の暮れに帰国した小橋は、翌一九二二（大正一一）年一月には主婦之友社に入社、評論執筆などで『主婦之友』の人気を支える一翼を担った。同年五月の心臓麻痺による急死はあまりにも惜しまれ、また痛ましいというほかない。

おわりに

らいてうが『青鞜』を主催し、「新しい女」として世を沸かせていたまさに同じ頃、らいてうほど目立ちはしない場所で、さまざまな「新しい女」が既成の価値観との闘いに立ち上がっていた。そしてここでは、その源に位置した女性として小橋三四を跡づけてきた。彼女の周辺から芽生えた女たちの人脈を辿ると、いかに本学関係者が女性史をリードしてきたかを一望する鳥瞰図が浮かび上がる。

『青鞜』創刊時、女の手のみによる雑誌づくりという点で先駆けの位置にいた『家庭週報』の小橋と橋本八重子は、これに関りをもたなかった。のみならず、小橋は『婦人週報』誌上で、『青鞜』の「新しい女」を「古き型を破って大たんに自己を発揮するという主義はいかにも聞いて心地よきものだが、実際を見れば有り来りの堕落女と遂に選ぶ処なきを見ると、いかにも日本婦人の教養の貧弱を思はせます。たとえば迂回であっても、彼れ等には精神生活を教ふる宗教教育も欠けております。」と、一夫一婦制を重んじるクリスチャンの立場からか、手厳しく批判している[14]。また、八重子は「『青鞜』の趣意書を送られた」のに「社員にならなかった[15]」という。

が、みてきたように、小橋に起点を置く人脈の広がりは、『青鞜』の内外を問わず、本学に学んだ婦人運動家たちを次々と結び付けていった。そしてそこにはまた、本学の内外を問わず、第一線の婦人運動家たちも連なり、いわば近代日本の婦人運動家のネットワークが形成されていたといえる。ことに、名古屋にいた市川房枝に強い影響を与え、上京の意欲を掻き立てるきっかけを与えたのは小橋であり、また、その後の活動を支えたのは小橋の下から輩出された本学出身者を中心とする婦人ジャーナリストたちであったことは重要である。市川がその後、日本の婦人運動に強いリーダーシップを発揮したことを考えれば、その功績はいよいよ高く評価されるべきものといえよう。

創立後間もない本学が、女性解放に向かう組織として、『青鞜』を生んだのみならず、未来の女性運動家を輩出する力強い脈流をもう一つ持っていたこと、それら二つが女性に人として当然の権利を求める活動において合流していったことは、創立者成瀬仁蔵の教育理念をみごとに結実させた成果といってよいだろう。双方が違和感を持ち合っていたとしても、それは本学が多士済済の場であったことを示しこそすれ、いささかも貶めることにはなるまい。

注

（1）本稿執筆にあたり、中嶌邦先生より、小橋三四子が戸籍上は「小橋三四」であることをはじめ、数々のご教示をいただいた。この場を借りて感謝申し上げ、ここでは以下「三四」で統一したい。

（2）成瀬仁蔵校長「家庭週報発刊につきて」（『家庭週報』第一号、一九〇四・六・二五）より。
（3）当時の東京には公立の高等女学校は一つしかなかった。
（4）中嶌邦「小橋三四子主幹『婦人週報』について」中の指摘による。
（5）広岡の受洗については高橋阿津美「実業家広岡浅子―日本女子大学校の援助者―」（『大正期の女性雑誌』）に詳しい。同書によれば、広岡が「乳癌の手術をきっかけに、成瀬仁蔵のすすめもあって、神の前に男女の平等を唱えるキリスト教に入っ」ていったのは、一九一一（明治四四）年、六三歳の時であった。
（6）注（5）の高橋阿津美「実業家広岡浅子―日本女子大学校の援助者―」を参照。
（7）新婦人協会については、折井美耶子・女性の歴史研究会編著『新婦人協会の研究』（ドメス出版、二〇〇六・五）を参照。
（8）『市川房枝自伝』（新宿書房、一九七四・九）より。
（9）一九三六（昭和一一）年一月に『婦人展望』に改題。
（10）秋山倶子「柳敬助・八重夫妻について」（『柳敬助・八重夫妻展―共に歩んだ肖像画家と女性編集者―』（日本女子大学成瀬記念館、一九九六・一））を参照。
（11）佐藤芳子「神崎恒―日常的視点から女性を啓発するまなざし―」（『『青鞜』と日本女子大学校同窓生［年譜］』（日本女子大学大学院文学研究科日本文学専攻内　岩淵（倉田）研究室、二〇〇二・二））を参照。
（12）春原昭彦・米田佐代子・岩崎千恵子・池田恵美子・平野恭子編著『女性記者　新聞に生きた女たち』（世界思想社、一九九四・一）を参照。
（13）『野火あかあかと―奥むめお自伝』（ドメス出版、一九八八・九）より。
（14）中村幸「婦人ジャーナリスト　小橋三四子―『婦人週報』を中心に」を参照。
（15）鳥井衡子「木内錠」（平塚らいてうを読む会編『『青鞜』の五〇人』（一九九六・一二））より。

「新しい女」の服飾——らいてうの装いとモダンガール

佐々井啓

日本の「新しい女」の活動の中心であった平塚らいてうは、独特の服装によって印象づけられている。とりわけ「低く穿いた袴に日和下駄」は、女性解放運動の旗印として注目され、さらに批判の対象にもなったのである。また、大正末から昭和初期にかけてのらいてうの断髪・洋装は当時の風俗とのかかわりでさまざまに論じられてきた。そのような服装をしていた背景には、いくつかの要因が考えられるが、ここでは、らいてうが育ってきた環境に注目し、それぞれの段階でらいてうが服装に対してどのような考えを持っていたのかを、著作や写真などから明らかにしてみたい。(1)

一　らいてうの装い

らいてうは生い立ちのなかですでに明治二一年ごろ（三歳）には、洋装の母親とともに姉とお揃いのワンピースを着ている写真が残っている。らいてうはワンピースドレスであるが、この服装については自伝『元始、女性は太陽であった』のなかで、珍しい洋服を着せられて母の学校にゆくと、学友たちや外国人の女の先生などに取り巻かれて話しかけられるのが、恥ずかしくもあり、嬉しくもあった、と述べている。(2)五歳の頃にも、らいてう姉妹はふだんはたいてい洋服に靴、帽子であったと述べられており、日常的に洋服を着ていたことが窺える。この頃は、明治十六年に鹿鳴館が開館して以来、政府が上流の婦人に洋装を勧め、また女子師範学校や女学校の女教師に洋装がとり入れられ、明治一九年の華族女学校や県立女学校の卒業写真に揃いの洋装がみられる時期である。それらは欧米で流行していた後腰に詰め物をしてスカートを膨らませたバッスル・スタイルであり、らいてうの母もまた同じような洋装である（図❶）。

このように、らいてうが当時の欧化政策を担う進歩的な家庭で育てられたことは、その後の服飾観に大きな影響を与えたといえよう。

一方、和装については、らいてうは五歳のころに「式の日には縮緬友禅の着物に、紫繻子の袴」をはき、編み上げ靴、ラシャのつばのある帽子をかぶっていた、とあり、このスタイルは「和洋折衷」である、と述べている[3]。また、小学校の頃に祭りの日には、前髪を下げて桃割れか稚児髷に結い、姉とお揃いの仕立ておろしの新しい単衣に赤い唐ちりめん（メリンス）の帯、赤い鼻緒の溜塗りのぽっくりであった[4]、という。この姿は写真に残されており、子どもの和装として典型的なものであった。同様に明治三〇年前後は欧化主義の反動で復古調となり、紫矢絣の着物に稚児髷であった[5]。

図❶——らいてう３歳のころ

らいてうが明治三一年にお茶の水高等女学校に入学したときには和服に袴と靴であり、通学着には「銘仙かガス双子の着物に、カシミヤの紫色の袴」で、三、四人は洋服の人もいたという[6]（図❷）。

このような女学生の服装をしていたらいてうであったが、女学校時代に騒がれた女子の服装改良問題について関心を

図❷——お茶の水高等女学校のころ

持ち、当時の女学校の指導者たちが率先して「少女衣服改良会」をつくったことに影響されて、らいてうは自ら改良服をつくったのである。(7)

> ちぢみの生地に乱菊の模様の浴衣を、自分で考案した改良服に仕立てて、学校に着ていったものでした。むかしの唐子人形の着ていた着物の袖のように、袖口にひだをとってくくったものでしたが、お茶の水で改良服を着ていったのは、おそらくわたくし一人だったように思います。

当時の改良服運動には、女学校の通学服の改良を目指したものと、明治三四年になされた日本衣服改良案の懸賞募集のように、広く女性の衣服の改良を目的とするものとの二種があった。通学服には筒袖に袴が制定された女学校もあるが、一般の女性に改良服が定着することはなかったのである。そのような状況でらいてうが改良服の意義を理解し、学校から与えられたものではなく、自作の改良服をたった一人で通学着としていたことには、その後のらいてうの進歩的な考えの一端をかいまみることができるのではないだろうか。

明治三六年に日本女子大学校に入学したらいてうは、それまでの女学生の衣服をやめ、地味な服装となる。(8)

> わたくしは急に大人らしくなって、さっそく着物の肩上げをとりました。お茶の水時代の、紫の矢絣の着物

に紫紺の袴を脱ぎすて、縞か絣の銘仙の地味な着物に、焦茶かオリーブ色のカシミヤの袴をはき、髪も、いままでの幅の広いリボンを結んだお下げ髪やマーガレットをやめ、三つ編みにしたものを折り返して、茶や黒のリボンをかけました。

そして、女子大の学生の服装については、質素な田舎っぽい服装が多く、なりふり構わずという人がほとんどであったが、どこか頼りになる感じを受けた、と述べている。らいてうは女学校時代の華やかな服装をやめ、周囲の女子大の学生と同じような装いになるのであるが、大学でのさまざまな衣服についても意見を述べている。(9)たとえば、運動会のおりの運動服について、表情体操では襞のたくさんある、裾の長いギリシャ時代の服のようなものを着るが、田舎から出てきた学生の多いこの学校では似合う人がほとんどいない、と述べている。また、らいてうが一年生として出場したバスケットボールでは、シャツのような形でバンドのついた運動服であり、下にはブルマー、木綿の黒い長靴下にズック靴であった、という。

らいてうは卒業後に木村政子とふたりで東京中を歩きまわっているときの衣服を次のように述べている。(10)

低くはいた袴に日和下駄という格好で、着物は長着では歩きにくいので胴までの短いものの上に袴をつけました。木村さんも同じ袴姿でした。(中略)東京中を朝から夜までコマねずみのように休みなく歩き回っているものですから、身なりなどにかまっている暇はありません。モスリンのぶどう色がかったねずみ色の地に、細い白の立縞の着尺地を、袴に仕立てたものは、夏には軽くて涼しく歩きよいものでした。それがきっかけとなり、縞の袴をはき出しましたが、これはそのころのわたくしだけの格好でした。胸を長く、ゆったりと出して、袴を低くはくので、胸がはだけないように、蝶の形の小さなブローチでとめ、襟をきちんと合わせていました。

図❸――『婦人画報』大正2年9月

その頃の髪型である束髪に対して、らいてうは、七、三か真中から分けて、後に編んで束ねた髷をつくった手のかからない髪型をしていて、鼈甲まがいの二枚揃いの櫛を差し、袴の下に小さな白鞘の短刀を隠し差しにしていたのである。

大正元年に撮影された「万年山の青鞜社」での写真には、このような衣服と下駄をはいたらいてうの姿をみることができる。また、大正二年九月の『婦人画報』には、「らいてうの君」と題したグラビア写真が載る[11](図❸)。それは渡月橋を背景にしたらいてうの上半身の写真であるが、「万年山」の写真を引き伸ばしたものであり、細かい模様の着物に縞の羽織、無地風の袴をはき、襟元には模様のある半襟が見えている。ここでは「雑誌『青鞜』に筆を執って或は婦人問題をものし、或は哲学を論じ、新しき婦人としての世の注目を惹きつゝある平塚明子の君。號はらいてうと云はれます。」と説明がついている。

二　らいてうの洋装とモダンガール

大正九年から昭和二年頃のらいてうは、洋装、断髪が注目されている。洋装は大正八年に、断髪は大正一二年に行なっている。袴を止めた理由と洋装のいきさつについては、「洋装のおもいで[12]」に述べられている。

学生生活を一生つづけているようなわたくしは、袴を結婚後も脱ぎませんでしたが、子どもが生まれてから、袴姿で赤ん坊をおんぶして出歩くのは、他目に異様にうつるらしいので、名残おしい袴に別れましたものの大正八年、新婦人協会の運動をはじめ、毎日忙しくかけまわらねばならなくなってみると、袴なしの日本服の活動的でないのにしみじみ不便を感じましたので、いっその思いで洋服にしました。（中略）アメリカ帰りの男の洋服屋さんで、子供服の仕立てを奥さんたちに教えていた人にたのんで、紺サージのスーツを作ってもらい、それを着たのが最初でした。

ここでは、婦人の洋装はまだ珍しく、洋装店では高価であり、また実用的な洋服を仕立てているわけではない、ということも記されている。そしてらいてうは、流行の尖端でも好んで行くかのように思われながら昭和一四、五年ごろまで洋装を続けた、といい、洋装にした理由があくまでも実用的なものであり、決して高価な、流行を追うような洋服ではなかったことを主張している。これは、らいてうが自作の改良服を着ていたことと通じる意識であるといえよう。

大正九年の「新婦人協会幹部」の写真では、らいてうは襟と袖に細い縁取りのある白っぽいブラウスと濃い色のスカートを着けて帽子をかぶっている。そこには市川房枝のチェックのブラウスと濃い色のスカート、鍔の広い帽子を身につけた姿もある。

次に「わたくしの断髪[13]」のなかで、断髪は前髪のくせなおしに苦労していた自分にとっては自然に無理なく始末できる髪型である、といい、流行とはあまりに縁遠いものまでも、ともかく髪を切っているというので、断髪のお仲間に入れて下さるということは少々不思議ななりゆきである、とも述べている。さらに、断髪がいいか悪いかではなく、自分にとっては一番無理のない、自然な気持ちのいいものであり、持ち前の縮れ毛で苦労していたことと、頭痛に悩まされて髪が邪魔に感じられたことなどが原因であるというのである。

大正十四年八月の『婦人公論』に「長髪について」[14]と題して、男性の髪型は適当に伸ばしているほうが美しい、と述べ、「おかしく思えたり似合わないように見えたりするのは多くは習慣や流行の眼の誤り」であり、「わたしたちは習慣や流行を離れてものを見るとき、一見異様に感じたものが実に非常に個性的で、それ自身を最もよく表現していることに気づくことが少なくない」という。そして、「十人十色の顔をしている以上その髪も十人十色であるのが本当」であり、むしろ女の髪についても言いたい、と述べている。単に髪型の問題ではなく、「真に自己を知るものは自分自身の標準によって取捨選択すべき」という態度を示唆していると思われる。

洋装、断髪という時代の先端をいく服装をして「新婦人協会」の活動をしていたために誤解を受けていたらいてうであるが、その装いの原点は常に実用的、合理的な精神によるものであるといえるのではないだろうか。

大正十三年六月十九日付けの東京朝日新聞夕刊には、「カメラの『移動闘所』雨の新宿追分で—久しぶりの平塚雷鳥さん」という記事が載る[15]。そこには「ザン切り髪の婦人が通りかかる、雷鳥平塚明子さんだ、明子さんはゴム引きのコートにゴムの長靴をはいてゐる」(図❹)、「初めて此人が洋装で議會に押かけてアッと云わせたのも五、六年前の話だ、来る電車、来る電車にもう洋装婦人の姿が珍しくもなく見出される」と記されている。らいてうが洋装を始めてから数年の間に、一般の女性にも洋装が広まっていき、特別なものではなくなりつつあったことが窺える。

らいてうが洋装・断髪をした時期には、「モダンガール」といわれる女性たちが現れ、服装には欧米の流行が取り入れられたのである。その発端は大正の末期であり、一三年以降、一四、五年から昭和二年を最盛期として六年

頃までが全盛であった、という。(16)

「モダンガールについて」(17)では、久しい間ジャーナリズムの弄びものとなっていた「新しい女」の呼名がいつとはなしに耳遠くなって、「モダンガール」という呼名がそれに代わったが、今のところ評判のいいものではない、と述べ、さらに次のようにいっている。

図❹——東京朝日新聞　大正十三年六月十九日

> わたくしはほんもののモダンガールを知っています。これは私たち「女」の大きな力です。彼女はほんものの新しい女の胎から生まれました。彼女はブルジョワ個人主義の上に立って、個人としての自覚から発足して、母としての、さらに社会人としての自覚に到達した新しい女の娘として、母よりももっとはっきりとした、社会意識を持っています。彼女の母が個人の自由ということのみ急で、ともすれば反社会的であったのに対して、彼女は常に社会的関心をもち、社会的存在としての自分を十分に感じているようです。

ここでは、モダンガールの本質は新しい女の意識を受け継ぎ、それをさらに発展させて社会人としての自覚に到達しているものでなければならない、と述べている。「新しい女」とモダンガールとの関係をその精神性の面から明快に定義していることは、らいてうが社会を見極める鋭い目を持っていることの証しであるといえよう。

図❺——婦人画報　昭和2年

図❻——らいてう　昭和6年

さらに「かくあるべきモダンガール[18]」では、夜の銀座でらいてうが見た膝までのスカート、薄色の絹靴下、小さい踵の靴、思いきり後頭を短く刈り上げて、首を出した断髪、映画の女優式の化粧のモダンガールは金と時があればすぐになれる、と評している。そして、流行の魁であるスタイルが果たしてモダンガールだろうか、という問いかけをしている。

さらに、新しい女から生まれた本当のモダンガールは、母のように男性や社会を直接当面の敵にするようなことはしない、といい、社会生活の経験や科学的な知識も得て、社会的存在としての自分を意識するようになり、個人としての自覚の上にさらに社会人としての自覚を加えた、という。そしてモダンガールの自我は社会を包み、社会に包まれた自我であって、彼女は新しい時代、未来を創造する力、思想に、感情に、行動に、生活に、来るべき社会を暗示し、予感せしめる生命の流れである、という見解を示している。

このようにらいてうは、モダンガールは新しい女の娘である、といい、本当のモダンガールは、表面的なスタイルを真似たものではないことを強調している。また、らいてうは流行の服飾についての秀れた見解を持っているのだが、モダンガールの代名詞である、断髪、洋装についてもするどい観察力を発揮し、それらが単に表面的な模倣であってはならない、としているのである。さらに、同じ断髪、洋装も自分が実行しているスタイルとは異なっている、と述べている。

らいてうの洋装は、昭和二年の『婦人画報』に「午後十時雷鳥夫人林檎をむきながら」という記事と写真にみることができる。[19] そこではらいてう一家の暖かい雰囲気が伝えられており、写真には髪を短くし、セーターとスカートというくつろいだ姿のらいてうが夫に林檎をむいている姿が写されている（図❺）。

さらに昭和六年の写真には、ストレートなワンピースに小さな帽子をかぶり、モダンガールそのものといったスタイルのらいてうの姿が見られる（図❻）。

三 「新しい女」のマント

「新しい女とは頭髪を女優巻にし、マントを着て、常にカフェーに出入りし」[20]、「『青鞜』とさえいえば、婦人の解放を唱え、（中略）その社員といえばみな男の真似して、久留米絣に縞袴、マントをひっかけて歩いたもののように」[21]とらいてうが述べているマントは、「新しい女」の代名詞のように用いられていたのである。

らいてうは、岩野清子が大丸髷で濃いグリーンのマントを着ていることを不調和であるといい、他のみなは束髪でマントを着ていた、と述べている。[22] この岩野の丸髷とマントは、紅吉の「久留米絣に袴、または角帯に雪駄履き

図7——鏑木清方「花吹雪」『婦人画報』

図8——長谷川時雨

という粋な男装[23]」にマントとは正反対の装いである。しかし「新しい女」の特徴として男のような格好とマントとが世間に広まったのであった。

永島は、マントは広幅毛織物でつくられ、主に学生などの青少年少女に用いられ、男学生は黒羅紗、少女用は色羅紗を用い、年々範囲を広めているという[24]。このようなマントは、女学生に代表される和洋折衷の感覚を持ったしゃれた装いであった。『婦人画報』には、女性の着物姿に美しいマントをつけている挿絵が描かれており、おしゃれな装いであったことが窺える（図7）。また、青鞜のメンバーであった長谷川時雨のマントを着けた写真が掲載されている[25]（図8）。

新しい衣服は新しい精神にふさわしいものであり、すっぽりと全身を包む大きな形は、すべてを覆い隠しながら、新しさを強調する意味もあるのではないだろうか。和服にも防寒、防湿性のある毛織物が用いられ、それらは従来の和装コートに比べてたいへん暖かく便利なものであったことは、男性の二重マントやインバネスの流行にもみられるものである。このような実用性の面からも、「新しい女」たちによってマントが好まれたのであろう。

四　らいてうの服飾に対する意識

最後に、らいてうの服飾に対する意識を、いくつかの点から見ていきたいと思う。

「流行に対する婦人の覚悟」(26)では、「自我の観念の薄弱な、個性の鮮明でないもの、つまり暗示にかかりやすい人間は、流行するものは何でもいいもののように思いますが、流行必ずしもいいものに限らないのですから、私どもは常に流行に対して迷わされないだけの批判的態度をもっていなければなりません。」と述べている。

ここではらいてうは「批判的態度をもって」ということを強調し、流行に盲目的に従うことを戒めている。しかし、流行を軽薄、不真面目なこととときめつけて非難することもつむじ曲がりである、という。

もともと人間は保守的な動物であると同時に（ことに婦人は）他方においては正反対に新奇を好み、変化を愛する性情を持っているものでありますから、（中略）またこの絶えざる変化、流動の中にその時代の風俗、趣味、好尚の進歩、向上の余地も存するわけなのでありますから、（中略）かえって真に自己を知るものは自分自身の標準によってそれを取捨選択し、そこに自分をより多くもしくはよりよく表現しうるようなものが少しでも見出されたならば、遠慮なく採用していくべきだと思います。

らいてうは洋装・断髪を単に流行のために取り入れたのではなかったのだが、ここで述べられているように、洋装・断髪を取り入れた背景には流行のなかに実用的な面と自己をよりよく表現しうるものとを見出した、といえるのではないだろうか。

これらのらいてうの見解は、小さいころからの趣味の豊かな生活によって培われたものであろう。現実の生活では実用的、合理的な袴姿や洋装であったが、それはらいてうにとっては自己の表現であったのである。そして、流行は時代の風俗、趣味、好みを反映しているものであるという意見は、流行の本質を述べているといえよう。

これらの見解を踏まえて、らいてうの装いについて考えてみたい。

らいてうの合理的な考えは、すでにお茶の水女学校時代の改良服の実践にみられるものである。ここでは、らいてうが他人の眼に臆する事なく自らの信じることを実行できる強い精神をもっていたことが窺える。女子大入学当初は、周囲の学生と同じような服装をしていたが、卒業後は、歩き回るための便利さを重視して、低くはいた袴に日和下駄、着物は胴までの短いものを着ているのである。袴を低くはき、着物を短くしてしまう点などは、まさに衣服改良の思想を実践しているようである。

さらに、新婦人協会の活動に際して、まだ洋装が少ない時期に、便利さから洋服を取り入れていく。この点からも、らいてうが自らの装いに対して合理的な観点から新しいものを取り入れて行く姿勢を持ち続けていることがわかるのである。しかしながら、単に、合理性、実用性のみで装っていたわけではないことが流行についての考えにかいま見られる。

このように、らいてうは、その優れた思想において評価されるばかりでなく、自らの装いと服装に対する意識においても、時代をリードする役割を担っていたのではないだろうか。それが、かえって「新しい女」を外見のみで表面的に捕らえることになってしまったと考えられる。

らいてうは『青鞜』によって多くの女性たちに新しい思想を伝えようとしただけでなく、自らの装いについて確かな意識を持ち、他に影響されることなく、合理的で活動的な服装を積極的に取り入れていったことは、注目に値する。女性の服装改良は、ある意味で社会の規範に抵抗を示す視点がこめられており、身近な衣服に自己の主張を託すところから始まるのではないだろうか。それには批判があったとしても、女性の地位の向上や意識の改革の点において重要な役割を果たしていたと考えられるのである。

注

(1) 平塚らいてう『元始、女性は太陽であった』上下、大月書店、一九七一年
『平塚らいてう著作集』全七巻、大月書店、一九八三-八四年
本論は、以下の拙著に加筆したものである。「「新しい女」の服飾―らいてうの装いと意識」『国文目白』　号、「ファッションにあらわれた女性の解放―一八五〇年代以降の欧米と日本の「新しい女」―」国際服飾学会誌、二六号、二〇〇四年一一月
(2) 『元始』上、八頁
(3) 『元始』上、四一頁
(4) 『元始』上、六六頁
(5) 『元始』上、八一頁
(6) 『元始』上、七三頁
(7) 『元始』上、一一八頁
(8) 『元始』上、一三七頁
(9) 『元始』上、一四六頁
(10) 『元始』上、一九〇-一頁
(11) 『婦人画報』大正二年九月号
(12) 『著作集』第七巻、三〇二-四頁

(13)『著作集』第四巻、二四三-五頁
(14)『著作集』第四巻、一二四-六頁
(15)『東京朝日新聞』大正十三年六月十九日夕刊
武藤貞一は『日本及日本人』一九二四年七月十五日号に「ゴム靴の平塚雷鳥氏に」という記事を書いている。
(16)青木淳子「モダンガールのファッション」国際服飾学会誌十六号、一九九九年
(17)『著作集』第四巻 二八四頁
(18)『著作集』第四巻 二九〇-六頁
(19)『婦人画報』昭和二年二月号
(20)『著作集』第四巻、二九二頁
(21)『著作集』第六巻、一六六頁
(22)『元始』下、三五九頁
(23)『元始』下、三六六頁
(24)永島信子『日本衣服史』、芸艸堂、一九六八、六四三頁
(25)『婦人画報』大正二年二月号
(26)『著作集』第三巻、一一七-八頁

青鞜

Ⅱ 世界の「新しい女」たち

欧米における「新しい女」の誕生——イギリスの場合

三神和子

一　「新しい女」の誕生の背景

イギリスでは「新しい女」という言葉は一九世紀末に活躍したフェミニスト作家セアラ・グランド（一八五四—一九四三年）によって造り出された。『ノース・アメリカン・レヴュー』誌の一八九四年三月号に載せた「女性問題の新局面」においてセアラ・グランドは次のように初めて「新しい女」という言葉を使用した。(1)

彼〔わめき立てる男〕にとって新しい女を理解することは少しばかり難しい。そして新しい女がこのところ何年もずっと静かに熟考しながら、少し離れて座っている場所を、彼は仰ぎ見ようとする気持ちさえ起こさない。彼女が考えに考えてやっと問題を解き、「家庭こそ女の領域」とする考えのどこがまちがっているのかを自力ではっきりと示し、その治療法を処方したにもかかわらずである。(2)

しかしこれだけでは「新しい女」という言葉は普及しない。普及するにはウィーダと『パンチ』の手間が必要であった。

このセアラ・グランドの評論を受けて、反フェミニストで『フランダースの犬』（一八七二年）の作者として有名なウィーダ（一八三九―一九〇八年）が同じ『ノース・アメリカン・レヴュー』誌の五月号に文字どおり「新しい女」という題の論説を書き、反論してみせる。書き出しは次のようである。

異論が唱えられることはとうていないと思うが、現在英語においておおいにうんざりさせる人たちを表す二つの言葉が目立つ。労働者と女である。私たちは英語で書かれた読み物のあらゆる頁で労働者と女―新しい女であることを忘れないで―にお目にかかる。そしてそれぞれがこの特別のWに世の中の将来がかかっていると確信しているのだ。彼も彼女も両方とも人為的に自分たちの価値を高め、自分たちの地位を今までの見捨てられた状態から引き立てにあずかるものへと変えたいと思っている(3)

このときウィーダは「新しい女」のNとWを大文字で描き（The New Woman）、「新しい女」という言葉を特別扱いする。

そしていよいよ当時の週刊諷刺雑誌『パンチ』（一八四一―一九九二年刊行）が早速五月二六日号に二人のやりとりをおもしろがって取り上げたことから、「新しい女」という言葉は、因襲を破り新しい生き方を求める女性の総称として定着し、全国に普及した。日本にもそのまま「新しい女」としての名称は伝わっている。

新しい女

（「ウィーダ」は「新しい女」をまったく退屈なものだと言う。「セアラ・グランド」は宣言する。男は道徳に関しては「まだ幼児段階にあるので、女は子どもでしかない男に力強い手を差し伸べ、」「子ども部屋で男に正しい考えをお尻をたたいて教え込まなければならない」と。）

新しい女が存在する。さてどう思われる？　この女は書物の紙とインクしか食べない！　しかしそれだけが食事だというのに、この口やかましい新しい女は静かにすることができないのだ！(4)

この名称の鋳造は一八九四年であったものの、この鋳造以前から因襲を打破し新しい生き方を求める女性たちはもちろん存在した。いわゆる一九世紀末の「新しい女」の範疇に含まれると考えられる女性にかぎっても、すでに文学や戯曲の中に登場し、当時の若い女性たちの間に多くの支持者を生み出している。実際、みずから「新しい女」を実践する現実の女性たちも出始めていた。たとえば、文学においては一八八三年にオリーヴ・シュライナーがラルフ・アイアンの名で『アフリカ農場物語』を発表し、結婚を拒む生き方を選ぶ主人公リンドールを描いている。また戯曲においてはヘンリック・イヴセンの『人形の家』（一八七九年）が一八八九年六月にはイギリスにおいて上演され、ひとりの人間として生きるために何不自由のない家庭を出て行く主人公ノラをエリザベス・ロビンズが演じている。当時の社会に賛否両論、物議を醸した「新しい女」はもうすでに続々と誕生していた。

ただ、セアラ・グランドが鋳造するまで、彼女たちにぴったり合う名称がなかっただけだった。彼女たちはそれまでリン・リントン婦人の名付けた「野性の女たち」とか、ジョージ・ロバート・ギッシングの本の題名である「半端もんの女たち」とか、ピネロが戯曲の題名として付けた「アマゾネス」とか呼ばれたことがあったが、どれも定着しなかった。そしてやっと「新しい女」にうまくおさまったのであった。(5)

イギリスの「新しい女」の現象はおもに一八八〇年代と九〇年代に中産階級の女性たちの間に起こった現象だが、その中産階級の女性の解放に尽力した先輩たちのおかげで彼女たち「新しい女」が登場できたことは忘れてはならない。すなわち一九世紀末の「新しい女」の登場の背景には、適齢期の女性の増加など他にも様々な要因はあるが、大きな推進力となっているのは、一九世紀中葉から活躍し始めた第一世代のフェミニストグループの活躍である。

もちろん一七九二年に『女性の権利と擁護』を書いたメアリー・ウルストンクラフトの存在は大きい。しかし「新しい女」にとってその誕生に直接の貢献をしたのは、第一世代フェミニストの高等教育や職業の門戸開放や機会拡大を求めた奮闘と実績である。つまり、従来の結婚制度を拒絶するにせよ、改革するにせよ、自由に生き自由に物申すためには、女性の側に経済的裏付けが必要であり、そのためには、ひとり立ちできるための教育と雇用の機会が女性に用意されていないとならない。その教育と職業、とくに高等教育と知的専門職の門戸開放があってこそ「新しい女」の登場があるのであるが、それらは第一世代のフェミニストであるエミリー・デイヴィスやエリザベス・ギャレット・アンダーソン、ソフィア・ジェックス＝ブレイクなどの奮闘のおかげで用意されていたのであった。たとえば、ジョージ・バーナード・ショウの『ウォーレン夫人の職業』（一八九八年）に登場する「新しい女」、ヴィヴィ・ウォーレンは、経理事務所で働き、一生結婚することなく仕事に打ち込む人生を歩もうと決意しているが、その彼女の決意を可能にしているのは、ケンブリッジ大学の女子高等教育機関であるニューナム・カレッジの教育と、その大学で数学の優等卒業試験の三級合格者であるという実績にほかならない。とくに高等教育は女性の自立を手助けし、またイメージの点で世間は高等教育出身者を「新しい女」と結びつけた[6]。女性が教育を身につけるということは、それほど意味の大きいことだったのである。

女性の高等教育と職業について簡単に振り返れば、一九世紀中葉に至るまでイギリスにおいて女性には学校教育への道は閉ざされており、女性は系統だったカリキュラムのもとに教育されることはなかった。中産階級の娘たちは母親やガヴァネス（住み込み女性家庭教師）によって家庭で絵画やピアノ、国語、フランス語、地理などの「たしなみ」の教育を受け、知的訓練を受けることはなかった。女性には知性や理性の訓練は能力の点で無理であり、男性と同じように知的な教育をつければ、子供を産めなくなると考えられていたからである。第一、どうせ嫁にやる娘に高い教育費などかける必要もない。学校へ行くといっても、娘たちは学校とは名ばかりの、花嫁学校であるフィニッシング・スクールに行くのがせいぜいであった。

それが、適齢期の女性の人口が男性のものと比べてアンバランスに多くなり、結婚できない女性が増加した。経済的に余裕がなく、かつ、結婚できない以上、女性は働かなくてはならないが、その働き口は多くはなかった。当時の中産階級の女性にとって働いて収入を得ることは、体面を失うことを意味したからである。体面を失わずに、すなわち階級を落さずに働ける数少ない職の一つはガヴァネスになることであったが、そのガヴァネスの就職口に女性が殺到し、需要と供給のアンバランスが起きた。そこでガヴァネスのキャリア化を目指す初の女性中等教育機関、クィーンズ・カレッジが一八四八年に、ベッドフォード・カレッジが一八四九年に創設された。そこから女性の中等教育機関が次々と設立され、そしていよいよ高等教育機関の門戸開放が成し遂げられる。エミリー・デイヴィスによるヒッチン・カレッジ（のちのケンブリッジ、ガートン・カレッジ）の一八六九年の創設にたいする奮闘はあまりに有名だが、続いて、のちのニューナム・カレッジとなるマートン・ホール・カレッジが一八七一年に創立され、オックスフォードでもサマヴィル・カレッジ（一八七九年）とセント・ヒルダ・カレッジ（一八九三年）が女子カレッジとして創立された（これらの古い大学が女性に学位を与えるのは二〇世紀になるのを待たなければならなかったけれども）。またロンドン大学やマンチェスター・ニュー・カレッジは一八六九年と一八七六年にそれぞれ女性に門戸を開き、ロンドン大学では一八七八年女性に初の学位を与えている。

そして知的専門職である医学界の扉をエリザベス・ギャレット・アンダーソンとソフィア・ジェックス＝ブレイクが、大学医学部入学や臨床実習、医師免許の取得にたいする医学界の多くの抵抗にもかかわらず、みごとにこじ開けてみせ、後輩の女性たちに道を開いた。一八七五年の医療法改正により、イギリスは医大に女子の受験認可の権限を与え、一八七六年には女性に医師登録の権利を認め、翌年の一八七七年には女医の開業を法的に認可した。一八六六年、エリザベス・ギャレット・アンダーソンは「婦人のための聖メリー診療所（のちにエリザベス・ギャレット・アンダーソン病院と改名）を開設、ソフィア・ジェックス＝ブレイクは一八八六年エディンバラ女子医学校を設立した。

また、看護婦という職がフローレンス・ナイチンゲールによって確立され、多くの女性たちに社会的に信用のある職を用意したことも忘れてはならない。ナイチンゲールの看護学校は一八六〇年に設立され、一八八七年には王立英国看護協会が設立されている。

同時に、経済の発展や科学技術の進歩にともなって女性向けの職種が増え、特に中産階級の女性が雇用される機会が増大したことも事実である。小学校の教員、事務職員、司書など、教育を受けた女性が求められる社会になってきたのだ。たとえば、一八七〇年の初等教育法の制定と一八九一年の公立小学校授業料の廃止によって、正規の初等教育が整備され、それにともなって正規の小学校教員の需要が増した。この需要に合わせて、大学教育を受けた多くの女性に教師の職が開かれたのである。一八八五年にはケンブリッジ大学に女性教師養成学校であるヒューズ・ホール・カレッジが設立され、エリザベス・ヒューズが初代校長となっている。(7) また、一九世紀の流通経済変化の象徴であるデパートメント・ストアでは、階級の良い家庭の女性たちを客として集めるために、その女性たちの接客に適する店員として、教養があり丁寧で上品な物腰の女性を雇うようになった。(8) そして一八六七年に発明されたタイプライターが一八八〇年代に多量に事務所に導入されたことから、タイピストとして女性が大幅に雇用されれた。タイプはピアノにタッチが似ており、女性向きだと考えられたのである。前述したように、ピアノは中産階級の女性の「たしなみ」教育に含まれていた。たしかに当時のタイプライターには女性向けに花の絵が描かれているものもあった。(9) 女性たちはタイピストを兼ねて事務員として事務所に雇われることも多かった。ジョージ・ギッシングの小説『半端もんの女たち』（一八九三年）には、「新しい女」である主人公二人がタイプと事務を訓練する学校を開き、それで生計を立てているが、この物語が示すように、タイピスト兼事務員として雇われる女性の需要は大きくなっていた。そのほか電報や電話のオペレイターの職も女性向きと考えられ、女性が多く雇用された。さらに一八七〇年にイギリス政府が、そして一八九五年には国立貯蓄銀行が、女性の事務職員の雇用を開始した。これら女性の職場進出は一八五九年に第一世代フェミニストグループによって設立された中産階級の女性のための女性雇用促進協会が願ったとおりの事柄であった。

ちなみに、アメリカ合衆国においても、「新しい女」の誕生以前に、女性の高等教育や知的専門職の門戸開放や雇用機会の増加が整えられていた。アメリカの「新しい女」も一八八〇年から九〇年にかけて登場したが、そのときすでに女性の高等教育機関は開かれ、一八三七年にアメリカ初の女子大であるマウント・ホリオーク・カレッジが設立され、その後一八六一年にヴァッサー・カレッジ、一八七一年にスミス・カレッジ、一八七〇年にウエルズリー・カレッジ、一八八五年にブリンモア・カレッジという具合に女子大学が続々と設立されていた。一八七〇年にはコーネル大学とミシガン大学が女性に門戸を開いている。また医学への道は、ジュネーブで医学の教育を受けたエリザベス・ブラックウェルが一八四九年にアメリカ初の女性の医学士の資格を手に入れている。アメリカは女性が医者を開業することを一八四九年に法的に認めている。しかし医学界へ女性が進出することへの男性医師たちの抵抗はイギリスや他の国と同様に強く、女性の医学部への入学や病院での実習を拒んだため、エリザベス・ブラックウェルは姉のエミリーとともに一八六六年に女子医科大学を設立した。エリザベス・ブラックウェルがイギリスに渡り女性の医学進出を促す講演活動をしているとき、その講演を聞いたエリザベス・ギャレット・アンダーソンが自分も医学の道を目指す決意を固めたことは有名である。さらに一八六九年には弁護士免許が女性に初めて与えられている。イギリスに比べてアメリカ合衆国は高等教育を女性に授ける時期も専門職を門戸開放する時期も早く、また高等教育を受けた女性の数も圧倒的に多い。この差はやはり旧い国と新しい国の違いを表わしていると思えるが、同時にイギリス一九世紀の女性観がいかに階級意識に縛られていたかも物語る。

二 「新しい女」の「ウーマン・クエスチョン」

イギリスの「新しい女」を定義するにあたって、ローラ・メイホールは「新しい女」とは「中産階級で、独身で、大学教育を受けていて、博学で、収入のある仕事をしていて、運動好きで、合理服を着ていて、性にたいして率直で、政治上の性的平等を手に入れようと望んでいて、伝統的な女性らしい自己犠牲よりも自立と公益活動に価値を置く」女性であると述べている。[10] また、エレン・ジョーダンは、現在の我々が思い描く「新しい女」は「一八九〇年代の、教育を受けていて、スポーツをやって、煙草を吹かし、結婚嫌いの女性という滑稽な姿」であると言っている。[11] しかしもちろん実際にはこれらすべてにあてはまる「新しい女」はいないし、「新しい女」を画一的に決めることはできない。「新しい女」の主張や新しい生き方の模索はさまざまで、そのヴァリエイションの多さが「家庭の天使」という画一的なヴィクトリア朝の理想の女性像と対照をなしていることも特徴の一つとなっている。

しかし、彼女たちの出した答えはさまざまで多様性に富んでいるが、小説や戯曲において多くの「新しい女」が問題にした「ウーマン・クエスチョン」が三つある。一つは従来の結婚制度への疑問であり、二つ目は当時の性に関する社会通念の打破であり、もう一つは母性をどう捉えるかという問題である。この三つは互いに関連した問題であり、実際には一つだけを切り離すことはできない。「新しい女」は一つに焦点をあてて主張したり、組み合わせて考えたりしている。まず、従来の結婚制度について「新しい女」たちのなかには、結婚が女性の唯一の幸福への道であるとする従来の価値観を問い直し、結婚を人生の一つの選択肢にすぎないと考え、社会的経済的な理由で好きでもない男性と結婚することはないと判断する者たちがいた。一八世紀末にメアリー・ウルストンクラフトが結婚を「合法的売春」であると言ったが、彼女たちは、もはや社会的体面や経済的理由から結婚（つまり売春）する必要はないと考えた。身体も魂も自分のものとし、自分の自律性を保つ人生を歩もうとしたのである。また、結婚という制度は認めるものの、新しい形の夫婦関係を求める者たちもいた。彼女たちが夫との間に築こうとした関係は、もはやジョン・スチュアート・ミルが指摘した奴隷と主人の関係ではなく、「仲間」や「同志」としての関係であり、また夫を教え導く女性上位の夫婦関係である。一八七〇年と一八八二年の既婚女性財産法で妻という立場の女性の財産が少しずつ保障されてきたこともあって、経済力を背景に、結婚しても自律性を求める女性が現れたのだ。

次に性に関しては、女性には性欲がなく、家庭内で「生殖のための性」を嫌々ながら受け容れるという従来の女性の性に関する思い込みや（男性のつくった）理想を打ち破り、女性にも性欲があることや「快楽のための性」を望むことを表明した「新しい女」たちがいた。婚姻外の性関係を肯定する者もいた。また、当時の性に関するダブル・スタンダードを非難し、男性の放縦を矯正しようとする者もいた。

そして第三に、母性に関して、母親となることに魅力を感じなかったり、母親となることを自己実現の邪魔であると考える女性たちがいた。そしてその一方で、母親となることこそが自己充足であり、女性であることの完成であると主張する「新しい女」がいた。また、婚姻外に、男性に頼ることなく母親になろうとする者もいた。

具体的に繰り返せば、たとえば、オリーヴ・シュライナーの『アフリカ農場物語』（一八八三年）のリンドールやジョージ・バーナード・ショウの『ウォーレン婦人の職業』（一八九八年）のヴィヴィ・ウォーレン、ジョージ・ロバート・ギッシングの『半端もんの女たち』（一八九三年）のローダ・ナンは、結婚を女性の幸福とは思わず、結婚を選ばない。リンドールは自分の性愛に屈して結婚することを潔しとせず、あとの二人は職業に生き甲斐を見出すのだ。グランド・アレンの『やってのけた女』（一八九五年）のハーミニア・バートンは合法的に結婚することなく男女が性的に結びつくことを肯定し、それによって子供をもうける人生を選びとる。リンドールと同じく、結婚という形をみずから否定したうえで子供をもうけようとするのだ。一方、モナ・ケアドの『ダナウスの娘たち』（一八九四年）のヘイドリアは結婚は否定しないものの、母親であることを自己実現の邪魔になると考える。母性を動物的とみなすのだ。これにたいしてジョージ・エジャトンの「交差線」の主人公は「生殖のための性」ではなく、性愛こそが母性に結びつき、母性が女性に充足感をもたらすと考える。(12)

このように文学上の「新しい女」たちは結婚や性、および母性を捉え直し、それぞれの新しい生き方を主張した。表面的な結果は、結婚や母性に価値を見出し、従来の女性の生き方と似たようなものになってしまったり、自殺や死で終わる悲劇的な結末を迎えてしまったりすることもある。しかしそれらは、問い直しや捉え直しのうえで得た結果であり、彼女たちが従来の女性の画一的生き方を肯定しているわけではない。「新しい女」の魅力は、彼女たちがまだ試行錯誤の状態で、歴史の流れから見れば、次世代への過渡期の役を果たしたにすぎないとしても、そしてどんな結末を迎えても、彼女たちが自分で決断し選び抜いた人生を決行したことにある。彼女たちの挑戦する姿に当時の多くの女性たちが惹きつけられたのだ。

三　「新しい女」にたいする非難

しかし当然のことながら、「新しい女」にたいして猛烈な反対や非難、嘲りの声があがった。その反対理由には、たんに新しいものへの反発や、女性は劣っているという単純な思い込みや、宗教的理由などさまざまであったが、なかでも見逃せない、かつ当時影響力を持っていた大きな反対理由の一つに、彼女たちが国家の安全を脅かし国力増強の妨げになるという考えがあった。人々の胸の中で膨らみ始めた国力衰退の不安の最中に彼女たちが登場したことも、彼女たちへの反対を煽った。

イギリスは一九世紀も終わりに近づいて来ると、自分たちの国力に関して大きな不安を抱え始めていた。まず経済的国力への危機感が大きかった。産業革命をいちはやく済ませたイギリスは、世界貿易でも世界の覇者として君臨してきたが、一九世紀も末になると、後発の国々、とくにアメリカ合衆国やドイツに世界の市場を占領され始めていた。C・ブラド　フォートによれば[13]、イギリスの世界貿易における占有率は一八八〇年から一九一〇年の間に二三%から一七%に落ち込んでいる。自由貿易制度をとってきたために、イギリス国内においても外国の食料や製品が出廻り、製品を生み出す産業も衰退していた。そこで新しい市場を求めて植民地を新しく切り開こうとしたが、他のヨーロッパ諸国やアメリカ合衆国との競争は激しく、イギリスの帝国の拡大は容易にははかどらなかった。イギリスは経済的危機の脱出と帝国拡大への要求のため、経済戦士としての国民も必要としたが、文字どおり領土獲得戦争のための兵士となる国民も必要としていた。その国民は質の良い国民でなければならず、しかも大量に必要とされた。

この経済的危機感はおりしも一九世紀後半から徐々に高まった社会ダーウィニズムの不安に煽られた。社会ダーウィニズムとは、チャールズ・ダーウィンの進化学説、とくに生物界における生存競争、適者生存の原理をハーバート・スペンサーが人間社会に適用し、人間の社会も自然淘汰による生存競争の原理が支配するという主張である。この社会ダーウィニズムの観点から照らしても、イギリスが今までどおり将来も世界最強の勝者であり、また適者としての地位を守れるという保証はなく、ともすると敗者に転落するのではないかという不安がイギリス社会に湧き起こった。イギリスはどうしても国家の繁栄および安全や安泰のために、国力を、国民の力を増強しなければならない。そのためには良質の国民を大量に生み出すことが必要であった。

この切迫した危機感は、イギリス人フランシス・ゴルドンによって提唱された優生学思想へと発展した。優生学思想とは、国家や民族や社会が生存競争をするのであれば、自国や自分の民族、社会を勝者とするために、自然淘汰の摂理に人工的に介入しようとするものである。この優生学思想は、ヨーロッパ諸国やアメリカ合衆国、そして日本にも伝播した。

優生学における人種改良の方法には二つあって、一つはネガティヴ優生学であり、もう一つはポジティヴ優生学である[14]。ネガティヴ優生学とは、生存競争にお荷物となる「不適者」の数を減らすために、「不適者」の人口を人工的に抑制しようとするものであり、ポジティヴ優生学とは、「適者」の人口の増加を積極的に推し進める方法である。

当時のイギリスにおいて、この社会ダーウィニズムを騒ぎ立てる者たちにとって、質の良い国民とは、中産階級の者たちを意味した。彼ら中産階級は自分たちこそ生存競争に打ち勝った「適者」であり、現在の大英帝国を築き上げたという自負をひときわ強く持っていた。道徳的に腐敗し怠惰な貴族とは違って、自分たちが精神的にも肉体的にも優れ、かつ精進したからこそ、イギリスはここまでになったのだ。だから自分たち中産階級の形質を受け継ぐ子孫を増やすことによって、適者の人口を増やすことが、イギリスの国力を上げ、いかなる戦いにもイギリスを勝たせ、イギリスの安全と安泰へ導くと彼らは考えた。

「新しい女」はこのポジティヴ優生学思想に抵触した。どこの国でも「適者」とは、この思想が伝播したときにおけるその国の優位な立場にある人々や階層を指し、「新しい女」はその優位にある階層から生まれて来るので、この二つの衝突は当然と言えば当然である。イギリスにおいても「適者」が中産階級であると考えられ、「新しい女」はその中産階級から登場してくる以上、衝突は避けられない。

そのうえ、出生率が低下していた。一九世紀末からイギリス全体の出生率は急速に下がり始めたが、この出生率の低下は階級によって一律ではなく、労働者階級のなかの最下層はものすごい勢いで増加していたにもかかわらず、肝心の中産階級の出生率が、それも上の階層にいくほど下がっていたのである。

どうしても中産階級の出生率を上げなくてはならないと、ポジティヴ優生学者が主張するとき、彼らが「新しい女」に反対するのも無理はなかった。自己実現を優先するあまりに、結婚を人生の一つの選択肢としてしか捉えず、また結婚しても晩婚であったり、小規模の家族しか持たないことは、そして性を生殖のためのものではなく快楽のものへと変容させることは、国家の安全や安泰を脅かす危険な行為と捉えられたのである。また、婚姻外の子供をもうけることも、社会の核である家庭を破壊する点において、危険きわまりないものと捉えられた。

「新しい女」は、同じく一九世紀末に登場したオスカー・ワイルドやオーブリー・ビアズリーなどのデカダントたちと、従来の性役割や性道徳に異議を申し立てた点において、すなわち、子孫繁栄につながらない性の形を肯定し、家庭という社会基盤を顧みない点において、同一視され、国家の危険分子と捉えられた[15]。両者は世紀末のイギリスにとって国家の衰退と腐敗の徴候および民族の退化を表わすと同時に、さらにそれを悪化させる悪者と人々の目に映ったのである。

四　セアラ・グランド

「新しい女」やその作家たちはこのように、国家を脅かす者として非難され嘲弄されたが、彼女たちの中に国家安全の理論と女性の新しい生き方を上手に結びつけた「新しい女」たちがいた[16]。彼女たちは「新しい女」の生き様こそが国力を強化するのだと主張した。この主張は『女性と労働』(一九一一年)を書いたオリーヴ・シュライナーの主張のなかにも明白に表われているが、一九世紀末の「新しい女」が風靡した時代においては、なんといっても、セアラ・グランドが有名である。前述したように彼女は「新しい女」という言葉を鋳造した女性だが、小説家としてばかりでなく、『ノース・アメリカン・レヴュー』誌、『テンプル・マガジン』誌、『ヤング・ウーマン』誌など数々の雑誌に論文を書き、インタヴュー記事を載せ、講演活動を行って、当時の新しい生き方を求める女性たちを導くオピニオン・リーダーの役を果たしている。もちろん彼女も反対され揶揄嘲弄されたが、支持も多く集めた。二〇世紀になってから女性参政権運動に献身したあと、彼女はバースに移り住むが、一九二二年から二九年の間に六回もバース市の名誉市長に選ばれ、行政には携わらないものの、市の重要な式典や集会などの公式行事において市の顔として活躍したことは、彼女が一九世紀末に非難され人々のひんしゅくを買うばかりの「新しい女」であったのではなく、揶揄はされても幅広い層から多くの支持を集め、国家に貢献した「新しい女」として迎え入れられたことを示している。

では、彼女は具体的に何を主張したのか。この論の最終章として彼女の主張を簡単に見てみる。

セアラ・グランドの「新しい女」の主張は、一見すると、新しくない。独身を女性の不完全な状態として退け、合法的結婚を奨励している点において、また子育てを「最も甘美な職業」として礼賛している点において[17]、そして何よりも女性が道徳的であることを大前提としている点において、どこが新しいのかと思わせる。しかしながら、よく読めば、やはり新しく過激である。

まず、彼女は結婚を奨励するものの、それには何よりも良き夫選びが重要であると言う。良き夫とは社会的地位や財産の点が基準になるのではなく、性道徳の点で決定される。つまり結婚前に性の放埒を犯していない男性のことである。良き夫は結婚後も放埒を犯してはならない。「新しい女」は夫となる男性には過去の清さと、結婚後は妻以外の女性との交渉のなさを要求する。性のダブル・スタンダードは廃止され、男性は、性道徳に優れている女性に合わせて向上しなければならない、と彼女は説く。

というのは、男性の性的放埒は性病を家庭内に持ち込み、妻に感染させ、子供に影響するからである。この家庭内への性病の侵入の阻止こそ、セアラ・グランドが繰り返し説く主題であり、一八九三年発表の彼女の小説『ふたご座』はこの主題をオープン・クエスチョンにし、オープン・ディスカッションにするために人々の前に差し出した作品であると彼女は言っている[18]。主人公の一人、エディス・ビールは無知のまま、放埒三昧の過去があり梅毒を患っている男と結婚し、病気をうつされ、自分も病気に苦しむうえに、生まれた男の子にも病気の徴候が現われる。こうしてイギリスの子孫は種の退化へとつながり、国力は衰退していくのだという警告がこの作品に鳴り響く。

そしてグランドは、次のように主張する。私たちの人種を無気力にしているのは、現在の男性の低い道徳風潮である[19]。買春は退化した紳士の徴候であり、衰退している国家の徴候である[20]。現在の性道徳のありさまは、国を退廃させ国力を弱めているのだ。

したがってこのような退廃した男性と現代の娘が結婚することはない。「何よりもまず、その無気力を理由に、そんな男を排除させる女性の自然選択の本能が、その男の性格を知るにつれ強まってくるからだ[21]」。現在低い風潮にある男性は尊敬される存在になるまで、結婚を拒まれることになる[22]。

しかしもちろん男性が拒絶されるのも、それほど長いことではない。「『新しい女』が男性を治し救いにやってくるからである[23]」。もはや男性は甘やかされることなく、矯正されなくてはならない。それをやるのが「新しい女」であり、またそれこそが「ウーマン・クエスチョン」の解決になるのだ[24]。現在の男性は総じて道徳に関しては、まだ「幼児の段階」にいるにすぎない[25]。現在の男性はまだ大人になっていない「ぼくちゃん」なのだ[26]。女性は「ぼくちゃん」に強い手を差し伸べて、上に上がるのを手助けしてやらないとならない。女性は男性の母親として教え諭し救ってやらないとならないのだ[27]。だからこれからは男性はもっと改善される一方で、女性はもっと強く賢くなっていく[28]。女性はこの目的のために、そして夫となる男性を正しく見抜くために、世間を知り高い教養を身につけ高等教育も修めることが必要なのである。

しかし、もし現在の男性の教育がうまくいかなくても、がっかりする必要はない。「現在の世代にほとんど希望が持てなくても、女たちは子供部屋で次の世代の男性のお尻をたたいて教え込むことができるからである」[29]。子供部屋で母親が教え込むことは、この道徳であり、「女性への尊敬」であり「男女平等」である[30]。だからこそ子育ては「甘美で」すばらしい仕事なのだ。

すなわちセアラ・グランドは「人口の問題を決めるのは女性のほうが適切である」と考える[31]。女性は「より高い種類の人間を要求することによって、より良い人間の生産を保証し続け、」「人種に利益をもたらすのだ[32]」。「新しい女」は「イギリス民族の母親」[the mothers of English race]として[33]、イギリスの国民と国力の強化の責任を持つ。

だからこそ女性に参政権が必要なのだと彼女は言う。女性が参政権を持てば、「女性の影響力は道徳の問題に発揮され、政治の雰囲気も浄化されるだろう[34]」。「女性解放運動は、…人種をより高いレベルへと持ち上げる努力なのである[35]」。彼女は「貴族院など廃止して、婦人院[the House of Ladies]のようなものを創り、女性が自由に諸問題を議論したほうが、女性の力を発揮できる」とまで言う[36]。

以上のようにセアラ・グランドの主張は、社会ダーウィニズムと優生学思想にのっとった女性上位理論の考えであり、その主眼点は、女性こそが「イギリス民族の母」として国家の安泰と向上に責任を持つことにある。この責任のために女性は主体性を持って結婚相手を選び、夫を教育し、子育てをするのだ。ここにはもはや男性に選ばれることを待ち受ける娘や、夫に蔦のように依存する従順な妻はいない。幸せな家庭を築くことを理想としていても、彼女たちはもはや「家庭の天使」ではなく、家庭構築という国家の基盤の構築において主導権を握った責任者たちなのである。彼女の「新しい女」は男性の真似などする必要もなければ、する気もない。自治と責任とに目覚めたたくましい女が女性のすばらしさを高らかに歌い上げるのだ。合理服を着て颯爽と自転車で風を切っても、もちろん、この強い女は女性らしさを忘れない。女性であることこそが誇りであるのだから。

セアラ・グランドは「新しい女」を国家を脅かす存在から国家を守り育てる「民族の母」へみごとに変容させた。彼女がそのとき社会ダーウィニズムと優生学を上手に取り入れるばかりでなく、女性を男性よりも上位に価値付け、女性賛歌をのびやかに歌ったことは、注目に値する。

たしかに、彼女の主張は、現在の我々の目から見れば、あまりに過激であり、少し滑稽でもあるが、彼女の生きた時代を考えると、彼女が女性の地位向上を当時の思潮にいかに上手に乗せようとしたかが解る。

注

（1） Jordan, Ellen. "The Christening of the New Woman." May 1894. *Victorian Newsletter* 63 (Spring 1983): 19–21. New York: New York University.

（2） Grand, Sarah. "The Aspect of New Woman." *North American Review* March 1894: 270–1.

（3） Ouida. "New Woman." *North American Review* May 1894: 610.

（4） *Punch*. 26 May 1894: 252.

（5） （1）に同じ　20頁。

（6） もちろん、重なり合った女性たちが多くいたことも事実であるが、実際には高等教育出身者と「新しい女」とが完全に一致したわけではない。とくに、一九世紀中葉からの女性解放／女権拡張運動の女性たちと「新しい女」たちを区別することはときとして必要である。第一世代のフェミニストたちが自分たちの活動の推進にとって「新しい女」の存在が（性の解放や女性らしさを捨てる点等において）障害になると考えていたことは、留意すべきである。しかし、いずれにせよ、第一世代のフェミニストの業績により「新しい女」が誕生したことは見逃せない。

（7） エリザベス・P・ヒューズ（一八五一―一九二五年）は、一八八五年から一八九九年までヒューズ・ホール・カレッジ（創立当時は女性教員養成大学［Cambridge Training School for Women Teachers］という名称であったが、一九四九年に初代校長ヒューズを記念してヒューズ・ホール・カレッジと改名）の校長をつとめあげたあと、一九〇一年来日し、一九〇一年に創立された日本女子大学において成瀬仁蔵を助け、また英文学部で教鞭をとった。ヒューズと日本女子大学の関係については白井堯子氏のご研究に詳しく論じられている。「エリザベス・P・ヒューズ――成瀬仁蔵を助けた英国女子パイオニア――」『成瀬記念館』九号（一九九三）及び「日英交流と明治期の女子高等教育――放送大学講義で成瀬仁蔵を語る――」『成瀬記念館』二一号（二〇〇三）。また、ヒューズが当時の日本女性の身体運動としてスエーデン体操を勧め、普及に尽力したことは注目に値する。

（8） Hunt, Tamara L. "Women's Work." *Encyclopedia of the Victorian Era*. Ed. James Eli Adams, Tom Pendergast, and Sara Pendergast. Danbury: Scholastic Library Publishing, 2004 : 199.

（9） Young, Arlene. "Typewriter." *Encyclopedia of the Victorian Era*. Ed. James Eli Adams, Tom Pendergast, and Sara Pendergast. Danbury: Scholastic Library Publishing, 2004 : 122.

（10） Mayhall, Laura E. Nym. "New Woman." *Encyclopedia of the Victorian Era*. Ed. James Eli Adams, Tom Pendergast, and Sara Pendergast. Danbury: Scholastic Library Publishing, 2004 : 110.

（11） （1）に同じ、二一頁。

（12） イギリスの「新しい女」の種類や分析に関しては、川本静子『〈新しい女たち〉の世紀』（みすず書房、一九九九）、及び武田美保子『〈新しい女〉の系譜――ジェンダーの言説と系譜』（彩流社、二〇〇三）に詳しく論じられている。

（13） Faught, Brad C. "Progress." *Encyclopedia of the Victorian Era*. Ed. James Eli Adams, Tom Pendergast, and Sara Pendergast. Danbury : Scholastic Library Publishing, 2004 : 261.

（14） Kevles, Daniel J. *In the Name of Eugenics*. Berkley and Los Angels: U of California P, 1985 : 85.

（15） Mayhall, Laura E. Nym. "New Woman." *Encyclopedia of the Victorian Era*. Ed. James Eli Adams, Tom Pendergast, and Sara Pendergast. Danbury : Scholastic Library Publishing, 2004 : 112.

（16） 川本氏も指摘しているが、優生学と「新しい女」との結びつきは当時の社会浄化運動に関連したものと考えることができる。（12）川本著作に同じ、一四九頁。

（17） "The Woman's Question." 1894. *Journalistic Writings and Contemporary Reception*. Ed. Ann Heilman, London and New York : Routledge, 2000 : 125.

（18） "My Impressions of Sarah Grand." 1900. *Journalistic Writings and Contemporary Reception*. Ed. Ann Heilman, London and New York : Routledge, 2000 : 259.

（19） "The Man of the Moment." 1894. *Journalistic Writings and Contemporary Reception*. Ed. Ann Heilman, London and New

York : Routledge, 2000 : 52.
(20)（19）に同じ、五二頁。
(21)（19）に同じ、五五頁。
(22)（19）に同じ、五六頁。
(23)（19）に同じ、五二頁。
(24) "The New Aspect of the Woman Question." 1894. *Journalistic Writings and Contemporary Reception.* Ed. Ann Heilman, London and New York : Routledge, 2000 : 31.
(25)（24）に同じ、三一頁。
(26)（24）に同じ、三一頁。
(27)（24）に同じ、三一頁。
(28)（24）に同じ、三一頁。
(29)（19）に同じ、五七頁。
(30)（17）に同じ、二二六頁。
(31)（17）に同じ、二二八頁。
(32) "The Modern Young Man." 1898. *Journalistic Writings and Contemporary Reception.* Ed. Ann Heilman, London and New York : Routledge, 2000 : 60.
(33)（24）に同じ、三四頁。
(34)（17）に同じ、二二四頁。
(35) "Marriage Question in Fiction." 1898. *Journalistic Writings and Contemporary Reception.* Ed. Ann Heilman, London and New York : Routledge, 2000 : 77.
(36)（17）に同じ、二二四頁。

トリミング制作に見る、自立を目指すイギリスの女たち

坂井妙子

はじめに

イギリスでは、所謂「新しい女」が世に出る前の一八六〇年代、七〇年代に、ミドルクラスと呼ばれる比較的裕福な階層に属す女性達がすでに経済的自立を目指していた。衣服を飾り立てる服装装飾（以降、トリミングと表記）の制作を通してである。新しい女の萌芽と呼ぶにはあまりに家庭的で、女性的な活動に聞こえるトリミング制作だが、彼女たちには確固とした経済的、社会的動機があった。さらに、彼女たちはジェンダーの問題、階級的ジレンマにも立ち向かわなければならなかったのである。従うべきモデルも存在しないこの時期、ミドルクラスの女性たちはどのような戦略を取ったのだろうか。新しい女の母親世代にあたる彼女たちの希望と苦悩、そして可能性を探る。

一　トリミングの流行

まず、当時のトリミングについて概略する。一八六〇年代、一八七〇年代には、豊かになった社会を反映して、女性服にはリボンやブレード、花飾りや機械織りレースなどをふんだんに付けることが流行した。たとえば、図❶

図❶——1860年代のファッション

は六〇年代前半の代表的なスタイルで、立っている女性のドレスには「ギリシャ雷文」(Greek Key pattern)と呼ばれるトリミングが胸元、ボディスの切り替え部分、袖口、スカートのフラウンス(裾ひだ飾り)の上端に付いている。「ギリシャ雷文」はブレードやリボンを四角い渦巻き状に整形した文様である。ブレードをアラベスク状にした文様とともに、六〇年代に大変人気があった。座っている女性も、ドレスの裾には、幅広のレースが付き、レースで作ったと思われる花で飾られている。丈の短いジャケットも、前開き、上腕部、肘から袖口にかけて、レースでトリミングされている。一八六〇年代には、すべての昼用ドレスの裾にブレードを付けたという。(1)スカートだけでなく、ボディスの前身頃や袖口にまでレースやインサーション(布にはめ込むためのレースなど)で飾り立てた(図❷)。

七〇年代に入ると、装飾過多はさらにエスカレートし、「女性のワードローブは益々お金のかかるものとなった」(2)という苦言が頻繁に聞かれるようになる。事実、トリミングの多用は海浜用ドレスにさえ顕著である(図❸)。浜辺を歩くのに、引き裾付きには驚かされるが、凝ったトリミングとその量は目を見張るばかりである。ボディスの前身ごろ全体はブレードで飾られ、カフスには大きなボタン三つとフリルが付いている。三重構造のスカートは、タッセル、フラウンス、パフ状のひだ飾り、大きなリボン結びで装飾されている。スカートの裾を飾るためには、図❹のようなトリミングも使用された。いずれも複数種の素材で構成されている。

トリミングは喪服にも付けられた。『イングリッシュウーマンズ・ドメスティック・マガジン』(一八七一年)のある読者は、「跡が付いてしまったちりめんのトリミングの代わりに、黒のシルクのドレスにふさわしい、費用のかからないトリミングを教えてください」(3)と編集者にアドバイスを求め、黒シルク製のチコリルーシュを勧められている。『イングリッシュウーマンズ・ドメスティック・マガジン』は一八五二年創刊の総合女性誌である。ミドルクラス向け、特に下層ミドルクラスの女性の為の最初の雑誌であり、大量販売に成功したイギリス初の女性誌といわれている。(4)

図❷——1860年代の写真より

実用的であるべき旅行用ドレスにさえ、トリミングが添えられた。『イングリッシュウーマンズ・ドメスティック・マガジン』（一八七〇年）の編集者は、「トリミングには埃が付くし、釘やら、駅のプラットホームのすきまに引っかかる」ので、控えるべきだと読者にアドバイスしつつ、ヴェルヴェットの太いバンドなら「読者も賛成でしょう」と水を向けている。(5) さらに、子供服にもふんだんに付けられた。図❺左はブロドゥリ・アングレーズ付きのコート、右はフロック（ドレス）である。フロックに付けるトリミングは拡大図付きで紹介され、自宅で制作する際に参考にできた（図❻）。

イブニングドレスや舞踏会用ドレスだけでなく、あらゆる種類の女性服、そして子供服にまで、多種多様なトリミングが使われたことがわかる。一八六〇年代、七〇年代はまさにトリミングの時代だったのである。

図❸——1870年代の海浜用ドレス

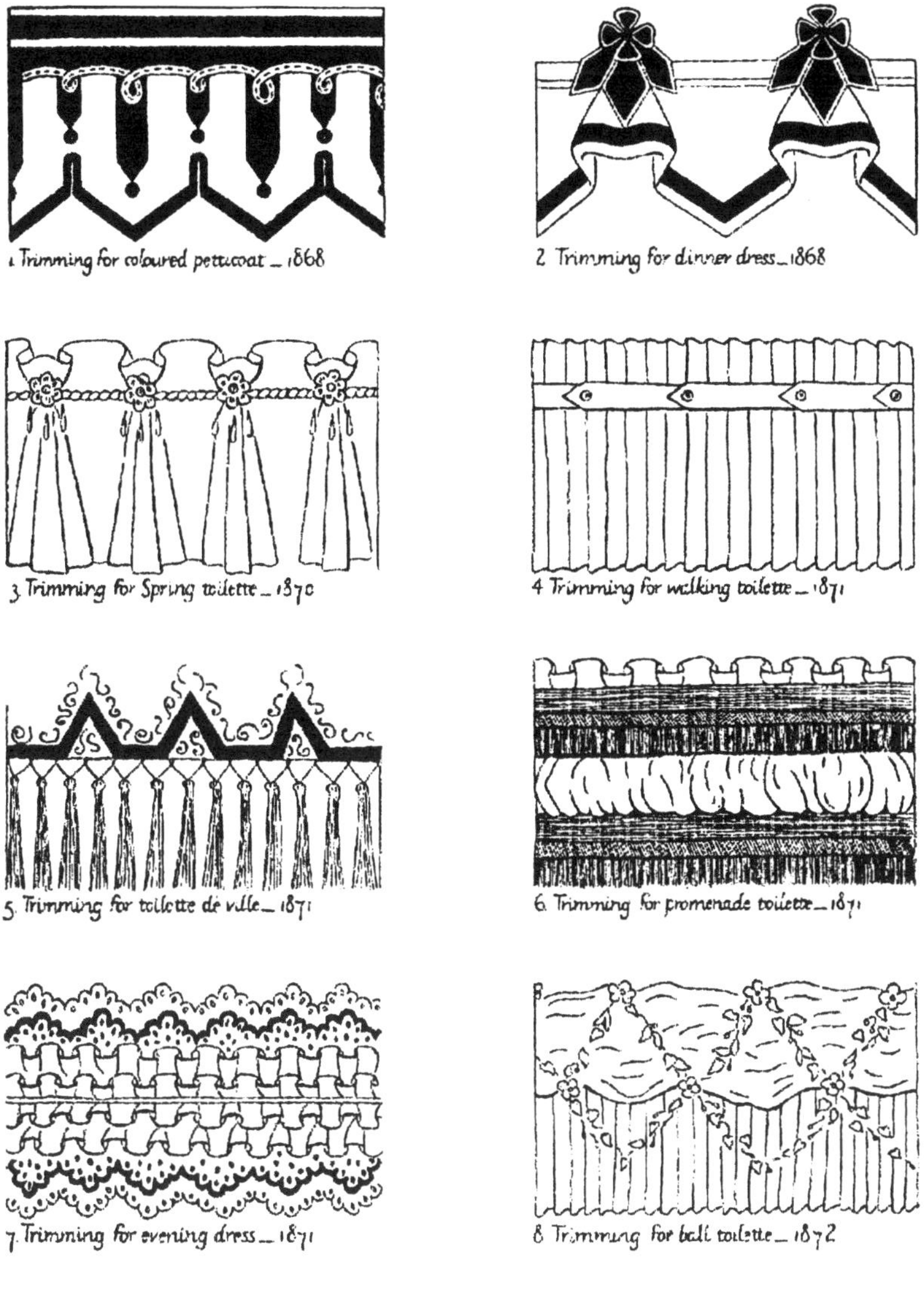

Skirt trimmings (1868-72)

図❹——1870年代のトリミング

474.—Piqué Costume.

241.—Blue Cashmere Frock.

図❺——1860年代後半の子供服

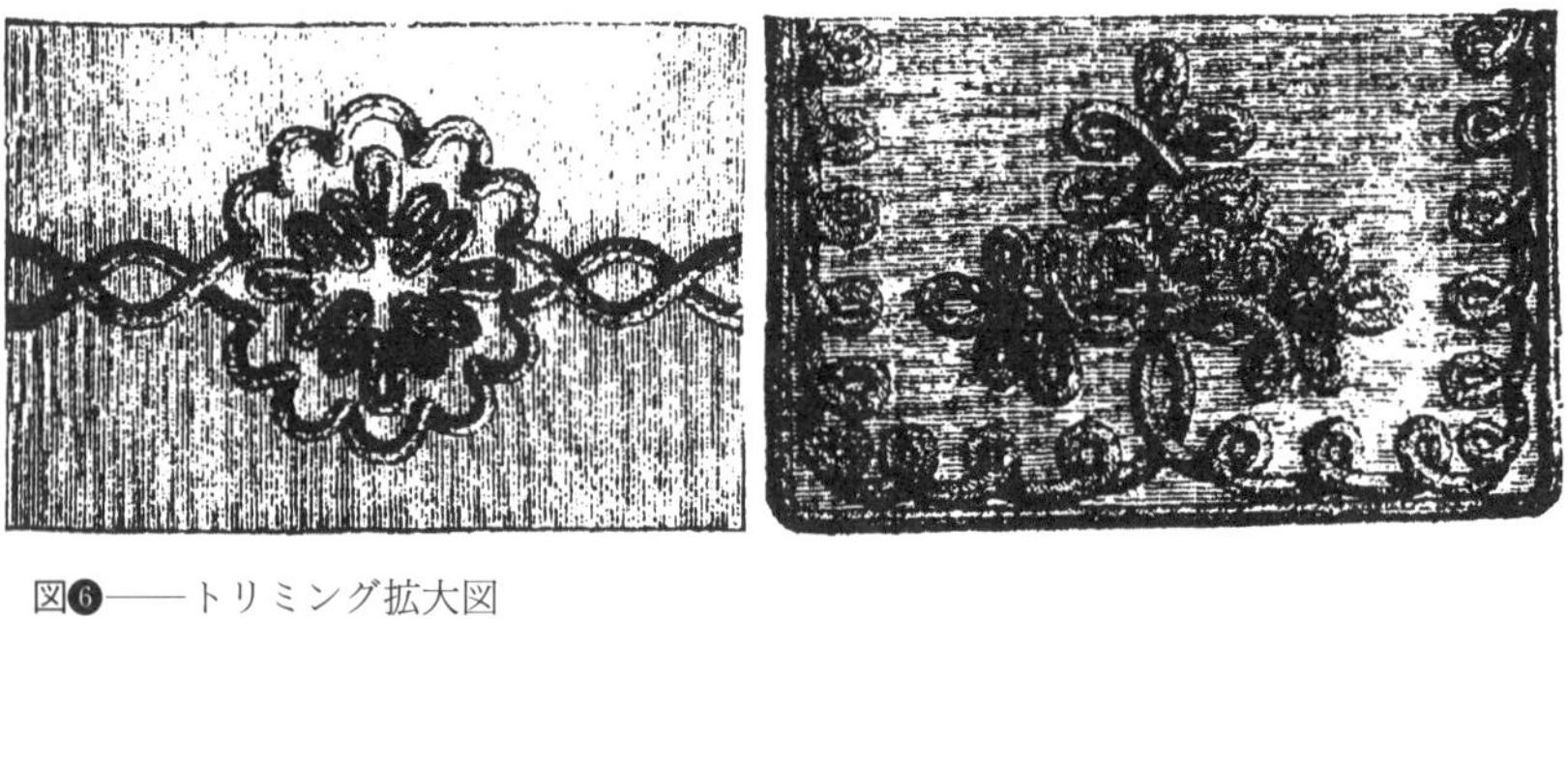

図❻——トリミング拡大図

二　トリミングの制作

このような流行を反映して、様々なトリミングの図案と作り方がファッション誌に掲載されるようになった。図❼は一八七〇年の例で、かぎ針編みの衿、ポイントレースの縁飾りやロゼット、ギピュールレースのインサーションなど、初心者用から技術的に高度なものまで、様々である。読者は趣味と技量に合わせて選ぶことができた。有名店がレースやブレードの編み物教室を開くこともあり、手頃な授業料で腕を磨くことも可能だったようである。(6)また、半製品（いわゆる「キット」）を購入し、自分で仕上げて節約することもできた。たとえば、マダム・ル・ブテイユの店では、ポイント・レース製のフラウンス（完成品）を、ヤード当たり一ポンド一シリングから五ポンド五シリングで、刺繡を施したスクエアのボディスとカフスを一セットあたり、一ポンド一〇シリングから三ポンドで販売していたが、(7)キットは大幅に安かった。「図案をトレースした襟、刺繡を施したホニトンレースの小枝付き、簡単な紐編みと仕上げ用の棒のみ必要」が四シリング六ペンスから販売され、同スタイルのスクエアボディスが八シリングから一二シリング六ペンスだった。(8)

このように、多くの女性たちが編み物教室に通ったり、キットを購入してトリミング制作に励んだのである。それだけでなく、作ったものを売って、経済的に自立する道を探る動きも出てきた。

三　販売への試み

一八七〇年代には、次のような読者からの広告が『イングリッシュウーマンズ・ドメスティック・マガジン』に

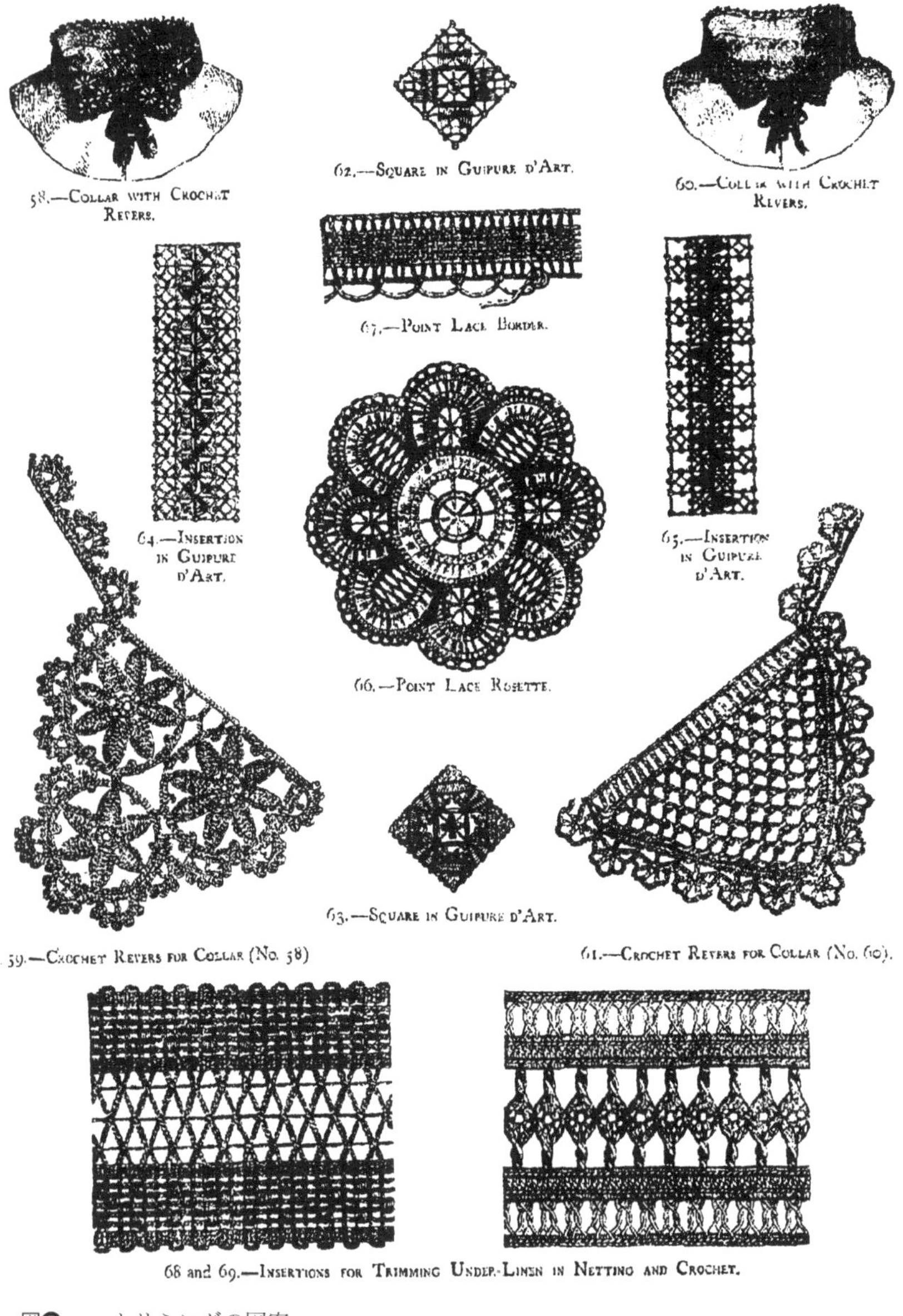
58.—Collar with Crochet Revers.
62.—Square in Guipure d'Art.
60.—Collar with Crochet Revers.
67.—Point Lace Border.
64.—Insertion in Guipure d'Art.
65.—Insertion in Guipure d'Art.
66.—Point Lace Rosette.
63.—Square in Guipure d'Art.
59.—Crochet Revers for Collar (No. 58)
61.—Crochet Revers for Collar (No. 60).
68 and 69.—Insertions for Trimming Under-Linen in Netting and Crochet.

図❼——トリミングの図案

山のように寄せられた。

・フローレンスGはタッチングした（装飾の一種）ネクタイ、縁飾りを作ります。また、ビーズの時計入れも作ります。申し込み受付中。

・ガートルードはタッチングしたネクタイ、衿と縁飾りを作ります。型紙は切手を貼った封筒の受け取りを持って送付。

・ローラはポイントテープ刺繍をいたします。ヤードあたり二ペンス。インサーションも可。

・イザベルはウールの髪飾り、フルサイズを二日でいたします。二シリング六ペンス。

・ミラはハンカチ、エプロン、キャップ、シュミーズなど、ポイントレースでいたします。請受注。二ヤードの長さのタッチングした縁飾り、ヤードあたり六ペンスも可。(9)

これらはすべて、一八七〇年二月号に掲載されたものである。「イングリッシュウーマンズ・イクスチェンジ」というコラムで扱われた。名称から明らかなように、本来、このコラムは物々交換を目的としていたが、七〇年代に入ると、自作品を売るためのコーナーに変わっていった。広告には商品の種類だけでなく、値段や制作日数を記したものもあり、広告主の真剣さが窺われる。中には、翌月も広告を出して注文を請う熱心な女性もいたし、次のように訴える若い女性もいた。

フロッシーは、お小遣いに困っている女性がインディアン刺繍やタッチングなどの装飾品（fancy works）を処分できるロンドンの店を、『イングリッシュウーマンズ・ドメスティック・マガジン』の編集者、および、多くの通信者のみなさんからお教えいただければ幸いに存じます[10]。

明らかに、彼女たちは現金が欲しいのである。仕事に対する正当な報酬として。彼女たちを経済活動に駆り立てたのは何だったのだろうか。まず、指摘しなければならないことは、ヴィクトリア朝中期と呼ばれる一八五〇年ごろから七〇年代半ばには、社会全体が豊かになった結果、お金のかかる派手な生活様式がミドルクラスの家庭にも徐々に浸透したことである。一般に、この時期には社会の工業化が進み、ミドルクラスの人々は急激に裕福になったと言われている。人々は以前よりも外で食事をすることが多くなり、海浜のリゾート地や海外で休暇を過ごしたり、自家用馬車を所有するようになった。これらの贅沢は「ジェントルマンと見られるための装備[11]」と考えられ、ミドルクラスとしての体裁を保つためには、以前よりもはるかにお金がかかるようになったのである。

法律の改正も、ミドルクラスの女性の就労意欲を刺激しただろう。一八七〇年には「既婚女性財産法」が制定された。これは、結婚後取得した賃金、特定の形態で投資されたお金（これには預金が含まれる）、二〇〇ポンド未満の遺産の所有を既婚女性に認めたものである[12]。この法により、はじめてすべての既婚女性が自分の名義で財産を所有することができるようになった。慣習法では、女性は結婚と同時に法的身分を夫に吸収される。これを夫の保護下にある「妻の地位」（coverture）と呼ぶが、妻は法的には存在しなくなるために、財産はすべて夫のものになった。もっとも、妻の「別有財産」（separate estate）を申し立てることで、結婚後も自分名義の財産を持つことは可能だったが、手続きが煩瑣で費用が嵩むために、裕福な女性のみが講じる手段だった。「別有財産」を所有した女性は、一九世紀にはわずかに十人中一人だったと言われている[13]。したがって、「既婚女性財産法」は、自分の財産を持つことができなかった大多数のミドルクラスの女性達にとって、画期的な法だったのである。同法は一八八二年に改正され、所有諸条件が撤廃された。歴史家、サリー・ミッチェルは、「既婚女性財産法」を「男女同権を獲得するための大きな一歩だった」[14]と評価している。『イングリッシュウーマンズ・ドメスティック・マガジン』も、この法律の詳細を掲載し[15]、読者の注意を喚起している。

では、収入を得る手段として、トリミング制作は適切だっただろうか。ヴィクトリア朝初期、中期には、従順で自己犠牲の精神に溢れた「家庭の天使」がミドルクラスの理想的な女性像だった。家庭の天使の役割は、仕事で疲れた夫や父親に献身的に仕え、安らぎを与えることである。そのためには、彼女は家庭を気持ちよく整えなければならず、縫い物は家庭の天使がすべき家事の重要な部分を占めていた。前節で見たトリミング類は主に女性服に付けるものだが、兄が使うクッションの縁をかがったり、父親が書斎で履くスリッパを刺繍することも、家庭の天使の役目だった。

加えて、ミドルクラスの女性たちにとって、縫い物は沈黙を埋める「言葉」でもあった。

記述された証拠はほとんどないが、女性の人生における大いなる沈黙の一つは、縫いものによって明らかに埋められた。シーツのふせ縫いから椅子用の刺繍されたクッション、男児用スーツからクリスマスに父親のために丹念に仕上げられたベルベットのスリッパまで、ミドルクラスの女性は常に縫いものをしており、娘たちは針が持てる年になると、針仕事を仕込まれたのである。[16]

縫いものは子供に対する愛情、父親に対する敬愛、時には悲しみを表し、そして怒りをも浄化する。ヴィクトリア朝期を代表する小説家の一人、チャールズ・ディケンズの作品『荒涼館』（一八五二〜五三年）では、ヒロインのエスタは不安を克服するために、編み物をする。「とにかく、私はなにかうんと仕事をして、沈んだりしているひまなどないようにしようと思い立ちました」。そして、「家の（つまり、荒涼館の）飾りにする編み物をバスケットからとり出し、一大決心をして編み始めました。編み目の数を全部数えなければなりませんでしたから、眼をあいていられなくなるまでつづけて、それから寝ようと決めました。[17]」と、エスタは告白している。

数ある縫い物の中でも、ミドルクラスの女性たちが作ろうとしたのは、トリミングである。フロッシーの言葉にあるように、「装飾品」と呼ばれ、実用性が低いために、高級感があると一般には考えられていた。アッパークラスにとって、レース制作はレジャーだったから[18]、トリミングの制作は有閑やアッパークラスとの連想もあっただろう。加えて、レースは、女性にとってもっとも大切と考えられていた処女性との連想もあった。したがって、その製造、販売に携わることは名誉なこととさえ考えられたかもしれない。

レースはそのもろさのために価値がある。しかし、倒錯し、非論理的な女性らしい心はベネチアン・グラスやセーブル磁器も同じようにもろいと考えるが、次の言葉にはぐうの音も出ない。「レースほどはかないものはない。女性の評判を除けば。一息かければ一方は壊れ、一触れすればもう一方は壊れてしまう。」両者の重大な違いは、一方は修理できるが、もう一方は「時間も、生も死も決して修復してはくれず、永遠さえも彼女に純潔を再び与えることはできない[19]。

明らかに、トリミングの制作と販売はミドルクラスの女性が行うにふさわしい活動だったのである。

四　厳しい現実

好ましいと思われたからこそ、多くの人が取り組んだトリミングの制作、販売だが、供給過剰は明らかである。

先に見たように、雑誌のコラムには、トリミングの制作を請け負う広告が月に五つ以上も出ていた。自分で作ったポイント・レースを出来るだけ有利に処分したいがどうしたものかと尋ねた田舎に住む若い女性読者は、「ポイント・レースはあまりに多く制作されているので、欲しがる店はほとんどありません。作品を『交換』コラムに出しなさい。[20]」と編集者にアドバイスされている。

しかし、本当の問題は、ミドルクラスの女性が体面を傷つけずにできる経済活動がほとんど存在しなかったことにある。『イングリッシュウーマンズ・ドメスティック・マガジン』には、次のような人生相談がしばしば寄せられ、それは彼女たちが置かれた立場を如実に物語っている。

心配性のマリオンより…私は新妻で、自分で望むほど時間を費やすものは何もありません。すべき家事があると言われるでしょう。そういうことはすべて、通常午前中に片付き、後は完全に私の時間です。私は働きますが、それは時間の無駄です。私のたっての希望というのは、お金を少し稼ぐことです。私どもは裕福どころではありません。何ヶ月もの間、「私には何ができるだろう」と日々考えています。女性は少しのお金を稼ぐにも、ほんの少しの道しかなく、既婚女性の場合は全然ないだろうと危惧します。[21]

ミドルクラスと認められるための条件の一つは、妻が経済活動をしないことだった。家事使用人を複数雇って、家庭内でも妻は働かない性（leisured sex）を演じるべきであると考えられていたのである。しかし、お金のかかる派手な生活がミドルクラスの間に浸透するにつれ、マリオンのような悩みを抱える女性は益々増えていった。

もっとも、高等教育を受けて、プロフェッショナルな職業に就こうとする女性は存在した。早くも一八四八年には、クイーンズ・カレッジが質の高い家庭教師の育成と、ミドルクラスの少女たちに高等教育の機会を与えるために設立され、翌年にはベッドフォード・カレッジ、五〇年にはノース・ロンドン・コリジエイト・スクールが開校し、女子教育の充実を通して女性の自立を促していた。[22] しかし、ミドルクラスの女性にふさわしいと考えられていた職業が、住み込みの家庭教師や教師、付き添いなどに限られていたために、いざ応募しても競争は苛烈で、万一採用されても、給料は低く、雇用も極めて不安定だった。[23] また、「家庭の天使」としての女性の役割に疑問を投げかける人たちもいた。たとえば、フローレンス・ナイチンゲール（一八二〇〜一九一〇年）は看護婦という職業を近代化したことで名高いが、小説『カッサンドラ』（一八五二年）の中で、家庭生活を「息が詰まりそうな苦痛」と訴え、家庭に閉じ込められることで女性が払う精神的、知的代償を嘆いている。[24] しかし、ナイチンゲールは作品の中で不満をストレートにぶちまけたので、世間の非難を危惧した友人の勧めで、出版を諦めなければならなかった。

高い教育を受けたわけでもなく、特別な才能も持たない大多数のミドルクラスの女性たちは、トリミング制作にすがりつく以外に方法がなかったのである。「完全に私の時間」を持て余す生活の中で、体面を傷つけることなく、なんとか生産的な活動をする唯一の手段としてのトリミング制作である。縫いものはトリミングから本格的な服の仕立て、シーツ制作まで種類豊富だったが、装飾品としてのトリミング制作で経済的自立を図ることが難しいことは、彼女たちにもわかっていたはずである。それでも、トリミング制作にこだわったのは、「家庭の天使」像を損なわなかったからである。表向きには、上品な奥様やお嬢様の趣味の延長と捉えられ、有閑やアッパークラスとの連想、さらには処女性まで表象したからである。

トリミング制作に期待を寄せるミドルクラスの女性たちは保守的で、プロ意識に欠けるように見える。しかし、セミプロの地位に甘んじることは彼女たちの戦略でもあった。絶対に落ちてはならないワーキングクラスと一線を画すことができたからである。クラスの上下を問わず、すべての女性は縫い手であり、[25] 縫うことは女性にふさわしい作業と考えられていた。にもかかわらず、職業にする場合には、マイナスイメージがつきまとったのである。お針子（seamstress）の否定的なイメージのためである。シーズン中は昼夜を問わず働かされ、オフになると解雇される、使い捨て労働者としてのお針子。劣悪な労働環境で、長時間、低賃金で働かされたために、お針子はしばしば「奴隷」に例えられた。[26] さらに、生活に困って、娼婦に身を落とすものもいたので、お針子は救いの手を差し伸べるべき社会的弱者であると同時に、低いモラルをも表象したのである。

針仕事を職業にすることへの抵抗感は、たとえば、『イングリッシュウーマンズ・ドメスティック・マガジン』（一八五二／五三年）掲載の小説、「ドレスメーカーとドレスを着る人」[27]に顕著に現れている。裕福な家庭の娘、ルース・リーは、ある日突然、自活を余儀なくされる。父親が破産し、亡くなったためである。彼女が選んだ職は仕立屋（dressmaker）だった。娘の決断にショックを隠しきれない母親は、「あなたが仕立屋ですって？」と思わず聞き返す。そして、「でも、あなたは音楽もできるし、上手に歌えるでしょ。何かしなければならないなら、音楽を教えたらどうなの？」と音楽教師の道を勧める。音楽は品の良い女性のたしなみの一つなので、音楽教師はミドルクラスとしての体面を傷つけないと母親は考えたのである。しかし、ルースは「音楽教師として世間に出るにはあまりに力不足」と反論し、収入を得る見込みのある仕立て業に進む決意を固める。一方、境遇が変わったために、嘗ての知り合いは彼女を無視し、裕福な親戚は「恩着せがまし態度で」ドレスの注文を出すようになる。仕立屋になって階級を降下したために、ルースはそれまでの交友関係までも失ったのである。仕立屋を「真っ当な職業」と評価する彼女自身でさえ、この職業に就くことを母親に告げる時には、「顔は益々青ざめた」。仕立屋になることが生活全体にどのような変化をもたらすか、彼女は充分承知していたのである。

このような悲劇は、現実のミドルクラスの女性たちにも充分起こりえた。[28] マリオンのような「裕福どころではない」女性が夫を失ったら、他に自立するすべを知らない彼女たちは、まっさかさまに仕立屋の地位に転落しただろう。ワーキングクラスとの差異が微妙であればあるほど、彼女たちはセミプロとして、品の良いトリミング制作に固執する必要があったのである。

五　追い打ち

ワーキングクラスとの差別化を成功させるためには、トリミングが高級品でなければならなかった。しかし、皮肉なことに、トリミングが嘗て持っていた高級感は急速に失われつつあった。一つには、イミテーションが出回るようになったからである。雑誌は最新ファッションを紹介するコラムで、次のように述べている。

いろいろなスタイルの袖やオープンドレスに適すレースは、ミセス・ヤングが豊富に揃えています。本物、イミテーション、またはパテント・レース（特許製品）のすべてを。この特許レースはヴァレンシエンヌ・レースの正確なコピーで、模倣にしては出来すぎています。というのは、長持ちし、洗濯にもよく耐え、精巧なものなら立派に見えるからです。(29)

ヴァレンシエンヌ・レースは北フランスの都市、ヴァレンシエンヌ市でつくられるボビンレースの一種である。「ルイ一四世（一六四三〜一七一五年）に始まり、一六五六年以来ベルギーで発展したレース技術の最高水準を示すもの」(30)である。したがって、手織りのヴァレンシエンヌ・レースは精巧で、高価だった。ごく一部の裕福な人だけが身につける、ステイタス・シンボルだったのである。ところが、一八七〇年代になると、ミセス・ヤングのように高級手織りレースのイミテーションを売る業者がたくさん出始めた。イミテーションは「長持ちし、洗濯にもよく耐え」る大衆品である。機械織りのヴァレンシエンヌ・レースは、一ヤード当たり二シリング四ペンスだった。(31)加えて、「精巧なものなら立派に見える」ので、遠目には本物と区別がつかない。手織りレースとよく似た安価なイミテーションが大量に出回ると、ステイタス・シンボルとしての手織りレースの地位は危うくなったのである。[32]

他のトリミングについても、事態は同様である。ブレードやリボンも嘗てはステイタス・シンボルだった。[32] ところが、「手作り刺繍の代用」である「パテント・エクセルソワー・トリミング」が現れ、「安価で、長持ち、洗濯に極めてよく耐え、女性と子供服のトリミングとしては他の追随を許さない[33]」と広告に謳われるようになる。このトリミングについても、『イングリッシュウーマンズ・ドメスティック・マガジン』(一八七一年)は次のように賞賛している。

今やドレスや衣服はすべてフラウンスで縁をトリミングされ、スカートには七〇〜八〇ヤード必要ですから、私たちは安くてかわいらしいトリミングを捜し回ることになります。生地よりも高くなってしまうものを選ぶのではなく、ヤードあたりたったの数ペンスの「パテント・エクセルソワー・トリミング[34]」を。

散財しないためには、トリミングなしで済ませるのではなく、「安くてかわいらしいトリミング」が奨励された。一八六〇年代から七〇年代のトリミング全盛時代は、トリミング大衆化時代でもあったのである。

六　まとめ

ミドルクラスの女性たちのトリミング制作は、一見、趣味と実益を兼ねた小遣い稼ぎのようである。しかし、彼女たちを取り巻く厳しい現実を考察すると、ミドルクラスとしての体面を傷つけることなく、経済活動に携わるためのぎりぎりの選択だったことがわかる。ワーキングクラスとの差別化を図りつつ、トリミングの大衆化と供給過剰に対抗する手段を彼女たちは今後、見い出すことができるのだろうか。「お小遣いに困っている」ので、自作の「装飾品」を処分したいという曖昧な表現しか使うことを許されない彼女たち。彼女たちが進む道は険しいが、容認しうる女性の経済活動を一つ増やした功績は評価されるべきである。

注

（1） C. Willett Cunnington, *English Women's Clothing in the Nineteenth Century* (New York : Dover Publications, 1990), p. 207.

（2） Ibid., p.255.

（3） "The Englishwoman's Conversazione," *The Englishwoman's Domestic Magazine* (Dec. 1871), p. 383.

（4） J. Don Vann and Rosemary T. VanArsdel, *Victorian Periodicals* vol. 2 (New York : The Modern Language Association of America, 1989), p. 67.

（5） "The July Fashion," *The Englishwoman's Domestic Magazine* (Jul. 1870), p. 34.

（6） "Spinnings in Town," *The Englishwoman's Domestic Magazine* (May 1871), p. 298.

（7） "The Englishwoman's Conversazione," *The Englishwoman's Domestic Magazine* (Feb. 1871), p. 126.

（8） "The Englishwoman's Conversazione," *The Englishwoman's Domestic Magazine* (Jun. 1871), p. 380.

（9） "The Englishwoman's Exchange," *The Englishwoman's Domestic Magazine* (Feb. 1870), p. 125.

（10） "The Englishwoman's Conversazione," *The Englishwoman's Domestic Magazine* (Mar. 1870), p. 192.

（11） J. A. Banks and Olive Banks, *Feminism and Family Planning in Victorian England* (New York : Schocken Books, 1964), pp. 27-41.

（12） Sally Mitchell ed., *Victorian Britain* (New York and London : Garland Publishing Inc., 1988), pp. 478-479.

（13） Ibid.

(14) Ibid.
(15) "Married Women's Property Bill," *The Englishwoman's Domestic Magazine* (Oct. 1870), pp. 246-247.
(16) Leonore Davidoff and Catherine Hall, *Family Fortunes* (Chicago : Univ. of Chicago Press, 1991), p. 387.
(17) チャールズ・ディケンズ、青木雄造、小池滋訳『荒涼館』(ちくま文庫、一九八九年) 一七章、p. 24.
(18) Elaine Freedgood, "Fine Fingers: Victorian Handmade Lace and Utopian Consumption," *Victorian Studies* (Summer 2003), p. 634.
(19) "Spinnings in Town," *The Englishwoman's Domestic Magazine* (Jun. 1872), p. 362.
(20) "The Englishwoman's Converzatione," *The Englishwoman's Domestic Magazine* (Apr. 1872), p. 256.
(21) "The Englishwoman's Conversazione," *The Englishwoman's Domestic Magazine* (Feb. 1871), p. 125.
(22) J. A. Banks and Olive Banks, *Feminism and Family Planning in Victorian England*, op. cit., pp. 36-37. Lee Holcombe, *Victorian Ladies at Work* (Connecticut : Archon Books, 1973), pp. 26-29.
(23) Christina Walkley, *The Ghost in the Looking Glass* (London : Peter Owen Ltd., 1981), p. 7. Lee Holcombe, *Victorian Ladies at Work,* op. cit., pp. 14-20.
(24) Florence Nightingale, "Cassandra" (1852): J. M. Golby ed., *Culture and Society in Britain 1850-1890* (Oxford, Oxford Univ. Press, 1992), pp. 244-256.
(25) Helen Rogers, "The Good Are not Always Powerful, nor The Powerful Always Good," *Victorian Studies* (Summer 1997), p. 606.
(26) Ibid., p. 590.
(27) "The Dressmaker and the Dress Wearer," *The Englishwoman's Domestic Magazine* (1852/53), pp. 228-236.
(28) Helen Rogers, op. cit., p. 616.
(29) "Spinnings in Town," *The Englishwoman's Domestic Magazine* (Jan. 1871), p. 43.
(30) 大沼淳他監修、『ファッション辞典』(文化出版局、一九九九年) p. 501.
(31) 坂井妙子、『ウエディングドレスはなぜ白いのか』(勁草書房、一九九七年) p. 70.
(32) 同書、pp. 71-73.
(33) "Advertisement," The *Englishwoman's Domestic Magazine* (1872), n. p.

(34) “Spinnings in Town,” *The Englishwoman’s Domestic Magazine* (Feb. 1871), p. 110.

図版出所一覧

図1 *English Women’s Clothing in the Nineteenth Century*, p. 217.
図2 Ibid., n. p.
図3 *The Englishwoman’s Domestic Magazine* (1873), p. 140.
図4 *English Women’s Clothing in the Nineteenth Century*, p. 257.
図5 *The Englishwoman’s Domestic Magazine* (1867), pp. 442, 219.
図6 *The Englishwoman’s Domestic Magazine* (1867), p. 219.
図7 *The Englishwoman’s Domestic Magazine* (1870), pp. 108–109.

フランスに生まれた「新しい女」たち——女優サラ・ベルナールと作家コレット

高頭麻子

はじめに

「幾世紀にもわたる経験から、女というものは、例外なく、真に芸術的あるいは真に科学的な、いかなる仕事にも従事する能力がない、とわかっているにもかかわらず、今日、女の医者や女の政治家が、私たちに押し付けられようとしている。」（ギ・ド・モーパッサン）[1]

右に挙げたのは、男を滅ぼす「宿命の女《ファム・ファタル》」の代表とも言える一八世紀の小説『マノン・レスコー』（アベ・プレヴォー作）の一八八九年版の「序文」冒頭を飾る一文である。一九世紀末のフランスでは、高等教育や男の職業分野への女性の進出、テニスや自転車、ズボンや喫煙を楽しむ女の登場に、男たちは大きな危機感を抱いていた。こうした女たちは「新しいイヴ」[2]と呼ばれ、「エッセー、小説、芝居がこぞって、この、もはや女ではない女を侮辱した」[3]。プルードンやオーギュスト・コントのような筋金入りの女嫌いはともかく、モーパッサンやゾラのように、「女性の味方」を自認する男たちも、どうして愛すべき「女らしさ」、せっかくの「女性的魅力」を自ら捨てて男の真似などするのだ、と残念がり、保守的なカトリック信者から、男の職を奪われまいとする革新的な労働組合まで、

❶——カリカチュア（男女の役割が反対）：
Caricature de Georges Edwards
（*Charivari*, oct. 1897）

あらゆる層の男性がこれだけには一致団結して、「女性の解放」を糾弾したのである。男の真似をして子供を生まない「新しい女」は、外国から入ってきた反自然の化け物だ、というステレオ・タイプのカリカチュア（写真❶参照）を生んだ。一般の女たちも、「新しい自分」の予感を、社会の動きの中に感じ、メディアの情報に敏感に反応していたものの、英米ほどの女性解放運動の拡がりはなく、抽象的な理論や宣言が大きな影響力を持つこともなかったようである。

一九世紀フランスの女性たちは、男への隷属からの解放を望み、伝統的な女性像のままではいたくない、と思っていたが、それを「理論立て」ることはできず、また具体的にどのような存在になりたい、という「理想像」を思い描くこともできなかった[4]。そうした中で、本人はほとんど女性解放の意思などなかったにも拘わらず、その強烈な個性と時代との巡り合わせから、数奇な運命を辿り、広く大衆に大きな影響を与え、期せずして二〇世紀の女の先駆けとなった女性がいる。本稿では、そうした女性二人に焦点を当ててみたい。一人は、女優サラ・ベルナール（一八四八―一九二三）、もう一人は作家コレット（一八七三―一九五四）である。

一世代以上離れた二人には幾つもの共通点がある。多分野での創造力・表現力の才能、芝居と執筆による職業的自立から企業家への野心、異性同性を問わない多くの恋愛関係、人間ばかりかあらゆる動物の偏愛、多くの旅と引越し、従来とは異なる美しさの追及とデザイン開発、新しいメディア（写真・ポスター・映画）を活用した二〇世紀的スターの先駆者であること等々。後になってみれば二人は傑出した才能の持ち主に違いないが、その生涯を辿ってみれば、かなり偶然に左右され、初めから思い描いた意思や主張にしたがって生きたのではなく、むしろ彼女たちの通った後に道ができたと言える。メアリー・ルイーズ・ロバーツも、一九世紀末に一定の政治・社会運動に参加した者を「フェミニスト」の先駆とするならば、「新しい女」は、それまでと違う生き方によって他の人々のロール・モデルとなり、大きな影響を与えた個人個人のことである、と言っている。(5)

一 「永遠の女性」にして男勝り

一九世紀を通して、演劇とジャーナリズムは目覚しい発展を遂げて大衆に広まり、ともに世紀末に黄金時代を迎えるが、メアリー・ルイーズ・ロバーツによれば、この二つのジャンルはともに、女が食べていける職種であると同時に、新しい表現手段を通して、女の新しい生き方を目に見えるかたちで示した。ジャーナリストは、政治的影響力も、文筆家としても軽く見られていたので、女性が入り込みやすい領域だったし、それまで娼婦同様に蔑まれてきた女優は、時代とともに啓蒙的な影響力が大きくなり、憧れの対象になっていった。奇しくも、一八九七年には、女が書いて女が演じる「フェミニスト劇」と、女だけの編集・執筆による日刊紙『ラ・フロンド』が旗揚げした。この『ラ・フロンド』の記事は、サラ・ベルナールを讃美し、彼女への読者の憧れを煽り立てたという。サラは全くフェミニズム的な発言をしないし、彼女が演じる女たちはむしろ保守的な女性像ばかりであるにも拘わらず、サラのかもし出すイメージが、新しい自分、ファンタスティックな自分というものの可能性を感じさせるからだ。(6)

サラ・ベルナールは、数々の伝説に包まれた、フランス一九世紀末ならではの女優だが、ジャーナリズムの発展とともに、ポスターや写真、映画など最新のメディアに載り、毎年のように海を渡って興行し、その名を冠しただけで商品の宣伝になるという、極めて二〇世紀的なアーティスト、現代的な意味で初めての世界的スターとなった。

　しかし、昔ながらの「宿命の女《ファム・ファタル》」の典型と言われることも多く、六三歳のサラ演ずる『椿姫』を観たD・H・ロレンスは「私自身こういう女に恋をしたい、狂気の恋を。濁りのない野性の情熱にすべてを賭けて」と書き、『テオドーラ』を観たフロイトは、「彼女の愛らしい、震える声の一言を聞いただけで…彼女が言うことすべてをすぐさま信じられた」と言っている。[7] これらは舞台のサラについての証言だが、「あなたは私を泣かせた唯一の女性だ。あなたにプレゼントをしたい。何をお望みですか？」とアメリカの財閥コモドーレ・ヴァンダービルトが尋ねると、サラは「ではあなたの〔その涙に濡れた〕ハンカチを！」と答えたという。[8] どこまでも芝居がかっているのだ。

　サラの芝居は、いわば「大時代な」もので、観衆を魅了した歌うような台詞回しは、「残されている録音を聴けば、もはや今日の感性には合わない[9]」という。「サラが、リュニエ・ポーやイプセンのような新しい道を拓く作家より、ヴィクトリアン・サルドゥのような、ありきたりの恋物語を使い古された手法で際限なく繰り返す作家を好むことを、非難するものたちもいた[10]」し、ゴンクールは、「この黄金の声は、たぶん韻文にはいいのだろうけど、作り物の、人工的な感じがして、近代的なドラマ、自然な感情の表現には向かない」と評した。[11] 芝居のトータルな完成のため、個々の俳優は感情を抑え、人形のように割り当てられた演技をすべきというエドワード・ゴードン・クレイグのような演劇論とは反対に、サラは、「彼女自身の情熱の炎に身を委ねる」ことを身上とし、[12] そうした演劇論上の対立もあってコメディ・フランセーズを契約途中で脱退し、巨額の違約金を払った。

　しかし、サラは決して感性のみの女優ではなく、劇団を経営し、演出も手がけ、自分の理論を説明し、一九〇七—八年にはコンセルバトワールで教鞭をとり、『演劇の技術』という本も残している。リュドヴィック・ブロンによれば、「彼女は、「ブルジョワ的」演出の狭量な慣習からの初めての脱出者である。真実への進化のために努力し、新しい生命を吹き込んだ[13]」。また「革新に努め、古い伝統から解き放たれようと心を配って、時には自らペンを執

❸——絵を描くサラ

❷——20歳のサラ（ナダール撮影）

り、劇作家に変身することもあった」[14]。正確な時代考証のための努力を惜しまず、図書館に人を送り込んで調べさせたり、劇の舞台となる土地に（例えば、『テオドーラ』のためにビザンチンへ）自ら出かけたりした。プロ並みの画家（写真❸参照）であり、彫刻家でもあったサラは、舞台美術にも気を配ったが、とりわけクリエイティヴな革新を果たしたのは、衣装についてであり、デザイナーのポール・ポワレより前にコルセットからの解放を実現した。コルセットの「放棄は、動きを自由にし、歩みの軽やかさと、上半身のしなやかさと、体の柔軟さをもたらすと考えたのである。」[15]

こうして、女優・アーティストとしてのサラは、当時の前衛理論から見れば保守的と思われたが、その影響力ははるか遠くに及んでいるし、創造力でも、経営力でも、正に「男勝り」な劇団主催者だったのである——ちょうど、先述のM・L・ロバーツの論考で、サラの演じた女性像が、当時のフェミニズム理論より古めかしい「永遠の女性」でありながら、彼女の演技そのものが新しい女を予感させたように。ロバーツによれば、サラは、ハム

❹——ミュシャのポスター
（女役のサラ）1895年

❺——ミュシャのポスター
（男役のサラ）1896年

レットなどの男役も演じ、女らしい女と男らしい男を演じ分ける（写真❹❺参照）ことによって、ジェンダーというのは生来のものではなく、パフォーマンスに過ぎないことを示したのだとも、述べている。[16] これは、女らしいまま、男の仕事もできる「新しい女」の二面性、両性具有《アンドロギュヌス》的な人間の可能性を予感させるものだというのである。

二　未曾有なものへの渇望

では、一人の女としてのサラの実生活はどうだったのだろうか。二〇歳で私生児を生み、父親のベルギー貴族からの経済的援助の申し出も、自尊心から断った。男を誘惑するのはお手のものだったが、先述のアメリカの財閥のエピソードのように、男から経済的援助を受けることを好まなかったのである。ギリシャ人のやさ男ダマラと結婚し、彼は彼女から逃げた後、麻薬中毒で夭折するが、最後まで彼を支え、死後はダマラ未亡人と名乗り、ギリシャに建てた墓への墓参を欠かさなかったという。たくさんの恋をし、同性愛も噂された。「ドン・ジュアンのように、いつも新たな征服相手を追い求め、すぐに棄て去り、次のアヴァンチュールに移る」[17]。人間だけでなく、犬、サル、ワニ、トラ、チータ、カメレオンなど、世界各地でペットを買い、飽きると棄ててしまった。

しかし、それは単なる気紛れな征服欲ではないように思われる。「彼女はことさらに未曾有の冒険に飢えていた。なぜなら絶えず、自分の経験の限界を常により遠くまで推し進める必要を感じていたのである。オリジナリティ、奇妙なもの、風変わりなものへの渇望は尽きることがなかった。」[18]サラには莫大な収入があったが、その大半は、劇団経営や、衣装や、結婚しても一生彼女に寄生し続けた息子（サラの死の三年後に死去）や、周囲の人々や、珍品だらけの部屋に、惜しみなく注ぎこまれ、結局いつも自転車操業だった。すべてが並外れており、芝居じみていた。「彼女にはもはや、芝居と現実の違いはなくなっていた、自分の生を、恒久的な見世物に変えてしまうまでに」[19]。

サラは、そのタイトルも『わが二重の人生』（一九〇七）という自伝を書いているが、どこまでが事実かわからない。手紙もみな、芝居がかった大仰な文章だったという。だが、嘘ばかり言っていたということではない。サラはユダヤ人で、そのために差別も受けた（例えば、フランスの国民的英雄ジャンヌ・ダルクの役を演ずるとき、抗議が多く寄せられた）が、国民を二つに割ったドレフュス事件のときは、ドレフュスを擁護したエミール・ゾラにいち早く賛同の手紙を寄せている。「偉大なる巨匠へ、あなたの正義の叫び声が私に感じさせた筆舌尽くしがたい感動を、あなたに申し上げることをお許し下さい。私はただの女であり、自分では何も言えませんが、私は苦しめられ、つきまとわれており、昨日のあなたの見事な文章は、私にとって、現実の苦しみであり、現実の慰めでした。[20]」サラは、この手紙が原因で、親しい友人や息子モーリスと、二年間くらい絶縁状態になったという。

❻――サラの葬列を見送る人々

また、一九世紀には、痩せている女は醜いとされており、サラについても、それを女優としての欠点とする批評やカリカチュアが多かったが、彼女は、それを長所に転じてみせた。「私は私の痩せたシルエットが好きだ」と言い、そのシルエットを維持するために、酒も美食も自らに禁じていた。その体形維持の努力や、晩年の二〇年間、脚の痛みをこらえて死の数日前まで舞台を休まず見事な演技を続けた役者魂は、人並みはずれてストイックなものであった。つまり彼女は、自分の弱点も現実として引き受け、それも含めて「自分の生を芸術作品にした[21]」のだ、とは言えないだろうか。

三　おませな少女クロディーヌ旋風

一九〇〇年、時代の寵児ウィリーが、彼のもとに「ピンクのリボン」で結んで届けられたという、十七才の少女の原稿を『学校のクロディーヌ』として出版し、大評判になった。主人公はブルゴーニュの小さい町の学校に通うお転婆娘で、女の校長先生には反抗的だが、一九歳の可愛らしい女の先生エメに恋している。女校長も純情なエメを口説き落とし、エメの妹はクロディーヌに恋しており、他方では、医者で教育委員の男が校長を愛人にして学校に出入りし、医者の特権で少女たちの身体に触ったりする。禁断の女学校をのぞき見するようなスキャンダラスな匂いも好奇心をそそったのだろうが、この作品の魅力は、いきいきとした描写力と、今まで見たこともないような才気活発な少女の出現である。翌年には『パリのクロディーヌ』が出版され、学校を卒業した主人公は、パリに出て同性愛の従兄弟と仲良くなった後、その父親と恋に落ちる。三冊目の『家庭のクロディーヌ』は、この歳の離れた二人の結婚生活なのだが、洗練されたプレイボーイの夫は、田舎育ちで社交下手な妻が英国人士官夫人と愛し合うのを見守り、逢引の部屋を用意してくれたと思いきや、その女性と関係を持ったりする。

シリーズはまだ続くが、二冊目以降は著者名が「コレットとウィリー」となる（写真❼のように第一作はウィリーのみの名で出版された）。すべては目先の利くウィリーが一五歳年下の妻コレットに経験談を書かせては、際どい着色を施したり書き直させたりしてできた作品らしい。実際にウィリーは、時代の最先端の芸術家たちと付き合い、いくつものペンネームで雑誌のコラムや音楽評を担当し、さまざまな着想で本を企画してはゴーストライター達に書かせる挑発的なプロモーターであり、社交界の寵児だった。自分の本をペンネームで書評したり仲間の文士に褒めてもらい(22)、自分やコレットの写真（写真❽）を何枚も撮って絵葉書を作る。女学生姿のコレットの写真（写真❾）がク

❽——ウィリーとコレット

❼——『学校のクロディーヌ』の表紙

❾——学校のクロディーヌ姿のコレット

ロディーヌ旋風をますます煽り立て、「クロディーヌ風ブラウス」を売り出す業者まで現れたという。クロディーヌが芝居になると、主演女優とコレットにお揃いの格好をさせてウィリーが連れ歩き、人々の好奇心をますます掻き立てた。

しかし、社交界や都会生活が苦手なコレットにとって、いつも家庭に大勢が出入りし、公私の区別も、虚構と実生活の境界もなく、次々に新しい女を連れ歩き、どこまで本気かマネージメントなのかもわからない男の妻でいることは、決して幸せではなかったようだ。後に二人は別れて互いの悪口を言い合うようになるので、当時の二人の実生活や、作品ができるまでの共同作業が本当はどのようなものであったかはわからない。一九〇七年に二人は別れ、コレットは、生活も、作家としても自立するが、その翌年ある新聞に書いた

「不透明な黄昏時や、どんよりと白けた日昼の身をふたぐ哀しみの中や、月がないのに星を指して挙げた素手の仄白さがわかるほど明澄な夜、私はクロディーヌに出会う」(「鏡」)(23)

という メランコリックな文章の中で、自分とクロディーヌを瓜二つとは呼ばないで、と相違を強調し、「大地の女王」であった一二歳のころの自分をなつかしむが、最後には再びクロディーヌと重なり合う。ウィリーによってさまざまな脚色を施され、自分でも嘘や誇張を交えているとしても、クロディーヌは、コレットにとって、やはり自分の分身であり、また、作家としてのスタイルを方向付ける原点でもあったと言えよう。高等教育を受けていないコレットは、子供のころからバルザックが好きで影響を多く受けているようだが、古典の知識もないし、いわゆる文学少女でもなく、作家になろうなどと思ったこともなかったという。飛ぶ鳥を落とす勢いだったウィリーは、着想やマネージメントには優れていたとしても、内容空疎な人間だったかもしれず、実際コレットと別れた後は落ちぶれていったが、コレットの作家修行と文壇デビューに寄与した功績は大きい。田舎育ちの若いコレットが、つねに時代の先を行く年長の夫や、その交友関係の中で揉まれていったことは確かであろうし、クロディーヌ同様、プ

レイボーイの夫の愛人たちと友情や愛情を深めていったことも事実のようである。

四　葡萄の巻き蔓と夜鳴き鶯

「葡萄の巻き蔓が伸びる、伸びる、伸びるかぎり
私はもはや眠るまい
葡萄の巻き蔓が伸びる、伸びる、伸びるかぎり…」（「葡萄の巻き蔓」『葡萄の巻き蔓』所収）

ウィリーとの関係がぎくしゃくしてきた一九〇五年、コレットは、ある雑誌のコラムにナイチンゲールに託して自立の宣言をした。昔、ナイチンゲールは夜眠っていたのだが、ある朝目覚めると葡萄の巻き蔓にがんじがらめに巻きつかれ、飛ぶことができなかった。傷だらけになりながらも巻き蔓から身を引き離し、自由を取り戻した鳥は、上記の歌を一晩中歌うようになった。「葡萄が花を咲かせる嘘だらけの春」の夜、「幸せな眠りに再び落ちないよう」私も歌い続ける…。「ときどき私は、人が沈黙したり、声をひそませる習慣になっているようなことも、熱に浮かされて叫んでしまう」のだが、「知っていることのすべて、思うことすべて、推察するすべて、私を魅了したり、傷つけたり、驚かせることすべてを、私は言いたい、言いたい、言いたいのだ」。私はもはや、「幸せな眠り」を眠ることはできないが、その代わり「もう葡萄の巻き蔓を恐れることもない」[24]。

まことに象徴的なエッセーだが、これは自立の宣言であるとともに、そのために一生歌い続ける、つまり書き続けるという文筆家宣言でもある。しかも、「人が声をひそませる習慣になっていること」でも、すべてを言う、という覚悟だ。世紀末からベル・エポックにかけての、恐れを知らない時代の活力ゆえとも、ウィリーに先導されて

きた若妻の怖いもの知らずの発言ともとれるが、一九世紀中には女性作家の存在そのものが認められにくかったこと、男であっても「声をひそませる習慣」のテーマが厳然として存在したことを考えるならば、この上なく大胆な宣言だと言えよう。[25]

しかし彼女には、明確な思想信条や政治的意図、一貫した女性解放理論があったわけではない。グラシエラ・コント＝スティアリングは、「コレットは一度も、理論的著作を書いたことも、政治をやったことも、女性の状況について意図的な形態で政党のビラを作ろうとしたこともなければ、ましてやフェミニズム運動のビラなど作ろうわけなど尚さらなかったが、それにも拘わらず、彼女の作品には日常的な女の闘いの擁護を認めることができる」[26]と述べているが、サラ・ベルナール同様、彼女はいつも、目の前にある問題を片付けるために最善を尽くすだけだ。

コント＝スティアリングによれば、コレットの書く女たちの新しいところとは、健康的な肉体の謳歌、肉体的精神的経済的自立、自分を守るために言葉を操る能力、他者（男）との関係（従属以外の）を築く力などであり、こうして「女の肉欲」を堂々と肯定し、「母親でも娼婦でもない、男との新しい関係」を求める「新しい女」の姿が浮かび上がってくるという。

先ず、今日では当たり前の「健康的な肉体」の観念は、一〇〇年前にはなかった。キリスト教では、精神と肉体の二元論により肉体は（男を誘惑する女の肉体は特に）卑しむべきものであった。女の肉体と言えば、娼婦のそれか母親のそれであり、どちらも肉付きのよいもので、サラについて見たように、痩せた女は恥ずべきものだったのだが、クロディーヌはすらっと手足の伸びた痩せ型で、男のように走り回ったり体操したりする。また、コレットの登場人物が、お風呂で心身をリフレッシュしたり、健康や美しさを保つケアを自分でする（例えば健康のための食物）のを、私たちは全く普通のことと思って見過ごしてしまうが、一九世紀までは珍しいことだったのだという。[27]

また、二〇世紀初頭の良き育て方においては、「娘たちはほとんど何も自分では決められず、家族による極端なまでの保護が行使されていた(28)」というのに、「私は孤独に生まれ、母親も兄弟姉妹もなく、私の方が面倒見なくてはならないような、お騒がせな父親のもとで育ち、友達もなく生きてきた(29)」クロディーヌは、子供のころから、自分のことは自分でやってきた。コレット自身の母親は、クロディーヌと違って長寿で、数多くの往復書簡が残されており、いつも娘に対して、きわめて理性的で捌けたアドバイスを送っている。ウィリーと結婚するときには、「おまえがひとりの男と一緒に出て行っちまうってこと」は「あんまりいいことじゃない」と言い、「どうだっていいよ、彼がおまえの亭主になろうとなるまいと。亭主なら、あたしにゃ二人いるけれど、だからって自慢になりゃしないんだから」と反対したという(30)。コレットの離婚後も、文筆業に専念して生きていくように、と繰り返し助言しており、彼女の自立心は母親の影響が大きいのかもしれない。

第三節で素描した印象からするとクロディーヌは軽薄な女と思われるかもしれないが(31)、実は、社交界が嫌いな作者同様、社交辞令や浮ついた会話は苦手である。その代わり、自分の価値を客観的に知り、自分を守るべく交渉するために言葉を操る学力を持っている。ここにコント＝スティアリングらは、一九世紀後半に普及し始めた世俗学校での普通教育の成果と、同じころに生まれた「中流階級」の成長を見る。コレットの主人公たちは、雑多な出自であるが、落ちぶれた貴族も、離婚した女も、一介のミュージック・ホールの踊り子も、皆それぞれに男に頼ることなく、自分の言葉と自分の稼ぎによって、自分の生を切り拓いていく。少し前のゾラの主人公たちが、同情を誘う社会の弱者・犠牲者であったのとは違い、どんなに辛いときもたくましく、楽天的なのである。

コント＝スティアリングのいう「新しい女」の、「女の肉欲」の肯定と「男との新しい関係」については、次節でコレット自身の生涯と照らし合わせて見てみよう。

五　さすらいの女（ヴァガボンド）[32]

ウィリーと別れる前から、コレットは『動物の対話』（一九〇四年）という、飼い犬と飼い猫が日々の生活における人間の行動を鋭く分析する小品集をコレット・ウィリーという自分の名前で出版し、雑誌コラムも担当するようになって、夫から独立した作家としての一歩を始めている。少し後には、ダンスとパントマイムで、各地の舞台に立つようになる。こうして、経済的な自活に向かい、また愛する相手としてはミッシィという男装の貴族女性との関係が始まって、正式な離婚に踏み切るのである。

一九一二年、三九歳で、二年前に知り合った三歳年下の貴族アンリ・ド・ジュヴネルと再婚し、娘を出産する。この夫は第一次大戦の英雄で、コレットも新聞の特派員として戦地に出かけ、二人で活躍する。つまり今回の結婚でも、夫婦は仕事仲間として協力し合うが、その後夫は政治家として出世して浮気ばかりするようになり、コレットの方は、夫の連れ子ベルトランと恋人のようになったり、夫の前妻と友情を結んだりし、最終的には五一歳で離婚するのである。そしてその直後、一七歳年下のユダヤ人モーリス・グドケと知り合って間もなく一緒に暮らすようになり、一〇年後に正式に結婚、生涯連れ添うことになる。

コレットが生来の同性愛者なのか[33]、両性具有《アンドロギュヌス》なのか、それとも人間本位で友情が篤いのかは不明だし、男女とも官能的な関係がないわけではなさそうだが、夫の浮気相手や前妻と夫以上に長い友情が続いたり、さまざまな年齢、職業の、男女を問わぬ人々との篤い交流や、頻繁な手紙のやりとりが続いていたことは確かである。典型的な美人ではないし、いつになっても都会的洗練はなかったらしいが、七〇代に至るまで、彼女に会った者は異口同音に、その目には抑え難く魅了されてしまう、と証言している。彼女が女性の美の演出とケアに自信を持っていたことは、五九才の時に、美容コンサルタントのような事業を始め、「コレット」という化粧品を売り出したことでもわかる。

また、作家としての尊敬を集め、四七歳でレジオン・ドヌール勲五等、五五歳で勲四等の勲章を授与されたころまで、ずっと女優としての活動も続けたことには驚かされる。しかも長い間、彼女の一八番は『柔肌』という、胸も露わに演ずるストリップまがいと言われる演目だったのである。芝居評によれば、中年以降は太目の体つきにな

⑩――コレットを議長とするアカデミー・ゴンクール

⑪――牧神を演ずるコレット

ったにも拘わらず、タイツなしでパントマイムをしたり、肌も露わな演出が多く、セリフを言えばブルゴーニュ訛りが消えなかったが、それでも身のこなしがしなやかなので、ダンスでも、マイムでも、有名作家ということを度返しして、観る者に迫るところがあったらしい。彼女が女優を始めたのは、ウィリーが厄介払いのために勧めたからとも言われるが、(34)母親には「お金を稼ぐため」と言っている。実際に彼女の生活は自転車操業の連続であったらしいが、こんなに長く女優を続けたからには、体を動かすことも、それを人に見てもらうことも、好きだったに違いない。

前節で見た「健康的な肉体」への讃美を思い出してもらいたい。そこから「肉欲の肯定」までは一歩である。キリスト教ではずっと肉欲を断罪し、夫婦の間であっても性交は生殖のためのみ許される必要悪であって、二〇世紀前半まで、「性の悦び」などあってはならないことであった。また、一九世紀末まで、人は女に性欲はない、と信じており、それに反する娼婦は生まれつき好色で罪深い者なのだ、と思い込んでいた。こうしたことこそ「人が声をひそませる習慣」になっていたことである。コレットは、女にも男と同じように性欲があることを堂々と肯定し、性の悦びを率直に語った初めての作家の一人だ、と言われる。

「私は未だかつて知らなかった、肉体のこの知的な悦びを。それは直ちに自分の持ち主を見分け、懐《なつ》き、持ち主のために尽くし、御しやすい、従順な、気前の良いものとなる…。それはかくも美しく、かくも安らかで、愛などとは似ていない。(35)」

終わりに

一九一三年、モーリス・ドネーの芝居『Les Éclaireuses（灯りを点す＝啓蒙する女たち）』が大きな反響を呼び、パリのインテリや政治家たちにも支持された。女性で最初の大学資格試験合格者や、医者、法律家などが登場し、自由を愛し仕事と恋愛を両立する「新しい女」のイメージを提示するものである。これが現実離れした夢でないことを証明するために、『ラ・フロンド』紙のメンバーたちによるシンポジウムも開かれた。こうして、男の真似をする英米から輸入された化け物とは異なり、女の魅力を備えたまま男の職業もこなす、フランス風の「新しい女」が脚光を浴びるようになった。その象徴的な存在とされたのがサラ・ベルナールやコレットであるといえよう。

西欧のキリスト教社会では、男女の存在の仕方が、哲学的にも社会習慣的にも明確に、徹底的に区別されてきた。そのため一九世紀後半に、男の領域への進出や、女性の解放を求めた女たちも、その先にある女の生き方のモデルが具体的に思い描けなかった。サルトルと同等になろうとしたボーヴォワールの悲劇もそこにあるのだし、ある意味では今日の女性も、仕事と家事の両立に悩んでいる限りは同一線上にあると言える。女の自由が本当に確立するまでは、「新しい女」の生き方の決定打はない。

コレットの処女作『学校のクロディーヌ』に付されたウィリーの序文を読むと、彼の洞察力に今さらながら驚かされる。いわく「野生のままの彼女は、しなやかな若い動物のように無垢な率直さをもっており、そのため、悪意なく人に嚙み付いたり、災いを考えもせず愛撫してしまったりする」のであり、「ほとんど自然の子」と言える彼女は、「無邪気な背徳行為においても、ほぼ無垢」なのであり、「すべてを同じ平面上に記述してしまう」のである。(36) つまりコレットにおける「新しい女」も、サラ・ベルナールの場合と同様、何らかの思想や理論に基づくものではなく、彼女が本来持っていたものが、世紀の転換期という時代の流れの中で、さまざまな出会いを通して――特にそれを見抜いたウィリーとの出会いは大きい――開花していったのである。コレットの作品そのものも――初期の作品がウィリーによって何箇所も書き換えられたように――コレット自身によって何度も書き直されてはタイトルを変更されたり、異なる作品集に収められたりしてきたので、その数も形も限定することができない、と言われる。

いわば彼女の作品も、彼女の生とともに、変化し、生成されてきたものなのである。

エキセントリックな女優サラの場合も、歴史上二人とない個性であり、一般女性の手本とはなり難い。だが生来の弱点を長所に転じ、女として定められた運命に抗して、自らの生を創造していく姿は、正に「新しい女」を予感させるものであったろう。サラの最大の魅力は、コレット同様、「貪欲なまでの生への情熱」[37]ではないだろうか。

注

（1）Guy de Maupassant, Préface à *L'Histoire de Manon Lescaut et du Chevalier des Grieux* de L'Abbé Prévost, Paris, Librairie Artistique, 1889. p. IX.

（2）『新しいイヴ』というのは、一八九六年にフェミニスト作家ジュール・ボワが書いた小説のタイトルでもあるが、実際には、もっと前、パリ・コミューン後のフランスで、しきりに使われていた。「イヴ」とは、もちろん「アダム」の肋骨から作られ、アダムを誘惑して罪を犯させた罪深い女であり、罪深いからこそ夫アダムに従順な妻たるべきである、という西欧の女性像の原型である。この旧約聖書以来の女性像「イヴ」が、いま決定的に変わろうとしていたのである。「新しい女」という英米から伝わった外来思想の単語より広く一般的に使用されたようである。

（3）Maigue,Anneliese, *L'identité masculine en crise au tournant du siècle*, 1987, cité de l'édition《Petite bibliothèque Payot》2001, p. 14.

（4）Maigue,Anneliese,《La nouvelle Ève et le vieil Adam》dans *Histoire des femmes*, tom. 4, Le XIX siècle, êdité par Georges Duby et Michelle Perrot, Plon, 1992.（邦訳アンヌリーズ・モーグ「新しきイヴと古きアダム――危機に瀕した性のアイデンティティ」、G・デュビィ、M・ペロー監修『女の歴史』第Ⅳ巻　一九世紀二、八四九―八五四頁）。

（5）Roberts, Mary Louise, *Disruptive acts : The New Woman in Fin-de-Siècle France*, 2002, The University of Chicago Press. pp. 8-9.

（6）Ibid. pp. 165-8.

（7）Ibid. pp. 169-172.

(8) Joannis, Claudette, *Sara Bernhardt :《Reine de l'attitude...》*, 2000, éd. Payot & Rivages. P. 87.
(9) Ibid. p. 76.
(10) Ibid. p. 148.
(11) Martin-Fugier, Anne, *Comédienne : De Mille Mars à Sarah Bernhardt*, 2001, Seuil, p. 120.
(12) Joannis, Op. cit. p. 63.
(13) Ibid. pp. 69-70.
(14) Ibid. p. 72.
(15) Ibid. p. 101.
(16) Roberts, Op. cit. p. 177.
(17) Joannis, Op. cit. pp. 152-3.
(18) Ibid. p. 94.
(19) Ibid. p. 75.
(20) Lettre de Sarah à Zola, cité dans *Le sourire de Sarah Bernhardt* d'Anne Delbée, 2000, Fayard p. 376.
(21) Joannis, Op. cit. p. 114.
(22) 『学校のクロディーヌ』については、一九〇〇年四月から七月までに十紙誌に書評が出ており、ほとんどが絶賛もしくは好意的で、けなしているものはない。(Préface par Claude PICHOIS pour les *Oeuvres*. Volume I.,《Bibliothèque de la Pléiade》, Editions Gallimard. 1989 ,p. LXX)
(23) Colette, *Les Vrilles de la vigne,* 1908, dans *Oeuvres*. Volume I.,《Bibliothèque de la Pléiade》, Editions Gallimard. 1989. pp. 1030-33.
(24) Ibid. pp. 959-961.
(25) 当時、コレットは『ミンヌ』という作品を自分の名で出版したかったが、ウィリーとの連名しか許されなかったし、ジュリエット・アダンという女性作家は、評判になった自分の本の契約を夫名義ですることに異議を申し立てたが、裁判で夫に負けたという。(ハーバート・ロットマン『コレット』工藤庸子訳、中央公論社、一九九二年、p. 86。)
(26) Conte-Stirling,Graciera, *Colette ou la force indestructible de la femme,* L'Harmattan, 2004. p. 15.
(27) Ibid. pp. 29-64.

(28) Op. cit. p. 99.
(29) Colette, *La Retraite sentimentale*, *Oeuvres*. Volume I.,《Bibliothèque de la Pléiade》, Editions Gallimard. 1989. p. 852.
(30) Colette, *Mon amie Valentine*, 1958.(ハーバート・ロットマン、前掲書、p. 47。)
(31) Resch, Yannick, Corps féminin corps textuel : essai sur le personnage féminin dans l'œuvre de Colette, Klincksieck, 1973. pp. 111-121. では、自分自身(肉体および精神状態)を客観的にみるために、作品上、鏡が有効に使われていることが分析されている。
(32) Vagabonde というのは、ミュージック・ホールのダンサーを主人公とする、コレットの自伝的作品(一九一〇年)のタイトルである。
(33) ミシェル・フーコーによれば、「生来の同性愛者」という発想は一九世紀末に始まったことだが、イヴ・K・セジウィックは、それにも異論を述べている。『クローゼットの認識論』(外岡尚美訳)青土社、一九九九年参照。
(34) ハーバート・ロットマン、前掲書、p. 121-2。
(35) Colette, *L'Entrave*, *Oeuvres*. VolumeII.,《Bibliothèque de la Pléiade》, Editions Gallimard. 1986. pp. 406-7.
(36) Préface par Willy pour *Claudine à l'école*, *Oeuvres*. Volume I.,《Bibliothèque de la Pléiade》, Editions Gallimard. 1989, p. 4.
(37) Joannis, Op. cit. p. 96.

※写真❷〜❻は、フランス国立図書館発行 Noelle Guibert, "Portrait(s) de Sarah Bernhardt" (2000) から引用した。写真❽は、Gwenaëlle Solignac, "Colette", Edition Tana, 2001. から引用した。写真❼❿⓫は、所有者のご好意により、Gérard Bonal, Michel Remy-Bieth "Colette intime", Phébus, 2004. から引用した。感謝申し上げる。

アメリカの「新しい女」たち——服装改良の視点から

佐々井啓

はじめに

図❶——『リリー』タイトル（1849年2月）

一九世紀中期から起こったアメリカの女性解放運動では、アメリア・ジェンクス・ブルーマー夫人（Mrs. Amelia Jenks Bloomer）が早い時期の活動家としてその名をとどめている。ブルーマー夫人は一八一八年にニューヨーク州に生まれ、一八四〇年に『セネカ・カウンティ・クーリエ』の編集者であるデクスター・ブルーマーと結婚し、セネカ・フォールズで禁酒運動を展開する。一八四八年七月には初の女性の権利を求める大会がセネカ・フォールズで開催され、その影響を受けて女性禁酒協会を設立して、一八四九年一月一日に機関紙『リリー』を発行した。『リリー』の第一号は三〇〇部発行され、そのタイトルに「女性委員会により発行」という文が入っている（図❶）。『リリー』は一八五一年までには五〇〇部、一八五三年には毎月二回発行されて、部数は四〇〇〇部にもなった。やがてブルーマー夫人は女性の権利の獲得には服装改革が必要であると考えるようになり、『リリー』紙上でさまざまな服装論を展開するようになる。そこには女性の権利運動の中心的人物であるルクレシア・モット、エリザベス・ケイディ・スタントン[1]らの見解も載っており、彼女たちが服装改良をどのように捉えていたのかを知ることができる。

後にブルーマー・コスチュームと呼ばれるスタイルは、膝丈のスカートにトルコ風トラウザーズやニッカーボッカーズを組み合わせたものであり、その発端はエリザベス・スミス・ミラーが一八五一年二月にいとこのエリザベス・ケイディ・スタントンをセネカ・フォールズに訪ねたときに着用していたものである。やがてスタントンがそのドレスを着るようになり、隣人であるブルーマー夫人もまたそのスタイルを取り入れた。その結果、このスタイルにはブルーマーの名がつくことになったのである。

このように女性の権利と自由を求める女性解放運動がまず女性の衣服に着目し、衣服に象徴される女性の束縛を解こうとしたことは注目されることである。そこで、ここではファッションの視点から女性の解放に向けてのさまざまな活動を『リリー』の記事を中心として探り、さらに一八九〇年代の「新しい女」たちにどのように受け継がれていったのかを明らかにしてみたい。[2]

一　『リリー』にみる衣服改良の見解

はじめに、ブルーマー・コスチュームの名前の由来について、ブルーマー夫人の回想を取り上げてみよう。[3]

私は主な目的として女性の利益、禁酒、女性の権利に捧げる月刊誌を出版していた。(中略) その頃、『リリー』と『クーリエ』の読者が議論に熱中しているときに、エリザベス・スミス・ミラーが短いスカートとトルコ風トラウザーズを着て村の通りに現れた。(中略) ミラー夫人はすでに二、三ヶ月前からこの衣裳を家庭や海

外で着ていたのであった。(中略)

ミラー夫人の到着の数日後、スタントン夫人がミラースタイルで作られた衣裳を着て現れた。彼女は膝より少し上のスカートと同じ素材の黒いサテンで作られたトラウザーズを身に着けて街を歩いていた。衣服の問題についての議論は私の役割でもあったので、『クーリエ』の記者のアドバイスを実行することにし、数日後にこの新しい衣装を着た。そして、私の雑誌の次の号にこの事実を読者に伝えた。(中略)人々は(この衣裳を)賞賛し、咎め、論評し、嘲笑し、非難した。(中略)誰かは知らないが「ブルーマー・コスチューム」という名がこの短いドレスに用いられた。私はこの短いドレスを考案し、最初に公衆の前で着用したミラー夫人の名をつけるように繰り返し述べたにもかかわらず。

ここでは、ブルーマー・コスチュームが着られるようになったきっかけが述べられている。その結果、新聞などでセンセーショナルに取り上げられ、ブルーメリズム、ブルーマーズという呼称が盛んに紙面を賑したという。その後、ブルーマー夫人は『リリー』に服装改良の記事を載せるようになる。『リリー』はアメリカにおいて女性によって発行され、女性の権利についての主張を述べた最初の雑誌であり、中心的な活動家であったエリザベス・ケイディ・スタントンの意見を多く取り入れて載せている。

ブルーマー夫人が最初に女性の衣服についての意見を表した記事は、一八四九年二月の「ケンブル夫人と新しい衣服」である。(4) イギリスのシェークスピア女優であるファニー・ケンブルはアメリカ人と結婚していたが、一八四九年に離婚した後にマサチューセッツ州レノックスで男性の衣裳を着て現れ、物議をかもした。ケンブルはゆるやかなスカートの下にパンタレッツを穿いたもので、決して男性の衣裳をそのまま着ていたわけではない。ブルーマー夫人は「我々は彼女たちが喜んで衣服を着る権利で満足すべきであり、衣服を着るか着ないかということを押し付けることはできない」とも述べている。ここでは、衣服を選ぶ自由、着る自由という視点から述べられており、衣服においても女性の権利を主張するものであるといえよう。

次に一八五一年二月の「女性の装い」(5)は、現地の新聞である『セネカ・カウンティ・クーリエ』の社説である女性の衣服改良についての記事を転載し、読者に衣服の改良についてのさまざまな意見を紹介したものである。

まず、『クーリエ』の引用を一部紹介する。

…冬の寒さから女性を守るために提案された方法に関して、健康を保ち、快適さや便利さを増進するために、ひとつの意見が勝っているかもしれない。……多くの不自由さ—繊細な女性から取り除かれるべき衝撃—このような考えのもとに流行のドレスの代用によって快適さが加えられた。トルコ風パンタルーンズ、幅が広く靴の近くまであり、上衣はシーズンの流行の素材や着用者の趣味を取り入れた色合いで、身体にフィットし、ボタン留めがあり、脇は閉じられ、ちょうど膝下までの長さ…

ブルーマー夫人はこの記事の好意的な内容に驚いている、として、「彼らは我々にすべてのものと同様にドレスにおいても決定する権利を求めている」と述べている。

続いて三月号では、『クーリエ』の記事に再び言及している。

我々は、女性のドレスを変化させるというあなた方の意見を十分に支持する。そして氷を砕き、我々が順調に船出することに対して、心から感謝をする。—我々はもはやこれ以上のリフォームは必要ないと考えている。そしてこの問題が男性にも女性にも重要な注意を引きつけていることを喜んでいる。

ここでは、ブルーマー夫人は、『クーリエ』の記事によって男女ともに衣服の問題の重要性について考えるきっかけを与えられたことを喜んでいる、といい、一連のリフォーム・ドレスを適したものであると考えていたことが読み取れる。

スタントンは早くからリフォーム・ドレスを取り入れていたが、それを女性の権利運動と結びつけるために着ていたわけではなかったようである。しかし、衣服改革については、一八五一年四月の「我々の服飾」(6)で、次のような意見を述べている。

あらゆる女性に彼女の長いペティコートをつけたままにさせよう、彼女が変化の必要性を感じるまで。そこではいかなる敵対もつまらない反対も彼女をとどまらせないだろう。ついで彼女は自分がすべきことに対して、疑いもためらいも持たないだろう。彼女は男性や少年たちの無礼さに注意を払わないだろう、また無作法な女性たちにも。

スタントンは、女性たちが自分の意志で新しい活動的な衣服を取り入れ、男性や他の女性たちの目を気にしなくなったときにはじめて、女性の権利と新しいドレスとが有機的に結びつく、と考えていると思われる。

一八五一年六月の「誰がリーダーなのか?」(7)は、禁酒運動の活動家であり、記者であるアーサー（T. S. Arthur）と男女の平等についての議論をした後に書かれたものである。ブルーマー夫人は衣服改良運動の経緯を説明し、さらに次のように述べている。

我々は我々のドレスの流行を変えることはできない。しかし、彼はその衣服に対する偏見を生み出そうとしているに違いない―そのスタイルがどんなに礼儀正しく、ふさわしいとしても問題でない―この変化をもたらしたリーダーたちは「女性の権利」の主張者であり、男性との平等を唱えている、とあざけって言う！ 疑いもなくこの批評は直接我々自身に向けられている、そして我々は知的な女性であると主張し、女性が彼の上位にあるのではなく、彼と同等であるように教化することを必要としている知性を持った女性であることを彼の読者に知らせている点に、おおいに感謝している。

新しいリフォーム・ドレスは「女性の権利」の主張と結びついて捉えられ、それを着て平等を唱える女性たちは非難の対象とされていたことがわかる。しかしブルーマー夫人は、「女性が男性の上位にあるのではなく」、「同等である」ことを知らせていることになるではないか、と述べる。すなわち、男性は常に女性より優れたものである、という潜在的な男性の意識に、反論を唱えていることになろう。

また、六月には新しいドレスの記事を読んだ読者からの五月二十日付けの手紙を紹介している。[8] そこでは、「あなたの雑誌または手紙によって、この新しい（とっても喜ばしい）トルコ風ドレスをどのように作るか教えていただけませんか。長いスカートのばかばかしさとさらにそれ以上ひどくばかげた長いボディスを止めることに急ぎすぎることはありません。私はこの新しい形が分別のある人々を説き伏せることを切望しています。」とあり、これまでの衣服の問題点を指摘し、新しいドレスへの期待の声を知ることができる。

さらにこの書簡に答えて、ブルーマー夫人は「予約購読者に」では、新しい衣服、すなわちトルコ風衣服の詳しい形を説明している。

図❷——「フリーダム・スーツ」『リリー』（1851年9月）

> 我々のスカートは前の長さを失い、ドレスと同じ素材のゆったりしたトラウザーズがそれに代わった。トラウザーズはウェストから足首までであり、バンドの中にギャザーが取られ、踝の回りできっちりとボタン留めされる。

そして、スカートは膝からわずかに下がった丈であり、さらにショールはやめてサック（コート）かマンティラ（マント）を用い、フィットしたブーツかゲートルをはくように、と勧めている。

以上のように、衣服改良の理論的な解説とともに、読者に向けての具体的なリフォーム・ドレスの説明とが同時に掲載されていることがわかる。

ルクレシア・モットは奴隷制反対と女性の権利の活動家である。彼女は一八五一年九月の「新しい服飾」[9]で、公的な社会生活における女性の参加と衣服改革を攻撃した新聞に対して「女性の公的生活の完全な放棄は、女性の気力を奪うだけでなく、男性のやる気を失わせる」と述べ、反論している。

また、ここではブルーマー夫人がトルコ風トラウザーズを着用している木版画が載り、「フリーダム・スーツ Freedom suit」と名づけられている（図❷）。ブルーマー夫人の木版画の解説には、「女性の権利と自由の象徴として、トルコ風トラウザーズを着用する」とあり、さらに次のように述べられている。

> 我々は読者に顔を見せる勇気がないのである。我々が求めているすべては、我々が着ている「慎みのない

immodest」ドレスを見せることなのである。それを人々に着用するようにさせることである。我々は、女性の読者が我々の「男性的な masculine」外観に衝撃を受けることなく、また男性が我々を彼らと同性であると間違えることのないように望んでいる。

ここでは、フリーダム・スーツと名づけた膝丈のスカートにトルコ風トラウザーズというスタイルについての、男性と女性に向けてのメッセージが述べられている。また、この図は、詳しい服装の解説とともにイラストレィテッド・ロンドン・ニュース九月二七日号に転載され、イギリスで大いに注目を浴びたのであった。[10]スタントンは一八五二年四月の「新しいドレス」[11]で、女性たちがリフォーム・ドレスを着ようとしないことに関して、二点の理由をあげて述べている。

第一に、それはファッションではないからである！……人々はその仲間たちの心地よさや美しさについての独特の言い回しでもって、すべてが絶対的な力によって支配されていた。……

第二に、長いドレスとボディスは最も優雅である。例を挙げてみよう。女性は最も小さな境界の中に締め付けられた器官で、木綿、毛、絹の三重の鎖帷子で膨らんだ脚で、より優雅に動くことを意味するだろうか？

リフォーム・ドレスは確かに流行のドレスとは全く異なった形である。また、女性の身体を小さく見せる長いドレスは優雅であり、さまざまな素材で仕立てられているが、それが女性の優雅な動作をもたらすのだろうか、という疑問を投げかけているのである。しかしながら、多くの女性は動きやすいリフォーム・ドレスを着ようとはせず、結局、一部の女性の権利を主張する人々の間にのみ着用されたのであった。

また、ブルーマー夫人は一八五三年三月の「衣服改良」[12]で、彼女達のリフォーム・ドレスについて多くの手紙を受けとり、まだ多くはないが着用者はかなりの人数となっている、と述べている。

このドレスに対する最初の偏見は弱くなっている、あるいはそれほど表面的になっていないことは喜ばしい。…女性の趣味と必要性に従ってドレスを着る権利についての無言の承認は、あらゆる手段を生じさせている。実際にこの着心地のよい、便利なドレスの普遍的な順応を妨げるものは何もない、いまだ堕落したパリの宮廷からこのファッションがやってきていないという事実を除いては。

ここでブルーマー夫人はパリのファッションの強い影響を認め、彼女たちの短いドレスがパリで採用されたならば、多くの人々が取り入れるのではないか、と述べている。

この論説が発表された後に、女性の権利の提唱者たちもしだいにリフォーム・ドレスの着用を止めてしまった。そのいきさつが、ブルーマー夫人が知人の家に送られてきたクリノリンを試してみたときの反応として記されている。[13]

フープが軽くて着心地がよいことを見出し、（長いドレスに対する私の最大の障害であった）重いペティコートの必要性がなくなって、二種類の衣服―長いものと短いもの―を持っていると費用がかかると同時に不便であることに気がついて、私はしだいに短いドレスを着るのをやめてしまった。

結局、ブルーマー夫人は女性にとって実用的、活動的な衣服が女性の権利に目覚める第一歩と考えていた。しかし、リフォーム・ドレスのみが批判の対象となって、本来の禁酒運動や女性の権利獲得運動の妨げとなってしまった。また、短いスカートは風で持ち上がってしまい、結果的に長いドレスと二種類の必要が生じてしまったことや、重いペティコートが軽い鋼鉄製のクリノリンに変化して軽くなっていたことが、リフォーム・ドレスの必要性を失わせてしまったといえるのではないだろうか。さらにはクリノリンのドレスの持つファッション性が多くの女性の心を捉えたこともその一因であろう。

二　ブルーマー・スタイルと「新しい女」

アメリカでは、ブルーマー・コスチュームという名を残した短いスカートとトルコ風トラウザーズからなるリフォーム・ドレスは、実際にはスポーツ服としてのみ認められていった。一八五八年一月の『ゴディズ・レディズ・ブック』には、「都会の体操服」(図❸)と題した体操用コスチュームが掲載されている。[14] ここでは「バスクのあるウェスト、フル・スカート、トルコ風スリーブとパンツ」と記され、素材は対照的な色合いの上質なフランネルかフランス・メリノがよい、とある。またこの正確なパターンはデモリスト社から手に入れることができる、と述べられている。

海水着としては、一八五八年六月に『ハーパーズ・ニュー・マンスリー・マガジン』に紹介されている。[15] そこではフランネル製の上衣に膝丈のスカート、踝でギャザーをよせた脚衣が載り、以後、海水着として他の雑誌にも登場するようになった(図❹)。このように、ブルーマー・スタイルはアメリカのみでなくイギリスやフランスでもその活動性が認められ、女性の体操服や海水着として取り入れられるようになり、また、学校教育では少女の体操服として普及していくことになった。

図❸——体操服『ゴディス・レディズ・ブック』（1858年１月）

図❹——海水着『ハーパーズ・ニュー・マンスリー・マガジン』（1858年６月）

一八九〇年代には、「新しい女 New Woman」と呼ばれる女性たちが登場し、再びブルーマー・スタイルがみられるようになった。その背景には、一八八三年ごろから女性の新しい生き方を描いた小説が登場したことがあげられる。セアラ・グランドはそれまでさまざまな呼び方がなされていた新しい女性たちを指して、一八九四年三月に発表した評論において“the new woman”という言葉を用いた。この名称が特別な意味を持った言葉として定着するのは同年五月の『ノース・アメリカン・レヴュー』に掲載された“The New Woman”と題するウィーダの論からである[16]。

さらに風刺雑誌である『パンチ』が「新しい女」を取り上げたことによって、ますます「新しい女」が世紀末の現象として取り上げられ、旧式の考えを持つ人々からは批判の対象となったのである。『パンチ』はこのような女性を、一八九四年四月二八日号にドン・キホーテをもじった女性のドンナ・キホーテとして描いている。イプセンやトルストイの本が回りに置かれ、大きな鍵を手に持ち、背景の旗には「ディヴァイデッド・スカート

divided skirt」と書かれていて、これらが「新しい女」の印であると理解できる。[17]

アメリカでは、「新しい女」の第一世代は、南北戦争後に女子単科大学で学んだ女性たちから生まれたという。一八七〇年までに高等教育機関に籍を置く女性たちは約一一、〇〇〇人でありこれは全学生の21%にあたる。また一八八〇年には四〇、〇〇〇人に増え、同じく32%を占めるに至った。[18] このような社会状況の中で、一八九〇年代には大学教育を受けた女性のうち、約半数が結婚をせずに職業をもち、収入を得て新たなライフスタイルを生み出していったのである。彼女たちはスポーツをし、自転車に乗り、新しい服装を取り入れていった。

図❺——自転車服『ハーパーズ・バザー』（1894年7月14日）

このような女性たちを、当時の婦人雑誌はどのように扱っているのだろうか。

一八九三年の『ハーパーズ・バザー』ファッション欄に、自転車服としてディヴァイデッド・スカートが紹介される。[19] 自転車は安全な乗り物となり、女性のスポーツとして取り入れられてきたが、長いスカートが車輪に挟まるなど、しばしば問題とされていた。そこで新しい自転車服が考案されて話題となったのである。その後、一八九四

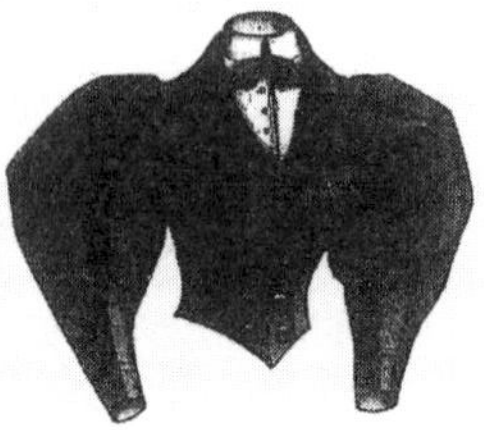

図❻——自転車服『ハーパーズ・バザー』（1895年6月1日）　自転車服ジャケット
左・ヨット用テーラードスーツ、右・自転車服

年の『ハーパーズ・バザー』四月十四日号に「パリの自転車服」と題した表紙がみられるようになる。そこでは「長くて広いトルコ風トラウザーズ」と説明され、ゆったりしているので、立っているときにはその分け目は見えない、とある。さらに、イギリスでは「合理服 Rational Costume」と呼ばれている、と記されている[20]。

また同年七月一四日号では、「女性のためのサイクリング」の記事のなかで、「現在着られている四種のスーツ」として、次の衣服を挙げている。それらは「ディヴァイデッド・スカート」、「ニッカーボッカーズ」、「ニッカーボッカーズにドロップ・スカート」、「トルコ風ブルーマーズ」であり、すべての種類が挿絵に描かれている（図❺）。さらに、これらの衣裳のなかでもっともポピュラーなのはトルコ風ブルーマーズであり、ニッカーボッカーズや短いドロップ・スカートなどは人目を惹かずに着るのは難しい、とある。そして、ブルーマーズの素材はウール、モヘヤ、サージに濃い色や交じり色のシルクが適しており、必要な布の分量も記されている[21]。

以後、ブルーマーズは自転車服の紹介記事や挿絵に必ず登場し、一八九五年六月一日号の『ハーパーズ・バザー』では、イートン

図❼——ニュー・ウーマン 『ハーパーズ・バザー』(1896年3月14日)

ジャケットとシャツ・ウェスト、ブルーマーズを組み合わせたものがヨット用のテーラーメイド・スーツとともに紹介されている[22](図❻)。また、一八九六年には『ハーパーズ・バザー』『ゴディズ・レディズ・ブック』に特集記事が組まれている。どちらにも「新しい女」という名称がみられ、この時期には、「新しい女」とサイクリングとが結びついてきたことがわかる。『ハーパーズ・バザー』三月十四日号では、「新しい女―いかに注目されていたか」と題して、自転車服で颯爽と道路を走っている女性と、それを見て驚いている男女が描かれており(図❼)、他の自転車服の紹介記事にも「新しい女」と同時にニッカーボッカーズやブルーマーズといったスタイルについて詳しく述べられている[23]。さらに『ゴディズ・レディズ・ブック』四月号では表紙にサイクリングをしている女性が描かれ、「女性の自転車」の記事には「自転車は「新しい」女性が自分自身を発展させる現実的な手段であり、筋肉を鍛えた後に知性を築き上げる真の新しい女は、戸外での運動で筋肉を鍛え、何の疑いもなく新しい訓練を受け入れている」と説明されている。そして、自転車服の項で「進歩的な女性たち

図8——石鹸の広告　1890年代後半

図9——シャツウェスト　『ハーパーズ・バザー』（1894年6月2日）

はブルーマーズを支持している」とあるが、ディヴァイデッド・スカートはブルーマーズやニッカーボッカーズをスカートの下に穿く必要がなく、自転車に乗ってもスカートが慎み深く脚の上に落ちている、とディヴァイデッド・スカートを支持している[24]。

　このように「新しい女」は、多くの場合その発端であるブルーマーズとの関わりで述べられていることが明らかとなった。さらに「新しい女はこの新しい石鹸を」というタイトルが入った石鹸の広告がみられ、積極的に「新しい女」をターゲットにしていたことがわかる[25]（図8）。

　これらの衣服には、活動的なテーラーメイドのシャツ・ウェストの普及が、大きな役割を果たしていた[26]（図9）。このスタイルをした女性たちは、チャールズ・ダナ・ギブソンによって描かれた「ギブソン・ガール」という名称で知られている。このようにアメリカでは一八七〇年代から新しい教育を受けた女性たちが生まれ、やがて九〇年代の「新しい女」に受け継がれていったのである。そこではブルーマー夫人たちのような特別な運動の第一歩としての服装改良ではなく、自らの生き方を積極的に作り上げようとした女性たちの新しい服装感覚が存在していた。その結果、新しい服装に象徴される新しい女性、すなわち「新しい女」は、新しい視点から女性の権利と平等を獲得するために活動を行っていったといえるのではないだろうか。

おわりに

女性の権利獲得運動の初期には、まず服装という身近なところから実践していくことが、批判はあったとしても、運動の趣旨を広く伝えるためには重要であったと考えられる。

ブルーマー夫人たちの衣服改良については、それを支持する女性たちがあったとはいえ、結局は活動の推進のためにリフォーム・ドレスが着用されなくなってしまった。しかし、ブルーマースタイルは女性の体操服、海水着としてしだいに定着し、世紀末にはサイクリング・ドレスとしてアウター・ウエアに登場する。これは、アメリカの高等教育を受けた女性たちの新しいライフスタイルの一つとして取り入れられるようになったのである。彼女たちは、新しい思想を持った新しい女性、すなわち「新しい女」としてあらたな時代を切り開き、新しい服装を定着させる大きな要因となったといえよう。

アメリカのブルーマー・スタイルから、「新しい女」への変化は、一九二〇年代のガルソンヌ（フラッパー）[27]へとつながることになる。日本では「新しい女」からモダンガールへと変化していったが、その最後の段階において欧米と日本の服装が同じ道を歩むようになったことには、女子高等教育の拡大と専門的な職業につく女性の増加など、共通の社会状況があったことを指摘することができる。

さらに当時のファッションが機能性、合理性を目指したデザインの延長上にあり、シンプルなデザインによる既製服産業の進展は、ファッションの大衆化をもたらした。「女性の解放」という運動の精神は十分に理解されていなくても、ファッションの大衆化は外観から女性に変化をもたらし、一九二〇年代の「新しい女性」群の出現という社会現象を生み出したのである。

注

（1）ルクレシア・モット Lucrecia Mott は「女性の権利運動の母」と呼ばれ、奴隷制廃止運動を行う中で、女性の権利についての運動を展開していった。エリザベス・ケイディ・スタントン Elizabeth Cady Stanton は「女性参政権運動のパイオニア」として活動を行っており、ロンドンの世界奴隷制反対会議でモットと出会って、一八四八年の女性の権利を求める大会の開催が実現した。スタントンは「独立宣言」をモデルとして「所信の宣言」を作成した。
武田・緒方・岩本『アメリカ・フェミニズムのパイオニアたち』彩流社、一〇九-一一四頁、一二一-一二六頁

（2）先行研究として、以下の書を参考とした。
Gattey, C. N.: *The Bloomer Girls*, Coward-McCann, Inc. New York, 1968
Fischer, G.V.: *Pantaloons and Power – The nineteenth-Century Dress Reform in the United States*, The Kent State University Press, Kent, Ohio, 2001
Cunningham, P. A.: *Reforming Women's Fashion, 1850–1920*, The Kent State University Press, Kent, Ohio, 2003
Coon, Anne C. edited: *Here Me Patiently–The Reform Speeches of America Jenks Bloomer*, Greenwood Press, London, 1994
拙著「十九世紀後半の女性の脚衣―ブルーマーから自転車服へ―」『服飾美学』十八号所収、一九八八
後藤洋子「アメリア・ブルーマーにみられる服飾観」『服飾美学』二八号所収、一九九八
ブルーマー夫人のエピソードや講演、著作の引用などを含む伝記として、夫のデクスター・ブルーマーによる次の著作を参照した。
D. C. Bloomer: *Life and Writings of America Bloomer*, Reprinted from the Arena Press edition of 1895, Shocken Books, New York, 1975

なお、本論に引用のアメリカの原著は、主としてホームページから取得した。
http://womhist.binghamton.edu/dress/doclist.htm
本論は、以下の拙著に加筆したものである。「ファッションにあらわれた女性の解放—一八五〇年代以降の欧米と日本の「新しい女」—」国際服飾学会誌、二六号、二〇〇四年一一月

（3） D. C. Bloomer, op. cit., p. 67-68

（4） Bloomer, A.: Mrs. Kemble and her New Costume, *The Lily* 1, p. 94, December, 1849

（5） Bloomer, A.: Female Attire, *The Lily*, February, p. 13, March, p. 21, 1851

（6） Stanton, E. C.: Our Costume, *The Lily*, April, p. 31, 1851

（7） Bloomer, A.: Who Are the Leaders?, *The Lily*, June, p. 43, 1851

（8） Correspondence, Subscribers, *The Lily*, June, p. 47, 1851

（9） Mott, L. A.: The New Costume, *The Lily*, September, pp. 66-67, 1851

（10） *Illustrated London News*, Vol. 19, No. 519, September 27, 1851

（11） Stanton, E. C.: The New dress, *The Lily*, April, pp 26-27, 1852

（12） Bloomer, A. J.: Dress Reform, *The Lily*, March, pp. 2-3, 1853

（13） Gattey, C. N: *The Bloomer Girls*, Coward-McCann, New York, p. 147, 1968

（14） *Godey's Lady's Book and Magazine*, January, p. 68, 1858
なお、この図は、*Reforming Women's Fashion, 1850-1920*, にも掲載されている。

（15） *Harper's New Monthly Magazine*, Vol. 17, No. 97, June, p. 144, 1858

（16） 「新しい女」が定着する前には「野蛮な女」、「アマゾン」、「余った女たち」などが用いられていた。
川本静子『〈新しい女たち〉の世紀末』、みすず書房、東京、七-三十頁（一九九九）
武田美保子『〈新しい女〉の系譜—ジェンダーの言説と表象』、彩流社、東京、一七-三一頁（二〇〇三）
Richardson, A. Willis, C.: *The New Woman in Fiction and in Fact*, Palgrave, London, 13-25, (2001)
Grand, S.: The New Aspects of the Woman Question, *North American Review*, 158, March 270-76 (1894)
Ouida: The New Woman, *North American Review*, 158, May, 610-619 (1894)

（17） *Punch, or the London Charivari*, April 28, 1894 p. 194

拙著「十九世紀末イギリスの演劇 *The New Woman* にみる「新しい女」―その精神とファッション」『日本家政学会誌』五八巻一号二三-三三頁、二〇〇七年一月　参照

（18）武田・緒方・岩本・前掲書二一二頁、

（19）*Harper's Bazar*, June, 17, 1893 p. 476

（20）*Harper's Bazar*, April, 14, 1894 p. 298

（21）*Harper's Bazar*, July, 14, 1984 p. 560

（22）*Harper's Bazar*, June,1, 1895 p. 445

（23）*Harper's Bazar*, March, 14, 1896 p. 212, 208, 210, 221

（24）*Godey's Lady's Book*, April, 1896 p. 385, 440

（25）Smith, B. C. & Peis, K.: *Men and Women*, Smithsonian Institution, p. 34, 1989

（26）*Harper's Bazar*,June,2 1894 p. 437

（27）ガルソンヌはフランス語で「少年のような女」の意味であり、ショートカットの髪、釣鐘型の帽子、ストレートでローウェストのドレスに特徴がある。アメリカでは「フラッパー」日本では「モダンガール」と呼ばれている。

III 年表・『青鞜』と世界の「新しい女」たち

凡例

一、人物名は、一般に流布している呼称に統一した。
一、外国名は漢字表記とし、左記の通りとした。
　アメリカ（米）、イギリス（英）、フランス（仏）、ノルウェー（諾）、スウェーデン（瑞）、中国（中）、デンマーク（丁）、ニュージーランド（新）、フィンランド（芬）、ドイツ（独）、ロシア（露）
一、単行本・雑誌・新聞名は『　』、その他は「　」で記した。
一、年をまたがって発表された作品については、発表開始年の記載にとどめた。
一、『青鞜』関連の事象は、ゴシック体で記した。
一、『青鞜』に記載された日本女子大学校同窓生の作品は、○印を付け区別した。
一、一般事項（日本）は、女性に関する事象を中心に記載した。
一、紙幅の都合で、すべての記載から句点（。）を割愛した。

年代	一般事項	『青鞜』および日本女子大学関連	欧米の女性関連の動き
一七一六（享元）			（英）メアリ・ウォートリ・モンタギュー夫人、夫のトルコ旅行に随行し、最初の『トルコからの手紙』を執筆
一七五〇（寛三）			（英）この頃モンターギュ夫人（エリザベス・モンターギュ）ロンドンで文芸サロン「ブルー・ストッキング」を主催
一七九〇（寛二）			（英）キャサリン・マコーリー『教育書簡』
一七九二（寛四）			（英）メアリ・ウルストンクラフト『女性の権利の擁護』
一八二五（文八）			（英）ウイリアム・トンプソン『人類の半分を占める女性たちのアピール、他の半分の人たちの主張に対抗して』
一八三〇（天元）	（仏）ルイ・フィリップの王政		（仏）『自由女性』創刊（無産者階級の女性たちの新聞）
一八三三（天三）			（仏）『婦人ガゼット』紙創刊、フランスの女性たちの政府に請願する権利を主張
一八三六（天七）			

年代	一般事項	『青鞜』および日本女子大学関連	欧米の女性関連の動き
一八三七（天八）	(英) ヴィクトリア女王即位 (米) マウント・ホリヨーク女子大学設立		
一八四三（天一四）			(仏) フローラ・トリスタン、女子労働者の抑圧を分析
一八四四（天五）			(米) セネカ・フォールズ女性権利大会
一八四八（嘉元）	(仏) 二月革命 第二フランス共和制樹立 (英) 家庭教師育成のための初の女子教育機関クイーンズ・コレッジ、ロンドン大学に設立		
一八四九（嘉二）	(英) 家庭教師育成のためのベッドフォード・コレッジ設立		(米) 一月一日、A・J・ブルーマー、『リリー』（月刊誌）出版
一八五〇（嘉三）	(英) フランシス・バス、ノース・ロンドン・コレッジエイト・スクール（女子中等機関）を創立		(米) ルーシー・ストーン、第一回全米女性権利大会を招請
一八五一（嘉四）			(米) A・J・ブルーマー、E・S・ミラー、ブルーマー・コスチュームを着用
一八五二（嘉五）	(仏) ナポレオン三世の第二帝政始まる（—七〇）		(米) スーザン・B・アンソニー、エリザベス・ケイディ・スタントンとニューヨーク女性禁

			酒協会を設立
一八五三（嘉六）	（仏）デュマ・フィス『椿姫』 ペリー浦賀来航		
一八五四（安元）	（英）クリミア戦争（—五六） 日米和親条約締結 （英）チェルトナム・コレッジの姉妹校として、チェルトナム・レイディーズ・コレッジ設立（一八五八—一九〇四までドロシア・ビール校長在任）		（英）マーガレット・オリファント『女性に関するもっとも重要な法律のやさしい言葉による概説書』（スコットランド） （米）クララ・ハートン、ワシントンDCで特許局の書記となる
一八五五（安二）	（仏）パリ万博		
一八五七（安四）			（英）婚姻事件法により、婚姻事件の管轄権が教会裁判所から世俗裁判所に移行
一八五八（安五）	日米修好通商条約調印	六月二三日、日本女子大学校創立者成瀬仁蔵生まれる	（英）急進的フェミニスト雑誌『イングリッシュ・ウーマンズ・ジャーナル』創刊
一八五九（安六）	（英）チャールズ・ダーウィン『種の起源』		（英）エリザベス・ブラックウェル、イギリスの医師登録に女性として初めて名前が掲載される。女性雇用促進教会設立

年代	一般事項	『青鞜』および日本女子大学関連	欧米の女性関連の動き
一八六〇（万元）			（英）ロンドンにフェミニズムの核となるランガム・プレイス・グループ結成、エミリ・フェイスフル、ロンドンにヴィクトリア新聞社を設立（発行は一八六五年）、ナイチンゲール看護学校設立
一八六一（文元）	（米）南北戦争（―六五）、ヴァッサー・カレッジ設立		
一八六二（文二）			（仏）サラ・ベルナール、コメディ・フランセーズで初舞台
一八六三（文三）			（米）全米婦人愛国者同盟設立、メアリ・アン・シャッド・ケアリー、アフリカ系アメリカ人女性初の新聞人
一八六四（元元）	第一インターナショナル結成		（英）売春婦の定期健診及び性病感染者の強制拘留を目的とした伝染病条令成立（この後六六年、六九年にも修正案成立）
一八六五（慶元）	（米）奴隷制廃止の憲法第一三条成立		（独）女性会議、ライプチヒで初めて開催の結果全ドイツ女性協会が設立される （英）ケンブリッジ地方試験、正式に女子の受験許可、婦人参政権委員会（ケンジントン協

一八六六（慶二）	
一八六七（慶三）	大政奉還 （仏）第二回パリ万博 マルクス『資本論』第一巻
一八六八（明元）	明治維新 （米）エミリーとエリザベス・ブラックウェル姉妹、ニューヨークに女子医科大学を設立
一八六九（明二）	（英）ヒッチン・コレッジ（後のガートン・コレッジ）開設

会）設立

（英）J・S・ミル、総選挙に婦人参政権を政綱の一つとして掲げ、下院当選

（英）エリザベス・ギャレット・アンダーソン、「婦人のための聖メリー診療所」開設

（米）メアリ・エドワーズ・ウォーカー博士、全米衣服改良協会代表就任

（英）ミリセント・G・フォーセット、全国婦人参政権協会をロンドンに設立

マンチェスター婦人参政権協会設立

（英）ロンドン大学、初の女子受験認可、マンチェスターの婦人約五千人、選挙人名簿に登録要求、拒絶され各地に参政権運動起こる

（英）ジェゼフィン・バトラー、伝染病条令撤廃のための全国婦人協会を設立

J・S・ミル『女性の解放』

女子納税者、市町村議会選挙

年代	一般事項	『青鞜』および日本女子大学関連	欧米の女性関連の動き
			権取得 （米）女性に弁護士免許が与えられる 全国女性参政権協会（NWSA）、アメリカ女性参政権協会（AWSA）設立
一八七〇（明三）	（英）初等教育法採択 （米）ウェルズリー大学設立		（英）リディア・ベッカー、初の婦人参政権専門雑誌『ウーマン・サフリッジ・ジャーナル』の監修・刊行 （米）ヴィクトリア・ウッドハル、『ウッドハル・エンド・クラフリンズ・ウィークリー』紙を創刊
一八七一（明四）	（仏）普仏戦争開始、第三共和制開始（―一九四〇）、パリ・コミューン成立 （英）マートン・ホール（後のニューナム・コレッジ）開設 （独）ドイツ帝国建設		（英）政府が女性を事務職員に雇用 （英）女子教育促進全国同盟成立
一八七二（明五）	（英）ケンブリッジにガートン・コレッジ設立		（英）スレード美術学校女子に門戸を開く （米）イリノイ州、女性の権利法案を可決

一八七三（明六）			（米）ルーシー・ストーン『ウーマンズ・ジャーナル』誌を編集（—九三） （英）エリザベス・ギャレット・アンダーソン、英国医師会初の女性会員となる
一八七四（明七）	（英）ロンドン女子医学校開校		（英）全国婦人労働組合結成 （米）アバ・ウールソン、締め付ける服装による「肉体的な不快と病気」を全米で講演
一八七五（明八）	（米）ウェルズリー、スミス両女子大開校		（英）エマ・パターソン、労働組合会議全国大会に女性初の正式出席 （仏）ビゼー『カルメン』
一八七六（明九）	（英）第二次選挙法改正		（英）医療資格法により女医公許、初の公認
一八七七（明一〇）		成瀬仁蔵、浪花公会で沢山保羅より洗礼を受ける	（英）女医の開業に法的認可
一八七八（明一一）	（仏）第三回パリ万博 国際女性権利会議、パリ開催	成瀬、梅花女学校教師となる	（英）女子初の学位、ロンドン大学より授与 女子高等教育委員会 （独）女性労働者保護規定
一八七九（明一二）	（英）サマヴィル・ホール（一八九四年にコレッジに改称）及び		（英）ロンドン市議会に初の婦人議員選出

年代	一般事項	『青鞜』および日本女子大学関連	欧米の女性関連の動き
	レディ・マーガレット・ホール（オックスフォード女子学寮）設立		（諾）イプセン『人形の家』出版
一八八〇（明一三）	（英）初等教育の義務化		（仏）サラ、アメリカほか各地巡業
一八八一（明一四）	小学校教則綱領制定（初等・中等・高等に区分、修身重視） 自由党結成 京都に結婚媒介業誕生 沖縄でユタ（巫女）取締	成瀬仁蔵『婦女子の職務』（販売・大阪丸善支店他）刊行	（米）『女性参政権の歴史』出版 （仏）『女性市民』創刊 （英）合理服協会設立 （諾）イプセン『幽霊』出版 （英）既婚女性財産法案により、夫による妻の財産処分禁止
一八八二（明一五）	軍人勅諭発布 岡山・四国・九州などで岸田俊子、景山英子ら演説会を開く 教育大旨（天皇、儒教主義的教育を文部省に指示） 立憲改進党結成	成瀬、梅花女学校を辞任、伝道に専心する	（英）オリーヴ・シュライナー『アフリカ農場物語』を出版
一八八三（明一六）	岸田俊子「函入娘」の題で政談演説、集会条例違反の容疑で拘引 新聞紙条例改正、女子の発行・編集・印刷禁止 鹿鳴館開館	成瀬、大和郡山の伝道所に赴任	（米）ジョゼフィン・セイント・ピエール・ラッフィン（アフリカ系アメリカ人女性）、ボストン初の市裁判所判事となるキャンディス・サーバー・ホイーラー、女性だけの繊維会社「芸術家連合」設立

一八八四（明一七）	（英）第三次選挙法改正 初の女性雑誌『女学新誌』創刊 女子に医術開業試験の受験許可、荻野吟子が前期試験に合格 女子の洋装一部に見られる 地租条例制定、華族令公布 岸田俊子「同胞姉妹に告ぐ」	成瀬、新島襄らにより按手礼を受け、郡山教会の初代牧師に就任 この年、同志社にて麻生正蔵に会う	（仏）モーパッサン『女の一生』 （諾）「ノルウェー女性の利益を促進するための協会」設立 （芬）アレクサンドラ・グリペンベルク男爵夫人指導の下で「フィンランド女性協会」設立 （仏）女性労働組合結成 （丁）デンマーク女性協会『女性と社会』創刊
一八八五（明一八）	初の女医荻野吟子誕生 『女学雑誌』創刊 明治女学校設立 太政官制廃止、内閣官制制定 坪内逍遙『当世書生気質』『小説神髄』 （英）ケンブリッジ大学、ヒューズ・ホール（教員養成）設立 （米）ブリンマー女子大学設立		（諾）ジーナ・クローグ、女性参政権協会設立
一八八六（明一九）	各省官制・地方官官制公布 雨宮製糸紡績場女工、労働時間延長・賃下げ反対スト 矢島楫子ら、東京婦人矯風会設立 帝国大学令公布、小学校令・中学校令・師範学校令公布 文部省、高等女学校生徒教導方要	成瀬、沢山保羅らの説得により郡山教会牧師を辞任し、新潟第一基督教会初代牧師に就任	（英）エディンバラ女子医学校設立 ジョゼフィン・バトラーらの反対運動によって伝染病条例撤廃 （丁）「デンマーク女性地位向上協会」設立

年代	一般事項	『青鞜』および日本女子大学関連	欧米の女性関連の動き
	領制定		
一八八七（明二〇）	文部省、男女別学に関して訓令 皇后、婦人に洋装を奨励する「思召書」を下付、上流婦人を中心に洋装化拡大 大日本婦人衛生会設立 婦人洋裁学校・キリスト教系女学校、各地に設立 『以良都女』『日本之女学』『貴女之友』創刊 中島（岸田）俊子『善悪の岐』（女学雑誌社） 二葉亭四迷『浮雲』（金港堂）	成瀬、新潟女学校を開校、校長となる 成瀬、北越学館の設立に参加	（英）第一回英国全国女子テニス大会開催 （米）アリス・ストーン・ブラックウェル "The Woman's Column" を編集
一八八八（明二一）	一夫一婦制建白書を元老院提出 矯風会、一夫一婦制の確立を求めて「刑法改正および在外淫婦取締建白書」を元老院に提出 森有礼文相、東京高等女学校卒業式で良妻賢母を強調 ジャーナリズムの論調も女権拡張論から良妻賢母論へ 三宅花圃『藪の鶯』（金港堂）	成瀬、牧師を辞任、校長職に専念する	（米）全米女性評議会の設立 国際女性評議会の全米女性評議会、国際会議をワシントンDCで開催 （丁）デンマーク女性参政権協会設立 （英）女性納税者、特別市議会の選挙権取得
一八八九（明二二）	（仏）第四回パリ万博	麻生正蔵、北越学館に就任	（英）パンクハースト夫妻らにより

	エッフェル塔完成 第日本帝国憲法発布 植木枝盛『東洋之婦女』で男尊女卑批判、矯風会廃娼演説会で廃娼会の組織化を提唱 大沢とよ子、大日本婦人衛生会で初の女性速記		夫人参政権同盟結成 （米）全国アメリカ女性参政権協会を設立
一八九〇（明二三）	木村曙「婦女の鑑」（女性初の新聞連載） 中島（岸田）俊子「山間の名花」 民事訴訟法公布、教育勅語発布 集会及政社法公布（女性の政治活動が全面禁止となる） 横浜婦人談話会、男女同権論講演会開催 東京女子高等師範学校設立 日本赤十字社、看護婦伝習所設立 全国廃娼同盟会結成 衆議院第一回総選挙	成瀬、新潟女学校校長を辞任して渡米	（米）全国アメリカ婦人参政権協会（NAWSA）結成 （諾）イプセン『ヘッダ・ガブラア』出版
一八九一（明二四）	警視庁、演劇の男女共演を黙認 女性交換手募集開始 若松賤子訳「小公子」、清水紫琴「泣いて愛する姉妹に告ぐ」 婦人矯風会、子守学校設置 鈴木雅子、神田に慈善看護婦会設	成瀬、アンドーバー神学校に入学、社会学の教授W・J・タッカーの	（米）ソフィア・ハイドン、女性として初めて建築学学位を取得

年代	一般事項	『青鞜』および日本女子大学関連	欧米の女性関連の動き
	立 政談演説傍聴の女性五名、集会及政社法違反で罰金各二円 清水紫琴「こわれ指環」 （英）義務教育の無償化	知遇を得る ウェルズリー女子大学の招待により、同校内に一週間滞在	ネイスミス、バスケットボール考案 （独）ツェトキン『平等』 （英）ジョージ・エジャトン『キーノーツ』
一八九二（明二五）	出口なお、大本教（神道系）開教 大阪に助産婦養成所開設（「助産婦」のはじめ） 山梨県矢島製紙女工賃下げ反対スト、工員側敗北 男子姦通罪に関する刑法・民法改正の請願不受理 樋口一葉「うもれ木」 小金井喜美子訳「浴泉記」	成瀬、クラーク大学に入学、教育学部研究科に籍をおき女子教育を専攻 この年より、翌年にかけてスミス女子大学、マウント・ホリヨーク女子大学、ヴァッサー女子大学、ブリンモアー女子大学をはじめ、米国各地の学校、社会事業諸施設を参観する	（米）アイダ・ベル・ウェルズ、アフリカ系アメリカ人ジャーナリストで “Memphis Free Speech” 紙の共同経営者 センダ・ベレンソン、スミス女子大で女性用バスケットボールを考案、実施 （英）セアラ・グランド『ふたご座』
一八九三（明二六）	東京婦人矯風会が全国組織、日本基督教婦人矯風会を結成 文部省、女子の就学促進のため小学校に裁縫の教科を設置するよう訓令	Jinnzo Naruse, *A Modern Paul in Japan* (Congregational Sunday-School and Publishing Society) 刊行 一二月末、帰国の途につく	ジョージ・ギッシング『余った女たち』 （米）メイ・エリザ・ライト・シュワール、コロンビア万国博覧

年	事項	成瀬関連	海外
	巖本善治、第一回夏期大学校開校 下田歌子、各国女子教育状況視察のため渡欧 （米）ラドクリフ女子大学設立		会に併せて開催された「世界女性代表者会議」 （新）ニュージーランド世界で初めて国政レベルの参政権取得 （英）女性作家セアラ・グランド『ノース・アメリカン・レヴュー』で初めて「新しい女」（ニュー・ウーマン）という言葉を使用する
一八九四（明二七）	洲崎金松楼で娼妓ストライキ 巖本善治、『女学雑誌』上で良妻賢母教育を批判 日赤看護婦高山ミツら、広島陸軍予備病院に勤務 日清戦争開戦 各地に婦人軍事援護団体設立 北田薄氷「三人やもめ」 樋口一葉「大つごもり」 （仏）ドレフュス事件	成瀬、梅花女学校校長となる 女子大学設立について大阪府知事内海忠勝をはじめ、伊藤博文、文部大臣西園寺公望を訪問 梅花女学校校則を改正し、教育改革を試みる	（独）ドイツ女性団体連合結成 （英）「フェミニスト」という言葉が初めて『アシニーアム』誌において登場
一八九五（明二八）	高等女学校規程制定 帝国教育大会で高等女学校教育は内助的婦人養成を目指すと決議 津田梅子ら日清戦争の軍人遺族扶助の義捐金募る 『文芸倶楽部』臨時増刊号として「閨秀小説」発行 この年国家観に立った女子教育必要論が強調され始める	成瀬、麻生正蔵の執筆協力を得て、教育構想を『女子教育』にまとめる	グラント・アレン『やってのけた女』 （米）「ウィメンズ・イラ・クラブ（女性の時代クラブ）」を組織

年代	一般事項	『青鞜』および日本女子大学関連	欧米の女性関連の動き
	樋口一葉「たけくらべ」「にごりえ」「十三夜」 田沢稲舟「しろばら」 (仏)リュミエール兄弟が映画を発明		
一八九六(明二九)	移民保護法公布 初の産婆雑誌『助産之栞』創刊 保母研究団体フレーベル会設立 女工争奪激化による引き抜き問題、女工による大規模スト、女工の逃亡など続出 北田薄氷「乳母」 樋口一葉「裏紫」 田沢稲舟「五大堂」	成瀬仁蔵『女子教育』(青木嵩山堂)刊行 成瀬、梅花女学校校長を辞任 賞金三〇万円の募金を予定し、大阪における女子大学設立計画を発表 内海忠勝、土倉庄三郎、広岡浅子らの賛助を得、伊藤博文、西園寺公望、大隈重信、渋沢栄一、森村市左衛門、板垣退助らに援助を乞う 年末、設立趣意書発表	(仏)オルガ・ド・ベゾブラゾゥ著『新しい女』(小説)、女だけの劇団「テアトル・フェミニスト」創立 パリで国際婦人会議 ジュール・ボワ『新しいイヴ』
一八九七(明三〇)	矯風会提出の姦通罪制定・海外醜業婦取締請願否決 文部省、男女別学に関して、小学校・師範学校では男女別学が望ましいことを訓令 『女子之友』創刊	成瀬、「女子教育振起策」と題し帝国教育会にて演説 東京星ケ丘茶寮において第一回発起人会開催 帝国ホテルに貴衆両院議員を招待、第一回創立披露会を開催	(英)ミリセント・G・フォーセットを中心に婦人参政権協会全国同盟(NUWSS)を結成 (仏)コメディ・フランセーズで『従者』初演(服従を拒否する女性像で論議を巻き起こ

	初の女性新聞記者羽仁もと子、報知新聞入社 紡績工場でのスト多発 尾崎紅葉「金色夜叉」連載開始	第一回創立委員会を創立委員長大隈重信外務大臣官邸にて開催 大阪中ノ島ホテルで第二回発起人会、第二回創立披露会を開催 神戸で女子教育演説大会を開催（成瀬仁蔵、中川小十郎、嘉納治五郎、伊沢修二、女子大学設立の意義について演説）	す） フランス社会主義者会議、女性の政治的、経済的平等権を要求（女性の平等を提唱した最初の政党） マルグリット・ディラン、女性による最初の日刊紙 “La fronde” を発行
一八九八（明三一）	万国婦人教育大会（米）に津田梅子ら出席 民法親族編・相続編公布（長男子家督相続、妻の無能力、離婚条件など家における女性の位置づけを規定） 済生学舎女子医学生吉岡弥生ら、女子医学生懇談会結成 下田歌子、帝国婦人協会設立 徳富蘆花「不如帰」連載開始 （英）ボーア戦争（—一九〇二）	大阪と東京に創立事務所を開設（創立事務幹事長・中川小十郎、同幹事・麻生正蔵） この年、経済不況により設立運動が一時停滞	（英）合理服連盟結成 ジョージ・バーナード・ショウ『ウォーレン夫人の職業』 （米）シャーロット・ギルマン『女性と経済学』
一八九九（明三二）	高等女学校令発布（各府県に最低一校の開校を義務付け、良妻賢母教育を制度化） 大沢とよ子、時事新報社採用 東京に成美学園設立 川上貞奴、夫音二郎と渡欧、名声	この年、女子大学設立地（大阪）について再検討がはじまる	（仏）マルグリット兄弟『新しい女たち』 国際看護師協会設立

年代	一般事項	『青鞜』および日本女子大学関連	欧米の女性関連の動き
一九〇〇（明三三）	を博す 産婆規制交付、国家試験合格者のみ営業許可 家庭小説流行 福沢諭吉『女大学評論・新女大学』 清水紫琴「移民学園」 与謝野鉄幹『明星』創刊 皇太子嘉仁、九条節子結婚（一夫一婦制モデルに） 函館の娼妓が廃業訴訟勝訴、娼妓の自由廃業運動活発化 治安警察法公布（女子の政治結社の加入・政談・集会参加・発起人となることを禁止） 津田梅子、女子英学塾創立 娼妓取締規則公布、娼妓自由廃業許可 吉岡荒太・弥生夫妻、東京女医学校創立 自転車に乗る女性増加、女学生の袴普及 （仏）第二回パリ・オリンピック女性初参加（ゴルフ、馬術、テ	大阪の創立委員会において女子大学建設地を東京に決定 東京にて創立委員会開催、三井家から東京目白台に女子大学敷地として五五二〇坪の寄付を受ける 女子大学設立費不足分を発起人で負担し、一九〇一年四月に開校することを決定する 校舎の建築進行、家政学部、国文学部、英文学部（三年制）、および附属高等女学校（五年制）生徒約五〇〇名の募集を発表 岩崎弥之助他二九名の名で日本女子大学校設置認可願を東京府知事に提出（一二月二四日認可）	（仏）コレット、ウィリーの著作として『学校のクロディーヌ』出版し大成功 国際女性衣服労働者組合（ILGWU）設立

	ニス、ヨット）		
一九〇一（明三四）	愛国婦人会創立、『愛国婦人』創刊 『時事新報』による埼玉女工虐待裁判報道 潮田千瀬子ら足尾銅山鉱毒地救済婦人会設立、窮民救済演説会開催 矯風会矢島楫子ら鉱毒被害地視察 石上露子「一夫一婦論」 与謝野晶子『みだれ髪』（東京新詩社、伊藤文反館） 大塚楠緒子「うつせみ」	校長を成瀬仁蔵、設立者総代を大隈重信とする大学校の申請を認可される 第一回入学試験実施（四月八日）、同日、無試験入学許可者の入寮希望者等が入寮開始 日本女子大学校開校式（四月二〇日）、第一回入学許可生徒五一〇名（家政学部八四、国文学部九一、英文学部一〇、英語予科三七、高等女学校全学年二八八）、校舎二棟、寮舎三棟、教師館二棟他 第一回運動会を飛鳥山渋沢栄一別邸庭園にて開催 エリザベス・P・ヒューズ来日し、大学の教育に貢献する	（仏）全国フランス婦人会議 コレットとウィリーの共著として『パリのクロディーヌ』出版
一九〇二（明三五）	女子文学会設立、講演会開催 『婦人界』創刊 鐘紡会社内に乳児保育所設立 家庭教育改善を目指す明治母の会設立 文部省、修身教育の強化を全国の高等女学校へ訓令 国政調査に関する法律公布	第一回創立記念式および高等女学校第一回卒業式を挙行（卒業生八二名、大多数は大学部へ進学）大学部校舎一棟増築 樺山資紀の厚意により、同邸内に寮舎二棟建築、樺山寮と名づける 第二回運動会を校庭にて開催（参観者一二〇〇余名）	（瑞）スウェーデン女性参政権協会の設立 （米）国際婦人参政権連合結成 （仏）コレットとウィリー『家庭のクロディーヌ』 （濠）オーストラリアで女性参政権取得

年代	一般事項	『青鞜』および日本女子大学関連	欧米の女性関連の動き
一九〇三（明三六）	新橋駅に女子出札掛登場 女学生の間で廂髪流行 岡田八千代「おくつき」 大塚楠緒子「離鴛鴦」 女工不足対策として諏訪製糸同盟結成 専門学校令公布、中学、高等女学校卒業者に入学資格 『家庭雑誌』、『家庭之友』創刊 三越呉服店の女性店員募集に申込殺到 小杉天外「魔風恋風」連載開始 下田歌子編『明治才媛歌集』（廣文堂書店） 若松賤子『忘れがたみ』（博文館） 尾島菊子「破家の露」	第二回創立記念日に植樹、木植えの歌をうたう 卒業生の同窓会として桜楓会を発会 樺山愛輔所有の地所二〇〇〇坪を購入し、大学部校舎一棟および体操場を増設 『学報』創刊（一九〇四年一二月第四号で終刊） 夏期修養寮として夏季寮を組織する（以後毎年開催） 第三回運動会を校庭にて開催（参観者五〇〇〇余名）	（英）エメリン・パンクハーストとその娘クリスタベルら、婦人社会政治同盟（WSPU）結成、一九〇五年からの防火、破壊、ハンストなどの実力行使により、戦闘的参政権運動家と呼ばれる （米）全米女性労働組合連盟、中産階級と労働者階級の女性によって結成 （仏）マリー・キュリー、夫とともにノーベル物理学賞受賞（一九一一年化学賞受賞）
一九〇四（明三七）	日露戦争勃発 婦人矯風会等、慰問袋送付開始 『二十世紀の婦人』創刊 堺利彦ら第一回社会主義婦人講演会開催、聴衆は女性のみ 高等小学校読本に「水平の母」掲	私立日本女子大学校、専門学校令により認可される（三月一日から本校規則を専門学校令に準拠） 桜楓会、『女子大学週報』（謄写版刷）を発行、六月より後継紙として『家庭週報』（隔週）を発刊す	（仏）コレット、はじめて単独の名（コレット・ウィリー）で『動物の対話』を出版

年	社会	本校	世界
	載、軍国の母の美談として称揚 千人針流行 女性の髪形二〇三高地流行 与謝野晶子『小扇』（金尾文淵堂） 石上露子「兵士」 与謝野晶子「君死にたまふこと勿れ」、チエホフ・瀬沼夏葉訳「余計者」「貧しき少女」 福田英子『妾の半生涯』（東京堂）	る 第一回総会を開催し、桜楓会実業部を開設 大学部第一回卒業式を挙行（卒業生一二一名） 第四回運動会を校庭にて開催（参観者八〇〇〇余名） 森村豊明会からの寄付に基づく教育学部の開設を発表	
一九〇五（明三八）	治安警察法第五条改正請願書を衆議院に提出、否決される 文部省、各女学校に社会主義思想の取締を訓令 『婦人画報』創刊 日本キリスト教女子青年会（YWCA）発足 愛国婦人会、軍人遺族慰問などで活動を活発化 『女子文壇』『婦人画報』創刊 山川登美子・増田雅子・与謝野晶子『恋衣』（本郷書院）、大塚楠緒子「お百度詣」 与謝野晶子「産屋日記」 菅野スガ「筆の雫」	第五回創立記念式、教育学部校舎及び図書館講堂定礎式、三井寿天寄贈による桜楓館定礎式を挙行する 附属小学校・幼稚園校舎を起工 桜楓会、『花紅葉』創刊 本校財団法人となる 第一回評議員会開催 桜楓館開館式を挙行 『家庭週報』三四号より週刊となる 寮舎共同購買会を開設 麻生正蔵チエルトナム・レディーズ・コレッジ五〇周年祝賀式典に参加	
一九〇六（明三九）	逓信省、女性を判任官待遇に任命	小学校・幼稚園校舎、豊明館（教	（米）イザベル・ベヴィエーとスザ

年代	一般事項	『青鞜』および日本女子大学関連	欧米の女性関連の動き
	大日本実業婦人会結成 社会主義同志婦人会発足（福田英子ら） 共立女子職業学校、タイプライチング講習科を設置 日露戦争で未亡人多数出現、職業教育の要望高まる 小山内八千代『新緑』（金尾文淵堂） 今井歌子ら提出の治安警察法第五条改正請願書、女子の政談集会の自由のみ採択 『婦人世界』、『少女世界』創刊	育学部校舎）および豊明図書館（兼講堂）の落成式を挙行 教育学部、附属豊明小学校（入学児童男女一一名）、附属豊明幼稚園（入園児男女一二名、三年保育制）を開校 幼稚園開寮（曙寮） 桜楓会補助団成立 第一回毎月会（西園寺公望はじめ本校評議員を中心とした女子教育研究会）を開催 三井三郎助の厚意による軽井沢三泉寮を開寮 豊明母の会開催 本校と桜楓会合同主催の秋季文芸会に常宮、周宮、富美宮、泰宮各内親王、閑院宮、東伏見宮、山階宮各妃、北白川姫宮来校　その際高等女学校、徒手体操と自転車乗りを行う（翌年、記念誌『三つの泉』刊行） 『家庭週報』四八号にて改良服を考案する	ンナ・アッシャー、『家政学運動』出版、後に増補版『教育における家政学』となる （仏）マリー・キューリー、夫の地位を引き継いで、ソルボンヌ大学初の女性教授就任 （芬）フィンランド、女性参政権取得

一九〇七（明四〇）	福田英子『世界婦人』創刊、初の社会主義婦人雑誌 福田英子ら請願の治安警察法第五条改正請願、衆議院可決、貴族院審議未了で廃案 婦人記者倶楽部、男性記者の良妻賢母主義に反駁 平塚らいてうら閨秀文学会設立 高等女学校普及、全一三三校、生徒数四万二七三人 シンガーミシン裁縫女学院開設 婦人のリボン流行 野上彌生子「七夕様」 大塚楠緒子「病妻」	国文学部を文学部と改称、学科内容に人文史を加える 高等女学校、自学の方法の具体化として、学科別教室制を実施 桜楓会、図書館完備資金募金のため桜楓会バザーを開催　高等女学校も参加、体操と自転車乗りを行う	（仏）既婚女性が自分の労働収入を自由に処分する権利を獲得 （英）ロンドンで女性参政権を求める三〇〇〇人以上の女性のデモ行進
一九〇八（明四一）	奈良女子高等師範学校創立 明治座興行に女優四名起用 森田草平・平塚明心中未遂事件（煤煙事件）発生 横浜に初の女子感化院「横浜家庭学園」設立 帝国女優養成所開所式開催 大妻コタカ裁縫・手芸の私塾開く（後の大妻学院） 国木田治子「破産」 大塚楠緒子「空薫」	第七回創立記念日に藤田伝三郎寄贈の香雪化学館開館式と、前年開寮の晩香寮（渋沢栄一寄贈）開寮式を挙行 井上秀、家政学研究のため米国に留学 桜楓会、女子大学通信教育会を設け、事業計画を発表 かっぽう着型エプロンを考案、料理や実験、掃除などに学生が着用	（英）ロンドン大学キングズ・コレッジに家政学部設置 （独）女性の大学入学正式公認 （仏）コレット『葡萄の巻き蔓』出版、役者としても活躍

年代	一般事項	『青鞜』および日本女子大学関連	欧米の女性関連の動き
一九〇九（明四二）	瀬沼夏葉訳『露国文豪チエホフ傑作集』（獅子吼書房） 管野スガ、幸徳秋水らと『自由思想』発行 曽根崎遊廓全焼を機に遊廓移転期成会結成、翌月廃止の布令 文芸協会、男女共学の附属演劇研究所開設 高等女学校で『婦人画報』等婦人雑誌の読書取締り 水野仙子「徒労」 森しげ「波瀾」	第一回若葉会総会、会則決定 通信講義録『女子大学講義』を刊行、同時に機関誌『家庭』を創刊 『家庭週報』一時発行中止	（英）ロンドンで万国婦人参政権大会開催 （瑞）セルマ・ラーゲルレーブ、女性で初めてノーベル文学賞受賞 （露）アレクサンドラ・コロンタイ『女性問題の社会的基礎』 （瑞）エレン・ケイ『児童の世紀』
一九一〇（明四三）	管野スガ、大逆事件に連座、起訴される 御船千鶴子の千里眼実験等心霊現象研究盛ん 新社会劇団公演「波」で主役の田村俊子好評 高等女学校令改正、二年制の実科高女許可 韓国併合成立、翌月朝鮮総督府設置決定 ゴーリキ『どん底』初演、堺利彦	教育学部の内容を変更し家政科他三科とする 英文雑誌LIFE創刊（後、LIFE AND LIGHTと改称、一九一一年第六号で終刊） 女子教育反動時代に際し、女子高等教育普及のため成瀬仁蔵・渋沢栄一・森村市左衛門、北越地方講演旅行（柏崎・新潟・新津・高田・長岡・上諏訪・長野）へ赴く 桜楓会、各寮舎、「女中」のため	（英）ブラック・フライディ（ロンドンで婦人参政権要求の女性たちと警官隊が衝突する。）

一九一一（明四四）

ら文章代理と浮世顧問を業とする売文社設立、身の上相談の先駆けとなる。
小金井喜美子「向島の家」
尾島菊子「赤坂」
岡田八千代「絵の具箱」
管野スガ、大逆事件で処刑される
工場法公布、婦女子・年少者の深夜労働禁止など
吉原遊廓焼失、公娼廃止の動き活発化、矢島楫子ら廓清会結成
文芸協会研究所第一回試演会でイプセン『人形の家』初演、松井須磨子のノラ好評
カフェプランタン・ライオン・パウリスタ開店
レコード・蓄音器普及
『少女画報』、『淑女かがみ』創刊
田村俊子「あきらめ」
長谷川時雨『日本美人伝』（聚精社）
尾島菊子「父の罪」

の夜学会を開く
教育学部家政科卒業生に、家事科中等教員無試験検定資格を認可される
創立一〇周年記念式を挙行、『日本女子大学校の過去現在及び将来』を刊行
若葉会会誌『若葉』創刊
創立一〇周年記念講演のため成瀬仁蔵・渋沢栄一・大隈重信・森村市左衛門、関西（大阪・神戸・京都・岡山）へ出発
『青鞜』発起人五人（中野初、保持研、木内錠、平塚らいてう、物集和子）が初集会
『青鞜』創刊
『青鞜』創刊号に、与謝野晶子「そぞろごと」、平塚らいてう「元始女性は太陽であつた」掲載

（英）オリーヴ・シュライナー『婦人と労働』出版
（米）ジェーン・アダムズ、全米セツルメント連合の初代会長と、全国アメリカ女性参政権協会の初代副会長に就任
（瑞）エレン・ケイ『恋愛と結婚』

年代	一般事項	『青鞜』および日本女子大学関連	欧米の女性関連の動き
一九一二（明四五、大元）	中野・昌平橋間に婦人専用電車運行 洲崎遊廓焼失、廓清会再興反対運動を展開 浅草銘酒屋、新聞縦欄所の私娼の検黴実施 中国支配強化を狙う英米仏独日露	**『青鞜』第一巻第二号、のちの『人形の家』論争の下地を成す「ヘッダ、ガブラア合評」掲載** ○上田君「初秋」 ○大村嘉代子「一諾」 ○木村錠「夕化粧」 ○田原祐「稲の花さく頃」「二日間」 ○田村俊子「生血」 ○茅野雅子「枯草」 ○平塚らいてう「元始女性は太陽であった」「花芙蓉」「ヘッダ、ガブラア合評」「高原の秋」 ○保持研「百日紅」「礒のひる」「秋海棠」「ヘッダ、ガブラア合評」「菊日和」「眼玉」「冬籠」 文学部募集中止（四月一日） 『家庭週報』再刊（六月二五日） 成瀬仁蔵、女子高等教育視察および帰一協会の趣旨を広めるために欧米旅行へ出発（翌年三月帰国） **『青鞜』第二巻第一号、付録とし**	（仏）父性放棄を罰する法律発布

間で借款に関する規約成立
富山県で女性を中心に汽船の米積み込み妨害騒動
北原白秋、姦通罪で告発され拘留
『淑女画報』創刊
明治天皇逝去、大正と改元
陸軍大将乃木希典・静子夫妻殉死
与謝野晶子『新訳源氏物語』全四巻（金尾文淵堂）
田村俊子「離魂」・「誓言」、与謝野晶子『雲のいろいろ』（梁江堂書店）、馬場孤蝶『一葉全集』（博文館）

て『人形の家』特集を掲載
『青鞜』第二巻第四号、荒木郁「手紙」により発売禁止
第一回青鞜研究会開催
『青鞜』第二巻第六号、「付録」でマグダ特集、「五色の酒」事件および「吉原登楼」により青鞜社批判激化
らいてう、『青鞜』第二巻第八号掲載の「円窓にて」に尾竹紅吉との密接な交際を記す
らいてう、奥村博と初対面
らいてう、『青鞜』第二巻第一〇号に「円窓にて―女としての樋口一葉」を掲載、一葉を旧い女として批判し、木内錠と論争
○上田君「人形の家を読む」「旅」「モルヒネと味噌（喜劇一幕）」
○神崎恒「人の夫」「タイピスト」
○木内錠「さすらひ」「他人の子」「史劇延寿」「マグダに就て」「老師」
○武市綾、ジェンネット・リー「人形の家（評論）」メレジコウスキー「幽霊を論ず（翻訳）」

年代	一般事項	『青鞜』および日本女子大学関連	欧米の女性関連の動き
一九一三（大二）	西川文子ら新真婦人会結成、『新真婦人』創刊 文部省、婦人雑誌掲載の反良妻賢母主義的婦人論の取締り決定 島村抱月、松井須磨子ら芸術座創立 国家医学会で石原修「女工と結核」	○田原祐「或日と或日」「我が扉」 ○田村俊子「その日」「お使ひの帰つた後」 ○茅野雅子「女の歌」「きさらぎ」「湖畔の家」「白き蛾」 ○長沼智恵子「マグダに就て」 ○林千歳「「ゴースト」を読む」「乙弥と兄」 ○平塚らいてう「ノラさんに」「降神」「円窓より」「読んだ「マグダ」」、ポオ「メールストロムの渦（翻訳）」 ○保持研「初空」「人形の家に就て」「冴え返る」「木瓜」「松の花」「樹下闇」「日盛」「深草の里より」 桜楓会託児所（小石川区久堅町）の開所式を挙行 寺田勇吉所有地返却のため豊明寮、体操場移転、参考館開館 **『青鞜』第三巻第一・第二号、付録として婦人問題特集を掲載**	（仏）モーリス・ドネイ作の芝居『偵察者』大成功、自由で自立した魅力的な女性像

講演、紡績女工の帰郷死亡者の七割が結核死と報告
性科学雑誌『相対』創刊
『太陽』『中央公論』婦人問題特集
東北帝国大学に初の女子学生三人入学
水野仙子「神楽坂の半襟」
田村俊子「木乃伊の口紅」、「遊女」
チエホフ・瀬沼夏葉訳『桜の園』（新潮社）
与謝野晶子「明るみへ」
素木しづ「松葉杖をつく女」

『青鞜』第三巻第二号、福田英「婦人問題の解決」により発売禁止
青鞜社第一回公開講演会開催
『青鞜小説集第一』（東雲堂書店）刊行
らいてう、エレン・ケイの紹介、翻訳を開始
らいてう『円窓より』（東雲堂書店）刊、発売禁止となる
阿部次郎、生田長江、高村光太郎、馬場孤蝶、島村抱月らを講師とする青鞜社文芸研究会が企画されるが、中止
ホワイトキャップ党長代理を名乗る者から青鞜社に脅迫状届く
生田長江、青鞜社と決別
らいてう、奥村博に「八項目の質問状」
青鞜社概則変更
野上彌生子、「ソニア・コヴァレフスキィの自伝」訳載開始
○神崎恒「雑木林」
○茅野雅子「日常生活―日常生活、秘密」「小曲二章」
○平塚らいてう、ハアベロック・

年代	一般事項	『青鞜』および日本女子大学関連	欧米の女性関連の動き
一九一四（大三）	第一次世界大戦（―一八） 『読売新聞』、婦人欄の嚆矢「婦人附録」を新設、主筆小橋三四 荒木郁『火の娘』（尚文堂書店） 西川文子『婦人解放論』（中央書院） トルストイ「復活」初演、松井須磨子「カチューシャの唄」流行 看護婦志願者激増 『番紅花』創刊 田村俊子「炮烙の刑」	エリス「恋愛と結婚―エレン・ケイ著（翻訳）」「一年間」「世の婦人達に」エレン・ケイ「恋愛と結婚（翻訳）」「扃ある窓にて」エレン・ケイ「性的道徳発展の過程（翻訳）」「手紙の中から」エレン・ケイ「恋愛の進化（翻訳）」「「動揺」に現はれたる野枝さん」 ○保持研「恋あらそい」 成瀬仁蔵『新時代の教育』（博文館）出版 **『青鞜』第四巻第一号、付録として「ウォーレン夫人の職業合評」を掲載** **らいてう、奥村博と共同生活開始** **田村俊子『炮烙の刑』をめぐり、らいてうと森田草平の間で論争起こる** **生田花世「食べることと貞操と」**	（米）女性平和行進が第一次世界大戦に抗議してニューヨーク市で開催される （仏）サラ・ベルナール、フランス政府から勲章を授与される （独）ローザ・ルクセンブルクら「スパルタクス団」結成

伊藤野枝「婦人の生活を重んじない社会」
素木しづ「三十三の死」

（『反響』一九一四年九月）をきっかけに、安田（原田）皐月「生きることと貞操と」等、『青鞜』誌上で「貞操論争」起こる
らいてう、『青鞜』の発行権を伊藤野枝に譲ることに同意
○斎賀琴「別後」「夜汽車」「万人は如何ともあれ」「夏の花」「暗中より」「未練」「わかれ」
○茅野雅子「舞の師匠—舞の師匠、鏡」
○林千歳「待ち侘び」
○平塚らいてう「ギギーとその母の生活」「独立するに就いて両親に」「『火の娘』を読んで」「西川文子氏の「婦人解放論」を評す」「田村俊子氏の『炮烙の刑』の龍子に就いて」「最近の感想—婦人の生活を重じない社会」「森田草平氏に—『炮烙の刑について青鞜記者にあたふ』を読んで」
○エレン・ケイ「母権（翻訳）」「最近の感想—第三周年に際して」「御宿より」

年代	一般事項	『青鞜』および日本女子大学関連	欧米の女性関連の動き
一九一五（大四）	大審院、内縁の妻に婚姻不履行による賠償要求を認める初判決 『婦人之友』かっぽう着を考案、普及させる 吉原遊廓花魁道中、廓清会の請願により禁止 ロンドンでプリマドンナ三浦環の『蝶々夫人』喝采を浴びる 看護婦規則制定、資格公認 帝劇洋楽部、「ボッカチオ」上演、ボッカチオに扮した原信子、男装の麗人として好評、「恋はやさし」の歌流行 岩野清・泡鳴別居、清が同居請求訴訟をおこし、勝訴 女学生にブルマー流行、カフェ女給が白エプロン着用、婦人のパーマ流行 岩野清『愛の争闘』（米倉書店） 田村俊子「彼女の生活」	○保持研「火事」 豊明幼稚園、二年保育制となる 桜楓会託児所、小石川区久堅町から巣鴨宮下町へ移転し新築落成式（一九二八年日暮里託児所に合併）を挙行 麻生正蔵『家庭教育の原理と実際』（北文館）出版 **『青鞜』編輯兼発行人が伊藤野枝に変更** **野枝、青鞜社社員制度を廃し、「無規則、無方針、無主張主義」を宣言** **山田わか、ウォード「女子の教育に就て」訳載開始** **原田皐月の小説「獄中の女より男に」により、『青鞜』第五巻第六号発禁処分、これをきっかけに「堕胎論争」起こる** **伊藤野枝、辻潤との婚姻届提出** **伊藤野枝、「廃娼論争」の発端となる「傲慢狭量にして不徹底なる**	（丁）国王、アイスランドとデンマークで女性に参政権を与える法案に署名 （米）ジェーン・アダムズとキャリー・チャップマン・キャット、女性平和党を設立 （米）ローズ・ハリエット・パスター・ストークス、『自立する女性』を出版、労働運動の解放された女性指導者を描く 「恒久平和のための国際女性委員会」（後の「女性国際平和自由連盟」）創設、戦争を排除し、自由、平和の達成を目指す （瑞）「国際平和のための世界女性連合」、国際平和運動を支援する目的でジュネーブに設立される

一九一六（大五）

婦人問題研究会結成
初の労組婦人部である友愛会婦人部結成
大日本婦人会結成、良妻賢母主義を強調
風紀紊乱のため私娼取締り強化
インドの詩人タゴール来日
警視庁、私娼取締を強化、公娼拡張提言
大阪婦人矯風会、飛田遊郭指定地に反対しデモ

日本婦人の公共事業に就て」掲載
○斎賀琴「冬のうた」「昔の愛人に」「断章」「山にて」「戦禍」
○茅野雅子「わがあやまち」
○平塚らいてう「青鞜と私―『青鞜』を野枝さんにお譲りするについて」「小倉清三郎氏に―「性的生活と婦人問題」を読んで」「個人としての生活と「性」としての生活との間の争闘に就いて―野枝さんに」エレン・ケイ「断片（翻訳）」「母の愛（翻訳）―ウォードより」

本年度入学者から初めて宣誓式を行う
創立第一五回記念式並びに桜楓家政研究館起工式を挙行
国文学部一回生、小橋三四、女子大学創立時出資者広岡浅子の援助を受けて『婦人週報』を創刊
タゴール来校、講堂で「ギタンジャリー」朗読、軽井沢三泉寮で瞑想に関する講和を行う（以後一九二四年、一九二九年に来校）

（米）サンガー、避妊クリニックを創設し、『バース・コントロール・レビュー』創刊

年代	一般事項	『青鞜』および日本女子大学関連	欧米の女性関連の動き
一九一七（大六）	大杉栄が伊藤野枝との三角関係で神近市子に刺される日蔭茶屋事件発生 『婦人公論』、『ビアトリス』創刊 平塚らいてう「「愛の争闘」にあらはれたる両性問題」 吉屋信子「花物語」 宮本百合子「貧しき人々の群」 （露）ロシア革命、ソビエト連邦成立 第一回全国小学校女教員大会開催	成瀬仁蔵『新婦人訓（家庭文庫一二）』（婦人文庫刊行会）出版 桜楓会修養会「天心団」結成 **山川菊栄「日本婦人の社会事業に就て伊藤野枝氏に与ふ」、伊藤野枝「青山菊栄様へ」等、『青鞜』誌上で「廃娼論争」展開** **伊藤野枝、辻潤のもとを去り、恋愛関係にあった大杉栄のもとへ** **『青鞜』、第六巻第二号で無期休刊となる。** ○斎賀琴、スコット・ニーアリング「婦人と社会の進歩―個人としての婦人（翻訳）」「廃駅の夕」スコット・ニーアリング「生物学より見たる婦人の能力（翻訳）」「水仙の花」 ○茅野雅子「辣薤のはな」 ○平塚らいてう「御礼」 学則改訂、科目選択制度の採用、修学課程の変更（予科の廃止、修学基準年限四年）を実施	（米）ラドクリフ女子大の学生、ハーバード大学医学部への入学が認められる

一九一八（大七）	『主婦之友』創刊 東京少女歌劇団結成 大正婦人会結成 浅草オペラ全盛 茅野雅子『金沙集』（岩波書店） 活動写真興行取締規則公布、フィルム検閲・男女客席分離等決定 神近市子『引かれものの唄』（法木書店） 美濃電気軌道で女性車掌が初採用 東京女子大学開校 自動車運転免許、初めて女性に交付 第一次世界大戦終結 学習院女学部、女子学習院として独立 大学令・改正高等学校令公布 全国処女会（地方農村の未婚女性組織）中央部設立 女形に代わり女優が演じる初映画「生の輝き」制作開始 富山で漁村女性による米騒動、以後全国に拡大 臨時教育会議答申、良妻賢母主義など強調	教育学部家政科を廃止し、師範家政学部を設置、国文学部復活 校旗制定 成瀬仁蔵、軽井沢夏季寮にて「軽井沢山上の生活」一〇回講義を行う 豊明小学校、本年度より入学児童を女児に限る 女子総合大学建設開始を目指し、基金募集を企図（翌年二月より桜楓会を中心に募金活動開始） 成瀬仁蔵『女子教育改善意見』（博文館）出版	（仏）コレット・レイノー、「フェミニスト、社会主義者、平和主義者、国際主義者」の新聞、『女性の声』創刊 コレット作『さすらいの女』が無声映画に （露）ソ連、女性参政権取得 （英）大戦中の女性の戦争協力を認め、国民代表法で三〇歳以上の女性に参政権賦与（二八年に二一歳以上のすべての女性に参政権が賦与される） 医者マリー・ストープス、ロンドン北部に世界初の産児制限の診療所を開設 （独）ローザ・ルクセンブルクら独逸共産党創立 ドイツ、女性参政権取得 （加）カナダ、女性参政権取得

年代	一般事項	『青鞜』および日本女子大学関連	欧米の女性関連の動き
一九一九年（大八）	優生思想・純潔思想の流行 スペイン風邪大流行 岡本かの子『愛のなやみ』（東雲堂書店） 長谷川時雨『美人伝』（東京社） 松井須磨子、島村抱月の後を追って自殺 三・一朝鮮独立運動に女子学生多数参加 山脇玄、貴族院で初めて婦人参政権主張 大阪で初の公設託児所開設 東京に派出婦会創設 日本政府写真結婚による移民禁止 女子事務員の増加 与謝野晶子「激動の中を行く」 山田わか『女・人・母』（森江書店） 柳原白蓮『几帳のかげ』（玄文社）	成瀬仁蔵、肝臓癌と診断される 告別講演「我が継承者に告ぐ」を行う（一月二九日） この頃、久保田譲の勧めにより、本校の三綱領「信念徹底」「自発創生」「共同奉仕」を揮毫 三月四日成瀬永眠（享年六〇） 校長逝去につき本校一週間休業 教育関係者一同「成瀬氏哀悼女子高等教育問題講演会」開催（三月八日）、女子総合大学実現援助の決議を行う 成瀬の告別式を講堂にて行う（三月九日） 雑司ケ谷墓地に埋葬 麻生正蔵、第二代校長に就任 桜楓会第二託児所（日暮里）の落成披露式を挙行（一九四五年戦災で焼失）	（英）国際大学婦人協会、ロンドンに創設、アカデミックな仕事に従事している女性たちの国際的地位向上を目指す アメリカ生まれのナンシー・ウィチャー・ランホーン・アスター子爵未亡人、イギリス議会最初の女性議員となる オーストリア・オランダ・スウェーデン、女性参政権取得
一九二〇（大九）	東京帝大で女子聴講生を許可 平塚らいてう・市川房江ら新婦人		（英）オックスフォード大学、女性の入学を認めていた（一八八

一九二一（大一〇）

協会結成
上野公園で日本初のメーデー開催
尾崎翠「無風帯から」
高等女学校令改正、三年制の高等科・専攻科設置許可
『婦人倶楽部』創刊
学生間にマルクス熱高まる
伊藤野枝・大杉栄『乞食の名誉』（聚英閣）
吉屋信子「地の果てまで」
スピリイ・野上彌生子訳『ハイジ』（家庭読物刊行会）
東京市、各小学校に女教員の産休実施を通告
（中）中国共産党創立
婦人労働者増加に伴い東京に乳児預所開設
羽仁もと子、七年制女学校として自由学園を創立
西村伊作・与謝野晶子ら文化学院開校
初の社会主義婦人団体赤瀾会結成
原阿佐緒・東北帝大教授石原純恋愛問題、原はアララギ除名、石原は休職処分

一月二九日故成瀬校長告別講演記念日記念会開催（以後継続）
第二〇回創立記念式、故成瀬校長一周年記念式を挙行（四月二〇日）
豊明小学校校舎が落成、旧校舎は国文学部教室となる
桜楓会組織変更、社団法人となる
日本女子大学校賛助会成立

大学教育普及事業『女子大学講義』刊行
主として卒業生のための桜楓会アパートメントハウス落成披露会および開所式を挙行（一九六六年に取り壊し）
社会事業学部開設（児童保全科、女工保全科）

四一）が、新たに女性に学位を授与することを決定。（ケンブリッジ大学の学位授与は一九四八年）
（米）合衆国憲法修正第一九条項が批准され、全米の女性に選挙権が付与される
（独）ローザ・ルクセンブルク虐殺される
（仏）コレット、レジョン・ドヌール勲章勲五等受与され、『ル・マタン』紙文芸部長に
（仏）堕胎の刑罰を重くする法が可決される
国際女子スポーツ連盟設立

年代	一般事項	『青鞜』および日本女子大学関連	欧米の女性関連の動き
一九二二（大一一）	柳原白蓮、炭鉱王の夫へ公開絶縁状、宮城龍介と結婚 原敬首相暗殺 三ケ島葭子『吾木香』（東雲堂書店） 宇野千代「脂粉の顔」 高郡逸枝『日月の上に』（叢文閣） 宮本百合子「我に叛く」 吉屋信子「海の極みまで」 育児制限のサンガー夫人来日、新婦人等講演に参会 治安警察法第五条改正交布（女性の政談集会への参加・発起が認められる） 日本産児調節研究会設立 日本共産党、非合法に結成 「女教員産前産後休養ニ関スル件」訓令（前二、後六週間） 学生社会科学連合会結成 スト・小作争議多発 ダンス、婦人の断髪流行 『処女地』、『女性』、『女性改告』創刊	成瀬仁蔵墓碑除幕式を挙行	（英）アイウィー・ウィリアムズ、イギリスで女性として初めて弁護士資格を取得、しかし弁護士資格を辞任し、弁護士業を開業するかわりにオックスフォード大学で教鞭をとる ヘレナ・ノーマントン、イギリスで女性として初めてバリスタ（上級裁判所で弁論する特権をもつ法廷弁護士）になる

一九二三（大一二）	野上彌生子「海神丸」 山川菊栄「プロレタリアと婦人問題」 鷹野つぎ『悲しき配分』（新潮社） （仏）第一回国際女子オリンピック大会開催（パリ） 山野千枝子、丸ビルに美容院開店 国際婦人デー、日本で初めて開催 婦人参政同盟結成 『種蒔く人』三月号、無産婦人特集号 職業婦人社設立、『職業婦人』創刊 日本婦人記者倶楽部設立 有島武郎、波多野秋子心中事件 関東大震災発生、震災地に戒厳令布告 大杉栄・伊藤野枝ら憲兵隊内で扼殺 三宅やす子『未亡人論』（文化生活研究会） 金子みすゞ「お魚」 鷹野つぎ「ある道化役」	豊明小学校、豊明父母会成立 一九二三年度以降の英文学部卒業生に英語科中等教員無試験検定資格を認可される 女子総合大学設立資金募集趣意書を発表 関東大震災により、豊明館、桜楓家政研究館大破 東京市社会局との協力により、桜楓会児童救護所を開設（上野公園小松宮銅像前） 学生編集係による『丘』創刊（一九三五年三月第一五号で終刊）	（米）女性参政権論鶫者ネティ・ロジャーズ・シューラーとキャリー・チャップマン・キャット、『女性参政権と政治』出版 （仏）サラ・ベルナール、映画撮影中に倒れ、三日後に死去。国民的大葬儀 コレット『青い麦』を出版するがスキャンダルに
一九二四（大一三）	東京に婦人職業紹介所設立 東京婦人会を中心に婦人参政権獲得期成同盟会結成、理事に市川房	女子総合大学設立資金募集開始 国産品奨励展覧会開催 桜楓会児童健康相談所開設	（米）イーディス・アボット、シカゴ大学にアメリカ初のプログラムである社会福祉学部を設

年代	一般事項	『青鞜』および日本女子大学関連	欧米の女性関連の動き
	枝ら就任 全国小学校連合女教員会創立 荻野久作、独自の受胎調節法発表、国際的にも反響を得る 人見絹枝、三段跳びで世界新記録 初の女性判任防疫官任用 夏の簡単服アッパッパ流行 宮本百合子「伸子」、連載開始 築地小劇場開場		立
一九二五（大一四）	治安維持法公布 『産児調節評論』創刊 宮本百合子、与謝野晶子ら麗日会（婦人参政権獲得期成同盟会の講演会）結成 東京放送局、初の女性アナウンサー採用 警視庁、ダンスホール入場者取締用台帳作成 モボ・モガ流行 細井和喜蔵『女工哀史』（改造社） 普通選挙法公布（男子のみ） 岡本かの子『浴身』（越山堂） 山川菊栄『婦人問題と婦人運動』	桜楓会、夜間女学校開校（入学資格は一二歳以上で尋常小学校の課程を終えた者）	（英）フェミニストの探検家ファニー・ブロック・ワークマン、「女性に参政権を」と書いた旗をヒマラヤ山脈にたてる（のちラドクリフ、スミス・ブリンマー、ウェルズリーの四つの女子大学に遺産寄付） （米）メアリ・テレサ・ノートン、東部選出の最初の女性連邦下院議員に選出される（のち女性初の党綱領作成の全国委員会議長になる、ニュージャージー州初の女性最終官吏の、初の三つの下院委員会女性議

	(文化学会出版部)		長)
一九二六(大一五、昭元)	全日本女子教育大会開催 金子文子・朴烈、大逆罪で死刑判決 人見絹枝、第二回国際女子陸上競技大会で走り幅跳び個人総合優勝 大正天皇逝去、昭和と改元 昭和天皇、後宮のお局制度廃止 杉野芳子、ドレスメーカー女学院創立 円本ブーム モガの断髪・洋装・ハンドバッグ流行 野上彌生子「大石良雄」 野溝七生子『山梔』(春秋社) 網野菊『光子』(新潮社) 三宅やす子「奔流」 平塚らいてう『女性の言葉』(教文社)	国文学部学生同人誌『目白文学』創刊 総合大学予科としての高等学部の教室(鉄筋三階建)を竣工(後の樟渓館)	(仏)国際女性参政権同盟、パリで大会を開催
一九二七(昭二)	山川菊栄「無産婦人運動に就て」 金融恐慌 花柳病予防法公布 全国の処女会統合、大日本連合女	高等学部開校、入学式(修業年限三年、入学者理科二七名・文科五四名)	(英)セアラ・グランド、バース名誉市長に当選、以後六期務める

年代	一般事項	『青鞜』および日本女子大学関連	欧米の女性関連の動き
	子青年団結成 各無産政党傘下に婦人団体結成 全国婦人同盟結成 産児制限の流行や不況で出生入口減少 大審院、夫の貞操義務を認め、情婦のもとに走った夫に敗訴判決 オギノ式避妊法が一般女性雑誌で紹介 三越でファッションショー開催 芥川龍之介自殺 川上喜久子「或る醜き美顔術師」 平林たい子「施療室にて」 宮本百合子「一本の花」	高等学部の建物内に中央図書館を開く 国際連盟協会全日本女子大学学生支部発会式を挙行	
一九二八（昭三）	全日本無産者芸術団体協議会（ナップ）結成、機関誌『戦旗』創刊 マネキンガール登場 東京松竹楽劇部設立 各帝大、学内の社会科学研究会を解散 婦人矯風会など、婦人雑誌の性愛記事横溢の取締りを内務省に請願 警視庁、ダンスホール取締令実施、	国文学部卒業生に国語科中等教員無試験検定資格を認可される 創立二五周年記念式、高等学部開校式を挙行 女性文化展覧会開催（四月二〇日〜三〇日） 仁科節・渡辺英一編著『成瀬先生伝』、第二五回生編『成瀬先生追懐録』出版、映画「丘の春秋」製	（英）二一歳以上の男女平等の参政権を賦与 ヴァージニア・ウルフ、ガートン・コレッジとニューナム・コレッジで「女性と創作」という題で講演、のちに『自分だけの部屋』として出版される （仏）コレット、レジオン・ドヌー

一九二九（昭四）	十八歳未満の男女の入場禁止 ラジオ体操開始 『女人芸術』復刊、『火の鳥』創刊 平林たい子「夜風」 宮本百合子「モスクワ印象記」 佐多稲子「キャラメル工場から」 野上彌生子「真知子」 林芙美子「秋が来たんだ―放浪記―」、円地文子「晩春騒夜」 上野葉子『葉子全集』（私家版） 救護法公布（貧困母子扶助を規定） 改正工場法施行により、婦人および年少者の深夜業禁止 東京で共働き夫婦の増加により、託児所増設の要望高まる 東京市、細民に多産制限指導、全国から指導要請殺到 世界大恐慌始まる、就職難・失業者増大 平林たい子「非幹部派の日記」 林芙美子『蒼馬を見たり』（南宋書院） 尾崎翠「アップルパイの午後」 宇野千代「罌粟はなぜ紅い」 岡本かの子『わが最終歌集』（改造	作 創立二五周年祝賀式、教職員・卒業生・学生合同の内祝会、記念植樹、園遊会を開催（五月一日） 児童研究所（前年設立）、大学校の附属研究所となる（所長　松本亦太郎） 軽井沢三泉寮の成瀬仁蔵胸像（三井高修作）除幕式	ル勲章勲四等を授与される （英）エレノア・ラスボーン、イギリス大学連合を代表、イギリス議会で無党派議員となる。

年代	一般事項	『青鞜』および日本女子大学関連	欧米の女性関連の動き
一九三〇（昭五）	社）大日本連合婦人会結成 国産電機洗濯機、冷蔵庫発売開始 無産婦人芸術連盟結成、『婦人戦線』創刊、 愛児女性協会、東京に産児制限相談所開設 婦人公民権法案、衆議院で初めて可決、貴族院で審議未了 谷崎潤一郎・佐藤春夫、妻譲渡事件 奥むめお、婦人セツルメント開設 共産党員全国大検挙 初の独身女性専用アパート、大塚に開館 昭和恐慌激化 エロ・グロ・ナンセンス流行 『女性時代』創刊 松田解子「風呂場事件」 林芙美子『放浪記』（改造社） 住井すゑ「土地の反逆」 矢田津世子「罠を跳び越える女」	大学本科開校（修業年限三年、入学者文学科三八名・理学科一九名、文学科部長　松本亦太郎・理学科部長　井上秀） 「日本女子大学校学生歌」発表 学制改革に関し、学制調査委員会を開く 評議員会、新学制原案（大学本科・高等学部の廃止）を可決、関係学生に発表 学制改正を総合大学建設の意志放棄とみなした関係学生が危惧と不安から集会、休校する（府下の一般紙上でも報道）	（米）「環太平洋および東南アジア女性協会」、太平洋地域の平和と協力の推進を目指し、ニューヨーク市に設立

参考文献

・『『青鞜』解説・総目次・索引』（不二出版　一九八三年）
・児玉幸多編『日本史年表』増補版（吉川弘文館　一九九四年）
・神田文人編『昭和・平成　現代史年表』（小学館　一九九七年）
・『女と男の時空』編集委員会編『年表・女と男の日本史』（藤原書店　一九九八年）
・米田佐代子・池田恵美子編『『青鞜』を学ぶ人のために』（世界思想社　一九九九年）
・L・ブレイクマン編　田中かず子訳者代表『世界女性史大事典』（日外アソシエーツ　一九九九年）
・『年表・日本女子大学の１００年』（日本女子大学　二〇〇一年）
・らいてう研究会編『『青鞜』人物事典　１１０人の群像』（大修館書店　二〇〇一年）
・市古貞次・久保田淳編『新版　日本文学大年表』（おうふう　二〇〇二年）
・岩淵（倉田）研究室編『『青鞜』と日本女子大学校同窓生〔年譜〕』（日本女子大学大学院　文学研究科日本文学専攻　二〇〇二年）
・カレン・グリーンスパン著　進藤久美子・谷中寿子訳『世界女性史年表』（明石書店　二〇〇三年）
・岩淵宏子・北田幸恵・長谷川啓編『編年体　近代現代女性文学史』（至文堂　二〇〇五年）
・市古夏生・菅聡子編『日本女性文学大事典』（日本図書センター　二〇〇六年）
・北条文緒他編『遥かなる道のり―イギリスの女たち一八三〇―一九一〇』（国書刊行会　一九八九年）

執筆者紹介（あいうえお順）

岩淵宏子（いわぶち・ひろこ）一九四五年生、日本女子大学教授。『宮本百合子』（翰林書房）、『フェミニズム批評への招待』（共編著、學藝書林）、『宮本百合子の時空』『阿部次郎をめぐる手紙』（共編著、翰林書房）、『はじめて学ぶ日本女性文学史［近現代編］』（共編著、ミネルヴァ書房）ほか。

鬼頭七美（きとう・なみ）一九七〇年生、慶應義塾志木高等学校教諭。「教育される大人たち―「己が罪」における二人の子ども―」（『日本文学』59-6）、「紙面の中の「己が罪」」（『日本近代文学』74）、「家庭小説再考のために―中村春雨「無花果」論―」（『日本近代文学』81）ほか。

小林美恵子（こばやし・みえこ）一九六四年生、カリタス女子短期大学常勤講師。『昭和十年代の佐多稲子』（双文社出版）、『明治女性文学論』『阿部次郎をめぐる手紙』『大正女性文学論』（共著、翰林書房）、『ジェンダーで読む　愛・性・家族』（共著、東京堂出版）ほか。

坂井妙子（さかい・たえこ）一九六四年生、日本女子大学教授。『ウェディングドレスはなぜ白いのか』（勁草書房）、『おとぎの国のモード』（勁草書房）、『アリスの服が着たい』（勁草書房）ほか。

佐々井啓（ささい・けい）一九四六年生、日本女子大学教授。『ファッションの歴史』（編著、朝倉書店）、『生活文化論』（共編著、朝倉書店）、「ファッションにあらわれた女性の解放」（『国際服飾学会誌』二六号）ほか。

菅井かをる（すがい・かをる）杉並学院高校非常勤講師。「『或る女』論―表象としての田川夫人」（『日本女子大学大学院文学研究科紀要』第6号）、『ジェンダーで読む　愛・性・家族』（共著、東京堂出版）。『明治女性文学論』『阿部次郎をめぐる手紙』『大正女性文学論』（共著、翰林書房）ほか。

高頭麻子（たかとう・まこ）一九五一年生、日本女子大学教授。共著『名作は隠れている』（ミネルヴァ書房）。訳書にN・ヒューストン『愛と創造の日記』（晶文社）、ダリュセック『めす豚ものがたり』（河出書房新社）、デュビー他編『女の歴史』（共訳、藤原書店）ほか。

橋本のぞみ（はしもと・のぞみ）一九七二年生、日本女子大学ほか非常勤講師。『樋口一葉　初期小説の展開』（翰林書房）、『論集樋口一葉VI』（共著、おうふう）、『明治女性文学論』『阿部次郎をめぐる手紙』『大正女性文学論』（共著、翰林書房）ほか。

馬場哲雄（ばば・てつお）一九四八年生、日本女子大学教授。『いまこそみんなのスポーツを』（中央法規社）、『室内でできる高齢者の体操』（一橋出版）、『生涯スポーツのさまざま』（一橋出版）ほか。

三神和子（みかみ・やすこ）一九五一年生、日本女子大学教授。『キャサリン・マンスフィールド―世紀末、モダニズム・芸術家』（辞游社）、「ビアトリクス・ポターの政治活動」（『読書する女性たち』彩流社）ほか。

溝部優実子（みぞべ・ゆみこ）一九六五年生、日本女子大学ほか非常勤講師。「蜃気楼」（『芥川龍之介　旅とふるさと』至文堂）、『ジェンダーで読む　愛・性・家族』（共著、東京堂出版）、『迷羊のゆくえ――漱石と近代』『明治女性文学論』（共著、翰林書房）ほか。

村井早苗（むらい・さなえ）一九四六年生、日本女子大学教授。『幕藩制成立とキリシタン禁制』（文献出版）、『天皇とキリシタン禁制』（雄山閣出版）、『キリシタン禁制と民衆の宗教』（山川出版社）、『キリシタン禁制の地域的展開』（岩田書院）ほか。

渡部麻実（わたなべ・まみ）一九七四年生、天理大学専任講師。『流動するテクスト　堀辰雄』（翰林書房）、「『美しい村』生成」（『国文学　解釈と鑑賞』別冊特集）、「科学で芸術をする『死の素描』」（『国語と国文学』87-5）、「科学と天使」（『日本近代文学』83）ほか。

日本女子大学叢書 6
『青鞜』と世界の「新しい女」たち

発行日　2011年 2 月 15 日　初版第一刷

編　者　「新しい女」研究会
発行人　今井 肇
発行所　翰林書房
〒101-0051 東京都千代田区神田神保町 1-14
電 話 (03) 3294-0588
FAX (03) 3294-0278
http://www.kanrin.co.jp
Eメール● Kanrin@nifty.com
装 釘　大久保友博＋島津デザイン事務所
印刷・製本　シナノ

ISBN978-4-87737-312-2